Sigmund Freud

Sammlung kleiner Schriften zur Neurosenlehre

aus den Jahren 1893 - 1906

Verlag
der
Wissenschaften

Sigmund Freud

Sammlung kleiner Schriften zur Neurosenlehre

aus den Jahren 1893 - 1906

ISBN/EAN: 9783957003447

Auflage: 1

Erscheinungsjahr: 2015

Erscheinungsort: Norderstedt, Deutschland

Hergestellt in Europa, USA, Kanada, Australien, Japan
Verlag der Wissenschaften in Hansebooks GmbH, Norderstedt

Cover: Foto ©Joujou / pixelio.de

Verlag
der
Wissenschaften

Sammlung kleiner Schriften

zur

NEUROSENLEHRE

aus den

Jahren 1893—1906

von

Prof. Dr. Sigm. Freud.

LEIPZIG UND WIEN
FRANZ DEUTICKE
1906.

Vorwort.

Mehrfach geäußerten Wünschen folgend, habe ich mich entschlossen, meine kleineren Arbeiten über Neurosen seit dem Jahre 1893 den Fachgenossen gesammelt vorzulegen. Es sind vierzehn kurze Aufsätze, meist vom Charakter vorläufiger Mitteilungen, die in wissenschaftlichen Archiven oder ärztlichen Zeitschriften veröffentlicht wurden, drei unter ihnen in französischer Sprache. Die beiden letzten (XIII und XIV), sehr knapp gehaltenen Darlegungen meines gegenwärtigen Standpunktes in der Ätiologie wie in der Therapie der Neurosen, sind den bekannten Werken von L. Löwenfeld, „Die psychischen Zwangserscheinungen", 1904, und „Sexualleben und Nervenleiden", 4. Auflage, 1906, entnommen, für welche ich sie über Aufforderung des befreundeten Autors abgefaßt hatte.

Diese Sammlung bildet die Vorbereitung und Ergänzung meiner größeren Publikationen, welche die gleichen Themata behandeln (Studien über Hysterie [mit Dr. J. Breuer], 1895 — Traumdeutung, 1900 — Zur Psychopathologie des Alltagslebens, 1901 und 1904 — Der Witz und seine Beziehung zum Unbewußten, 1905 — Drei Abhandlungen zur Sexualtheorie, 1905 — Bruchstück einer Hysterieanalyse, 1905). Daß ich den Nachruf an J. M. Charcot an die Spitze der hier vereinigten kleinen Aufsätze gestellt habe, soll nicht nur einer Pflicht der Dankbarkeit genügen, sondern auch den Punkt hervorheben, an welchem die eigene Arbeit von der des Meisters abzweigt.

Wer mit der Entwicklung menschlicher Erkenntnis vertraut ist, wird ohne Verwunderung hören, daß ich einen Teil der hier vertretenen Meinungen seither überwunden, einen anderen zu modifizieren verstanden habe. Doch habe ich den größeren Teil unverändert festhalten können und brauche eigentlich nichts als völlig irrig und ganz wertlos zurückzunehmen.

Inhalts-Verzeichnis.

I.

Charcot.[1])

Mit J. M. Charcot, den nach einem glücklichen und ruhmvollen Leben am 16. August d. J. ein rascher Tod ohne Leiden und Krankheit ereilt, hat die junge Wissenschaft der Neurologie ihren größten Förderer, haben die Neurologen aller Länder ihren Lehrmeister, hat Frankreich einen seiner ersten Männer allzu früh verloren. Er war erst 68 Jahre alt, seine körperliche Kraft wie seine geistige Frische schienen ihn im Einklange mit seinen unverhohlenen Wünschen für jene Langlebigkeit zu bestimmen, die nicht wenigen Geistesarbeitern dieses Jahrhunderts zuteil geworden ist. Die stattlichen neun Bände seiner Oeuvres complètes, in denen seine Schüler seine Beiträge zur Medizin und Neuropathologie gesammelt hatten, dazu die Leçons du Mardi, die Jahresberichte seiner Klinik in der Salpêtrière u. a. m., alle diese Publikationen, die der Wissenschaft und seinen Schülern teuer bleiben werden, können uns den Mann nicht ersetzen, der noch viel mehr zu geben und zu lehren hatte, dessen Person oder dessen Werken noch niemand genaht war, ohne von ihnen zu lernen.

Er hatte eine rechtschaffen menschliche Freude an seinem großen Erfolg und pflegte sich gerne über seine Anfänge und den Weg, den er gegangen, zu äußern. Seine wissenschaftliche Neugierde war frühzeitig durch das reiche und damals völlig unverstandene Material neuropathologischer Tatsachen erregt worden, wie er erzählte, schon als er junger Interne (Sekundararzt) war. Wenn er damals mit seinem Primararzt die Visite auf einer der Abteilungen der Salpêtrière (Versorgungshaus für Frauen) machte, durch all die Wildnis von Lähmungen, Zuckungen und Krämpfen, für die es vor 40 Jahren keine

[1]) „Wiener Medizinische Wochenschrift", Nr. 37, 1893.

Namen und kein Verständnis gab, pflegte er zu sagen: „Faudrait y retourner et y rester“ und er hielt Wort. Als er Médecin des hôpitaux (Primararzt) geworden war, trachtete er alsbald in die Salpêtrière zu kommen, auf eine jener Abteilungen, die die Nervenkranken beherbergten, und einmal dort angelangt, verblieb er auch dort, anstatt, wie es den französischen Primarärzten freisteht, im regelmäßigen Turnus Spital und Abteilung und damit auch die Spezialität zu wechseln.

So war sein erster Eindruck und der Vorsatz, zu dem er geführt hatte, bestimmend für seine gesamte weitere Entwicklung geworden. Die Verfügung über ein großes Material an chronisch Nervenkranken gestattete ihm nun, seine eigentümliche Begabung zu verwerten. Er war kein Grübler, kein Denker, sondern eine künstlerisch begabte Natur, wie er es selbst nannte, ein „visuel“, ein Seher. Von seiner Arbeitsweise erzählte er uns selbst folgendes: Er pflegte sich die Dinge, die er nicht kannte, immer von neuem anzusehen, Tag für Tag den Eindruck zu verstärken, bis ihm dann plötzlich das Verständnis derselben aufging. Vor seinem geistigen Auge ordnete sich dann das Chaos, welches durch die Wiederkehr immer derselben Symptome vorgetäuscht wurde; es ergaben sich die neuen Krankheitsbilder, gekennzeichnet durch die konstante Verknüpfung gewisser Symptomgruppen; die vollständigen und extremen Fälle, die „Typen“, ließen sich mit Hilfe einer gewissen Art von Schematisierung hervorheben, und von den Typen aus blickte das Auge auf die lange Reihe der abgeschwächten Fälle, der „formes frustes“, die von dem oder jenem charakteristischen Merkmal des Typus her ins Unbestimmte ausliefen. Er nannte diese Art der Geistesarbeit, in der er keinen Gleichen hatte, „Nosographie treiben“ und war stolz auf sie. Man konnte ihn sagen hören, die größte Befriedigung, die ein Mensch erleben könne, sei, etwas neues zu sehen, d. h. es als neu zu erkennen, und in immer wiederholten Bemerkungen kam er auf die Schwierigkeit und Verdienstlichkeit dieses „Sehens“ zurück. Woher es denn komme, daß die Menschen in der Medizin immer nur sehen, was sie zu sehen bereits gelernt haben, wie wunderbar es sei, daß man plötzlich neue Dinge — neue Krankheitszustände —

sehen könne, die doch wahrscheinlich so alt seien wie das Menschengeschlecht, und wie er sich selbst sagen müsse, er sehe jetzt manches, was er durch 30 Jahre auf seinen Krankenzimmern übersehen habe. Welchen Reichtum an Formen die Neuropathologie durch ihn gewann, welche Verschärfung und Sicherheit der Diagnose durch seine Beobachtungen ermöglicht wurde, braucht man dem Arzte nur anzudeuten. Der Schüler aber, der mit ihm einen stundenlangen Gang durch die Krankenzimmer der Salpêtrière, dieses Museums von klinischen Fakten, gemacht hatte, deren Namen und Besonderheit größtenteils von ihm selbst herrührten, wurde an Cuvier erinnert, dessen Statue vor dem Jardin des plantes den großen Kenner und Beschreiber der Tierwelt, umgeben von der Fülle tierischer Gestalten, zeigt, oder er mußte an den Mythus von Adam denken, der jenen von Charcot gepriesenen intellektuellen Genuß im höchsten Ausmaß erlebt haben mochte, als ihm Gott die Lebewesen des Paradieses zur Sonderung und Benennung vorführte.

Charcot wurde auch niemals müde, die Rechte der rein klinischen Arbeit, die im Sehen und Ordnen besteht, gegen die Übergriffe der theoretischen Medizin zu verteidigen. Wir waren einmal eine kleine Schar von Fremden beisammen, die, in der deutschen Schulphysiologie auferzogen, ihm durch die Beanständung seiner klinischen Neuheiten lästig fielen: „Das kann doch nicht sein“, wendete ihm einmal einer von uns ein: „das widerspricht ja der Theorie von Young-Helmholtz.“ Er erwiderte nicht: „Um so ärger für die Theorie, die Tatsachen der Klinik haben den Vorrang“, u. dgl., aber er sagte uns doch, was uns einen großen Eindruck machte: „La théorie, c'est bon, mais ça n'empêche pas d'exister.“

Durch eine ganze Reihe von Jahren hatte Charcot die Professur für pathologische Anatomie in Paris inne und seine neuropathologischen Arbeiten und Vorlesungen, die ihn rasch auch im Auslande berühmt machten, betrieb er ohne Auftrag als Nebenbeschäftigung; für die Neuropathologie war es aber ein Glück, daß derselbe Mann die Leistung zweier Instanzen auf sich nehmen konnte, einerseits durch klinische Beobachtung die Krankheitsbilder schuf und anderseits beim Typus wie bei der forme fruste die gleiche anatomische Veränderung als Grundlage des Leidens nachwies. Es ist allgemein bekannt, welche Erfolge diese anatomisch-klinische Methode Charcot's auf dem Gebiete der organischen Nervenkrankheiten, der Tabes, multiplen Sklerose, der amyotrophischen Lateralsklerose usw. erzielte. Oft bedurfte es jahrelangen geduldigen Harrens, ehe bei diesen chronischen, nicht direkt zum Tode führenden Affektionen der Nachweis der organischen Veränderung gelang, und nur ein Siechenhaus, wie die Salpêtrière, konnte gestatten, die Kranken durch so lange Zeiträume zu verfolgen und zu erhalten. Die erste Feststellung dieser Art machte Charcot übrigens, ehe er über eine Abteilung verfügen konnte. Der Zufall führte ihm während seiner Studienzeit eine Bedienerin zu, die an einem eigentümlichen Zittern litt und wegen ihrer Ungeschicklichkeit keine Stelle bekommen konnte. Charcot erkannte ihren Zustand als die von Duchenne bereits beschriebene „Paralysie choréiforme“, von der aber nicht bekannt war, worauf sie beruhe. Er behielt die interessante Bedienerin, obwohl sie ihm im Laufe der Jahre ein kleines Vermögen an Schüsseln und Tellern kostete, und als sie endlich starb, konnte er an ihr nachweisen, daß die „Paralysie choréiforme“ der klinische Ausdruck der multiplen cerebrospinalen Sklerose sei.

Die pathologische Anatomie hat für die Neuropathologie zweierlei zu leisten: neben dem Nachweis der krankhaften Veränderung die Feststellung von deren Lokalisation, und wir alle wissen, daß in den letzten beiden Dezennien der zweite Teil der Aufgabe das größere Interesse gefunden und die größere Förderung erfahren hat. Charcot hat auch an diesem Werke in hervorragendster Weise mitgearbeitet, wenngleich die bahnbrechenden Funde nicht von ihm herrühren. Er folgte zunächst den Spuren unseres Landsmannes Türck, der, wie es heißt, ziemlich einsam in unserer Mitte gelebt und geforscht hat, und als dann die beiden großen Neuerungen kamen, die eine neue Epoche für unsere Kenntnis der „Lokalisation der Nervenkrankheiten“ einleiteten, die Reizungsversuche von Hitzig-Fritsch und die Markentwicklungsbefunde von Flechsig, hat er in seinen Vorlesungen über die Lokalisation das Meiste und das Beste dazu getan, die neuen

Lehren mit der Klinik zu vereinigen und für sie fruchtbar zu machen. Was speziell die Beziehung der Körpermuskulatur zur motorischen Zone des menschlichen Großhirns betrifft, so erinnere ich daran, wie lange die genauere Art und Topik dieser Beziehung in Frage stand (gemeinsame Vertretung beider Extremitäten an denselben Stellen — Vertretung der oberen Extremität in der vorderen, der unteren in der hinteren Zentralwindung, also vertikale Gliederung), bis endlich fortgesetzte klinische Beobachtungen und Reiz- wie Exstirpationsversuche am lebenden Menschen bei Gelegenheit chirurgischer Eingriffe zugunsten der Ansicht von Charcot und Pitres entschieden, daß das mittlere Drittel der Zentralwindungen vorwiegend der Armvertretung, das obere Drittel und der mediale Anteil der Beinvertretung diene, daß also eine horizontale Gliederung in der motorischen Region durchgeführt sei.

Es würde nicht gelingen, die Bedeutung Charcot's für die Neuropathologie durch die Aufzählung einzelner Leistungen zu erweisen, denn es hat in den letzten zwei Dezennien überhaupt nicht viele Themata von einigem Belang gegeben, an deren Aufstellung und Diskussion die Schule der Salpêtrière nicht einen hervorragenden Anteil genommen hätte. „Die Schule der Salpêtrière", das war natürlich Charcot selbst, der mit dem Reichtume seiner Erfahrung, der durchsichtigen Klarheit seiner Diktion und der Plastik seiner Schilderungen unschwer in jeder Schülerarbeit zu erkennen war. Aus dem Kreise von jungen Männern, die er so an sich heranzog und zu Teilnehmern seiner Forschungen machte, erhoben sich dann Einzelne zum Bewußtsein ihrer Individualität, gewannen für sich selbst einen glänzenden Namen, und hie und da kam es auch vor, daß einer mit einer Behauptung hervortrat, die dem Meister mehr geistreich als richtig erschien, und die er in Gesprächen und Vorlesungen sarkastisch genug bekämpfte, ohne daß das Verhältnis zu dem geliebten Schüler darunter litt. Tatsächlich hinterläßt Charcot eine Schar von Schülern, deren geistige Qualität und bisherige Leistungen eine Bürgschaft bieten, daß die Pflege der Neuropathologie in Paris nicht so bald von der Höhe heruntergleiten wird, zu der Charcot sie geführt hat.

Wir haben in Wien wiederholt die Erfahrung machen können, daß die geistige Bedeutung eines akademischen Lehrers nicht ohneweiters mit jener direkten persönlichen Beeinflussung der Jugend vereinigt sein muß, die sich in der Schöpfung einer zahlreichen und bedeutsamen Schule äußert. Wenn Charcot in diesem Punkte so viel glücklicher war, so mußte man dies den persönlichen Eigenschaften des Mannes zuschreiben, dem Zauber, der von seiner Erscheinung und Stimme ausging, der liebenswürdigen Offenheit, die sein Benehmen auszeichnete, sobald einmal die gegenseitigen Beziehungen das Stadium der ersten Fremdheit überwunden hatten, der Bereitwilligkeit, mit der er seinen Schülern alles zur Verfügung stellte, und der Treue, die er ihnen durch das Leben hielt. Die Stunden, die er auf seinen Krankenzimmern verbrachte, waren Stunden des Beisammenseins und des Gedankenaustausches mit seinem gesamten ärztlichen Stab; er schloß sich da niemals ein; der jüngste Externe hatte Gelegenheit, ihn bei der Arbeit zu sehen und durfte ihn in dieser Arbeit stören, und dieselbe Freiheit genossen die Fremden, die in späteren Jahren niemals bei seiner Visite fehlten. Endlich, wenn am Abend Madame Charcot ihr gastliches Haus einer auserlesenen Gesellschaft öffnete, unterstützt von einer hochbegabten, in der Ähnlichkeit des Vaters aufblühenden Tochter, so standen die nie fehlenden Schüler und ärztlichen Gehilfen ihres Mannes als ein Teil der Familie den Gästen gegenüber.

Das Jahr 1882 oder 83 brachte die endgiltige Gestaltung in Charcot's Lebens- und Arbeitsbedingungen. Man war zur Einsicht gekommen, daß das Wirken dieses Mannes einen Teil des Besitzstandes der nationalen Gloire bilde, der nach dem unglücklichen Kriege von 1870/71 um so eifersüchtiger behütet wurde. Die Regierung, an deren Spitze Charcot's alter Freund Gambetta stand, schuf für ihn einen Lehrstuhl für Neuropathologie an der Fakultät, für welchen er der pathologischen Anatomie entsagen konnte, und eine Klinik samt wissenschaftlichen Nebeninstituten in der Salpêtrière. „Le service de M. Charcot" umfaßte jetzt nebst den früheren mit chronisch Kranken belegten Räumen mehrere klinische Zimmer, in welche auch Männer Aufnahme fanden, eine riesige Ambulanz, die Consultation externe, ein histologisches Laboratorium, ein Museum, eine elektrotherapeutische, Augen- und Ohrenabteilung und ein eigenes photographisches Atelier, als ebenso viel Anlässe, um ehemalige Assistenten und Schüler in festen Stellungen dauernd an die Klinik zu binden. Die zwei Stock hohen, verwittert aussehenden Gebäude mit den Höfen, die sie umschlossen, erinnerten den Fremden auffällig an unser Allgemeines Krankenhaus, aber die Ähnlichkeit ging wohl nicht weit genug. „Es ist vielleicht nicht schön hier", sagte Charcot, wenn er dem Besucher seinen Besitz zeigte, „aber man findet Platz für alles, was man machen will."

Charcot stand auf der Höhe des Lebens, als ihm diese Fülle von Lehr- und Forschungsmitteln zur Verfügung gestellt wurde. Er war ein unermüdlicher Arbeiter, ich glaube, immer noch der fleißigste der ganzen Schule. Eine Privatordination, zu der sich die Kranken „aus Samarkand und von den Antillen" drängten, vermochte es nicht, ihn seiner Lehrtätigkeit oder seinen Forschungen zu entfremden. Sicherlich wandte sich dieser Zulauf von Menschen nicht allein an den berühmten Forscher, sondern ebensosehr an den großen Arzt und Menschenfreund, der immer einen Bescheid zu finden wußte und dort ahnte und erriet, wo der gegenwärtige Zustand der Wissenschaft ihm nicht gestattete, zu wissen. Man hat ihm vielfach seine Therapie zum Vorwurfe gemacht, die durch ihren Reichtum an Verschreibungen ein rationalistisches Gewissen beleidigen mußte. Allein er setzte einfach die örtlich und zeitlich gebräuchlichen Methoden fort, ohne sich über deren Wirksamkeit viel zu täuschen. In der therapeutischen Erwartung war er übrigens nicht pessimistisch und hat früher und später die Hand dazu geboten, neue Behandlungsmethoden an seiner Klinik zu versuchen, deren kurzlebiger Erfolg von anderer Seite her seine Aufklärung fand. Als Lehrer war Charcot geradezu fesselnd, jeder seiner Vorträge ein kleines Kunstwerk an Aufbau und Gliederung, formvollendet und in einer Weise eindringlich, daß man den ganzen Tag über das gehörte Wort nicht aus seinem Ohr und das demonstrierte

Objekt nicht aus dem Sinne bringen konnte. Er demonstrierte selten einen einzigen Kranken, meist eine Reihe oder Gegenstücke, die er mit einander verglich. Der Saal, in welchem er seine Vorlesungen hielt, war mit einem Bilde geschmückt, welches den „Bürger" Pinel darstellt, wie er den armen Irrsinnigen der Salpêtrière die Fesseln abnehmen läßt; die Salpêtrière, die während der Revolution so viel Schrecken gesehen, war doch auch die Stätte dieser humansten aller Umwälzungen gewesen. Meister Charcot selbst machte bei einer solchen Vorlesung einen eigentümlichen Eindruck; er, der sonst vor Lebhaftigkeit und Heiterkeit übersprudelte, auf dessen Lippen der Witz nicht erstarb, sah dann unter seinem Samtkäppchen ernst und feierlich, ja eigentlich gealtert aus, seine Stimme klang uns wie gedämpft, und wir konnten etwa verstehen, wieso übelwollende Fremde dazu kamen, der ganzen Vorlesung den Vorwurf des Theatralischen zu machen. Die so sprachen, waren wohl die Formlosigkeit des deutschen klinischen Vortrags gewöhnt oder vergaßen daran, daß Charcot nur eine Vorlesung in der Woche hielt, die er also sorgfältig vorbereiten konnte.

Folgte Charcot mit dieser feierlichen Vorlesung, in der alles vorbereitet war und alles eintreffen mußte, wahrscheinlich einer eingewurzelten Tradition, so empfand er doch auch das Bedürfnis, seinen Hörern ein minder verkünsteltes Bild seiner Tätigkeit zu geben. Dazu diente ihm die Ambulanz der Klinik, die er in den sogenannten Leçons du Mardi persönlich erledigte. Da nahm er ihm völlig unbekannte Fälle vor, setzte sich allen Wechselfällen des Examens, allen Irrwegen einer ersten Untersuchung aus, warf seine Autorität von sich, um gelegentlich einzugestehen, daß dieser Fall keine Diagnose zulasse, daß in jenem ihn der Anschein getäuscht habe, und niemals erschien er seinen Hörern größer, als nachdem er sich so bemüht hatte, durch die eingehendste Rechenschaft über seine Gedankengänge, durch die größte Offenheit in seinen Zweifeln und Bedenken die Kluft zwischen Lehrer und Schülern zu verringern. Die Veröffentlichung dieser improvisierten Vorträge aus den Jahren 1887 und 1888 zunächst in französischer, gegenwärtig auch in deutscher Sprache, hat auch den Kreis seiner Bewunderer ins Ungemessene erweitert, und niemals hat ein neuropathologisches Werk einen ähnlichen Erfolg im ärztlichen Publikum erzielt wie dieses.

Ungefähr gleichzeitig mit der Errichtung der Klinik und dem Zurücktreten der pathologischen Anatomie vollzog sich eine Wandlung in Charcot's wissenschaftlichen Neigungen, der wir die schönsten seiner Arbeiten verdanken. Er erklärte nun, die Lehre von den organischen Nervenkrankheiten sei vorderhand ziemlich abgeschlossen, und begann, sein Interesse fast ausschließlich der Hysterie zuzuwenden, die so mit einem Schlage in den Brennpunkt der allgemeinen Aufmerksamkeit gelangte. Diese rätselhafteste aller Nervenkrankheiten, für deren Beurteilung die Ärzte noch keinen tauglichen Gesichtspunkt gefunden hatten, war gerade damals recht in Mißkredit geraten, der sich sowohl auf die Kranken als auf die Ärzte erstreckte, die sich mit der Neurose beschäftigten. Es hieß, bei der Hysterie ist alles möglich, und den Hysterischen wollte man gar nichts glauben. Die Arbeit Charcot's gab dem Thema zunächst seine Würde wieder; man gewöhnte sich allmählich das höhnische Lächeln ab, auf das die Kranke damals sicher rechnen konnte; sie mußte nicht mehr eine Simulantin sein, da Charcot mit seiner vollen Autorität für die Echtheit und Objektivität der hysterischen Phänomene eintrat. Charcot hatte im kleinen die Tat der Befreiung wiederholt, wegen welcher das Bild Pinel's den Hörsaal der Salpêtrière zierte. Nachdem man nun der blinden Furcht entsagt hatte, von den armen Kranken genarrt zu werden, welche einer ernsthaften Beschäftigung mit der Neurose bisher im Wege gestanden war, konnte es sich fragen, welche Art der Bearbeitung auf dem kürzesten Wege zur Lösung des Problems führen würde. Für einen ganz unbefangenen Beobachter hätte sich folgende Anknüpfung dargeboten: Wenn ich einen Menschen in einem Zustande finde, der alle Zeichen eines schmerzhaften Affektes an sich trägt, im Weinen, Schreien, Toben, so liegt mir der Schluß nahe, einen seelischen Vorgang in diesem Menschen zu vermuten, dessen berechtigte Äußerungen jene körperlichen Phänomene sind. Der Gesunde wäre dann imstande mitzuteilen, welcher Eindruck ihn peinigt, der Hysterische würde antworten, er wisse es nicht, und das Problem wäre sofort gegeben, woher es komme, daß der Hysterische einem Affekt unterliegt, von dessen Veranlassung er nichts zu wissen behauptet. Hält man nun an seinem Schlusse fest, daß ein entsprechender psychischer Vorgang vorhanden sein müsse, und schenkt dabei doch der Behauptung des Kranken Glauben, der denselben verleugnet, sammelt man die vielfachen Anzeichen, aus denen hervorgeht, daß der Kranke sich so benimmt, als wüßte er doch darum, forscht man in der Lebensgeschichte des Kranken nach und findet in derselben einen Anlaß, ein Trauma, welches geeignet ist, gerade solche Affektäußerungen zu erzeugen, so drängt dies alles zur Lösung, daß der Kranke sich in einem besonderen Seelenzustande befinde, in dem das Band des Zusammenhanges nicht mehr alle Eindrücke oder Erinnerungen an solche umschlinge, in dem es einer Erinnerung möglich sei, ihren Affekt durch körperliche Phänomene zu äußern, ohne daß die Gruppe der anderen seelischen Vorgänge, das Ich, darum wisse oder hindernd eingreifen könne; und die Erinnerung an die allbekannte psychologische Verschiedenheit von Schlaf und Wachen hätte das Fremdartige dieser Annahme verringern können. Man wende nicht ein, daß die Theorie einer Spaltung des Bewußtseins als Lösung des Rätsels der Hysterie viel zu ferne liegt, als daß sie sich dem unbefangenen und ungeschulten Beobachter aufdrängen könnte. Tatsächlich hatte das Mittelalter doch diese Lösung gewählt, indem es die Besessenheit durch einen Dämon für die Ursache der hysterischen Phänomene erklärte; es hätte sich nur darum gehandelt, für die religiöse Terminologie jener dunkeln und abergläubischen Zeit die wissenschaftliche der Gegenwart einzusetzen.

Charcot betrat nicht diesen Weg zur Aufklärung der Hysterie, obwohl er aus den erhaltenen Berichten der Hexenprozesse und der Besessenheit reichlich schöpfte, um zu erweisen, daß die Erscheinungen der Neurose damals dieselben gewesen seien wie heute. Er behandelte die Hysterie wie ein anderes Thema der Neuropathologie, gab die vollständige Beschreibung ihrer Erscheinungen, wies Gesetz und Regel in denselben nach, lehrte die Symptome kennen, welche eine Diagnose der Hysterie ermöglichen. Die sorgfältigsten Untersuchungen, die von ihm und seinen Schülern ausgingen, verbreiteten sich über die Sensibilitätsstörungen der Hysterie an der Haut und den tiefen Teilen, das Verhalten der Sinnesorgane, die Eigentümlichkeiten der hysterischen Kontrakturen und Lähmungen, der trophischen Störungen und der Veränderungen des Stoffwechsels. Die mannigfachen Formen des hysterischen Anfalles wurden beschrieben, ein Schema aufgestellt, welches die typische Gestaltung des großen hysterischen Anfalles in vier Stadien schilderte und die Zurückführung der gemeinhin beobachteten „kleinen" Anfälle auf den Typus gestattete; ebenso die Lage und Häufigkeit der sogenannten hysterogenen Zonen, deren Beziehung zu den Anfällen studiert usw. Mit all diesen Kenntnissen über die Erscheinung der Hysterie ausgestattet, machte man nun eine Reihe überraschender Entdeckungen; man fand die Hysterie beim männlichen Geschlechte und besonders bei den Männern der Arbeiterklasse mit einer Häufigkeit, die man nicht vermutet hatte, man überzeugte sich, daß gewisse Zufälle, die man der Alkohol-, der Blei-Intoxikation zugeschrieben hatte, der Hysterie angehörten, man war imstande, eine ganze Anzahl von bisher unverstanden und isoliert dastehenden Affektionen unter die Hysterie zu subsummieren und den Anteil der Hysterie auszuscheiden, wo sich die Neurose mit anderen Affektionen zu komplexen Bildern vereinigt hatte. Am weittragendsten waren wohl die Forschungen über die Nervenerkrankungen nach schweren Traumen, die „traumatischen Neurosen", deren Auffassung jetzt noch in Diskussion steht, und bei welchen Charcot das Recht der Hysterie erfolgreich vertreten hat.

Nachdem die letzten Ausdehnungen des Begriffes der Hysterie so häufig zur Verwerfung ätiologischer Diagnosen geführt hatten, ergab sich die Notwendigkeit, auf die Ätiologie der Hysterie einzugehen. Charcot stellte eine einfache Formel für diese auf: als einzige Ursache hat die Heredität zu gelten, die Hysterie ist demnach eine Form der Entartung, ein Mitglied der „famille névropathique"; alle anderen ätiologischen Momente spielen die Rolle von Gelegenheitsursachen, von „agents provocateurs".

Der Aufbau dieses großen Gebäudes fand natürlich nicht ohne heftigen Widerspruch statt, allein es war der unfruchtbare Widerspruch einer alten Generation, die ihre Anschauungen nicht verändert wissen wollte; die Jüngeren unter den Neuropathologen, auch Deutschlands, nahmen Charcot's Lehren in größerem oder geringerem Ausmaße an. Charcot selbst war des Sieges seiner Lehren von der Hysterie vollkommen sicher; wollte man ihm einwenden, daß die vier Stadien des Anfalles, die Hysterie bei Männern etc., anderswo als in Frankreich nicht zu beobachten seien, so wies er darauf hin, wie lange er diese Dinge selbst übersehen habe, und wiederholte, die Hysterie sei allerorten und zu allen Zeiten die nämliche. Gegen den Vorwurf, daß die Franzosen eine weit nervösere Nation seien als andere, die Hysterie gleichsam eine nationale Unart, war er sehr empfindlich und konnte sich sehr freuen, wenn eine Publikation „über einen Fall von Reflexepilepsie" bei einem preußischen Grenadier ihm auf Distanz die Diagnose der Hysterie ermöglichte.

An einer Stelle seiner Arbeit ging Charcot noch über das Niveau seiner sonstigen Behandlung der Hysterie hinaus und tat einen Schritt, der ihm für alle Zeiten auch den Ruhm des ersten Erklärers der Hysterie sichert. Mit dem Studium der hysterischen Lähmungen beschäftigt, die nach Traumen entstehen, kam er auf den Einfall, diese Lähmungen, die er vorher sorgfältig von den organischen differenziert hatte, künstlich zu reproduzieren, und bediente sich hiezu hysterischer Patienten, die er durch Hypnotisieren in den Zustand des Somnambulismus versetzte. Es gelang ihm durch lückenlose Schlußfolge nachzuweisen, daß diese Lähmungen Erfolge von Vorstellungen seien, die in Momenten besonderer Disposition das Gehirn des Kranken beherrscht hatten. Damit war zum ersten Male der Mechanismus eines hysterischen Phänomens aufgeklärt, und an dieses unvergleichlich schöne Stück klinischer Forschung knüpfte dann sein eigener Schüler P. Janet, knüpften Breuer u. a. an, um eine Theorie der Neurose zu entwerfen, welche sich mit der Auffassung des Mittelalters deckt, nachdem sie den „Dämon" der priesterlichen Phantasie durch eine psychologische Formel ersetzt hat.

Charcot's Beschäftigung mit den hypnotischen Phänomenen bei Hysterischen gereichte diesem bedeutungsvollen

Gebiet von bisher vernachlässigten und verachteten Tatsachen zur größten Förderung, indem das Gewicht seines Namens dem Zweifel an der Realität der hypnotischen Erscheinungen ein- für allemal ein Ende machte. Allein der rein psychologische Gegenstand vertrug die ausschließlich nosographische Behandlung nicht, die er bei der Schule der Salpêtrière fand. Die Beschränkung des Studiums der Hypnose auf die Hysterischen, die Unterscheidung von großem und kleinem Hypnotismus, die Aufstellung dreier Stadien der „großen Hypnose“ und deren Kennzeichnung durch somatische Phänomene, dies alles unterlag in der Schätzung der Zeitgenossen, als Liébault's Schüler Bernheim es unternahm, die Lehre vom Hypnotismus auf einer umfassenderen psychologischen Grundlage aufzubauen und die Suggestion zum Kernpunkt der Hypnose zu machen. Nur die Gegner des Hypnotismus, die sich damit zufrieden geben, ihren Mangel an eigener Erfahrung durch Berufung auf eine Autorität zu verdecken, halten noch an den Aufstellungen Charcot's fest und lieben es, eine aus seinen letzten Jahren stammende Äußerung zu verwerten, die der Hypnose eine jede Bedeutung als Heilmittel abspricht.

Auch an den ätiologischen Theorien, die Charcot in seiner Lehre von der „famille névropathique“ vertrat, und die er zur Grundlage seiner gesamten Auffassung der Nervenkrankheiten gemacht hatte, wird wohl bald zu rütteln und zu korrigieren sein. Charcot überschätzte die Heredität als Ursache so sehr, daß kein Raum für die Erwerbung von Neuropathien übrig blieb, er wies der Syphilis nur einen bescheidenen Platz unter den „agents provocateurs“ an, und er trennte weder für die Ätiologie, noch sonst hinreichend scharf die organischen Nervenaffektionen von den Neurosen. Es ist unausbleiblich, daß der Fortschritt unserer Wissenschaft, indem er unsere Kenntnisse vermehrt, auch manches von dem entwertet, was uns Charcot gelehrt hat, aber kein Wechsel der Zeiten oder der Meinungen wird den Nachruhm des Mannes zu schmälern vermögen, um den wir jetzt — in Frankreich und anderwärts — alle trauern.

Wien, im August 1893.

II.

Über den psychischen Mechanismus hysterischer Phänomene.[1])

Von **Dr. Josef Breuer** und **Dr. Sigm. Freud** in Wien.

I.

Angeregt durch eine zufällige Beobachtung, forschen wir seit einer Reihe von Jahren bei den verschiedensten Formen und Symptomen der Hysterie nach der Veranlassung, dem Vorgange, welcher das betreffende Phänomen zum ersten Male, oft vor vielen Jahren, hervorgerufen hat. In der großen Mehrzahl der Fälle gelingt es nicht, durch das einfache, wenn auch noch so eingehende Krankenexamen, diesen Ausgangspunkt klarzustellen, teilweise, weil es sich oft um Erlebnisse handelt, deren Besprechung den Kranken unangenehm ist, hauptsächlich aber, weil sie sich wirklich nicht daran erinnern, den ursächlichen Zusammenhang des veranlassenden Vorganges und des pathologischen Phänomens nicht ahnen. Meistens ist es nötig, die Kranken zu hypnotisieren und in der Hypnose die Erinnerungen jener Zeit, wo das Symptom zum ersten Male auftrat, wachzurufen; dann gelingt es, jenen Zusammenhang aufs deutlichste und überzeugendste darzulegen.

Diese Methode der Untersuchung hat uns in einer großen Zahl von Fällen Resultate ergeben, die in theoretischer wie in praktischer Hinsicht wertvoll erscheinen.

In t h e o r e t i s c h e r Hinsicht, weil sie uns bewiesen haben, daß das akzidentelle Moment weit über das bekannte und anerkannte Maß hinaus bestimmend ist für die Pathologie

[1]) „Neurologisches Centralblatt", 1893, Nr. 1 u. 2. (Auch abgedruckt als Einleitung der »Studien über Hysterie«, 1895, in welchen J. B r e u e r und ich die hier dargelegten Anschauungen weiter ausgefürt und durch Krankengeschichten erläutert haben.)

der Hysterie. Daß es bei „traumatischer“ Hysterie der Unfall ist, welcher das Syndrom hervorgerufen hat, ist ja selbstverständlich, und wenn bei hysterischen Anfällen aus den Äußerungen der Kranken zu entnehmen ist, daß sie in jedem Anfall immer wieder denselben Vorgang halluzinieren, der die erste Attake hervorgerufen hat, so liegt auch hier der ursächliche Zusammenhang klar zutage. Dunkler ist der Sachverhalt bei den anderen Phänomenen.

Unsere Erfahrungen haben uns aber gezeigt, daß die verschiedensten Symptome, welche für spontane, sozusagen idiopathische Leistungen der Hysterie gelten, in ebenso stringentem Zusammenhang mit dem veranlassenden Trauma stehen, wie die oben genannten, in dieser Beziehung durchsichtigen Phänomene. Wir haben Neuralgien wie Anästhesien der verschiedensten Art und von oft jahrelanger Dauer, Kontrakturen und Lähmungen, hysterische Anfälle und epileptoide Konvulsionen, die alle Beobachter für echte Epilepsie gehalten hatten, Petit-mal und ticartige Affectionen, dauerndes Erbrechen und Anorexie bis zur Nahrungsverweigerung, die verschiedensten Sehstörungen, immer wiederkehrende Gesichtshalluzinationen u. dgl. m. auf solche veranlassende Momente zurückführen können. Das Mißverhältnis zwischen dem jahrelang dauernden hysterischen Symptom und der einmaligen Veranlassung ist dasselbe, wie wir es bei der traumatischen Neurose regelmäßig zu sehen gewohnt sind; ganz häufig sind es Ereignisse aus der Kinderzeit, die für alle folgenden Jahre ein mehr oder minder schweres Krankheitsphänomen hergestellt haben.

Oft ist der Zusammenhang so klar, daß es vollständig ersichtlich ist, wieso der veranlassende Vorfall eben dieses und kein anderes Phänomen erzeugt hat. Dieses ist dann durch die Veranlassung in völlig klarer Weise determiniert. So, um das banalste Beispiel zu nehmen, wenn ein schmerzlicher Affekt, der während des Essens entsteht, aber unterdrückt wird, dann Übelkeit und Erbrechen erzeugt, und dieses als hysterisches Erbrechen monatelang andauert. — Ein Mädchen, das in qualvoller Angst an einem Krankenbette wacht, verfällt in einen Dämmerzustand und hat eine schreckhafte Halluzination, während ihr der rechte Arm, über der Sessellehne hängend, einschläft; es entwickelt sich daraus eine Parese dieses Armes mit Kontraktur und Anästhesie. Sie will beten und findet keine Worte; endlich gelingt es ihr, ein englisches Kindergebet zu sprechen. Als sich später eine schwere, höchst komplizierte Hysterie entwickelt, spricht, schreibt und versteht sie nur englisch, während ihr die Muttersprache durch $1^1/_2$ Jahre unverständlich ist. — Ein schwerkrankes Kind ist endlich eingeschlafen, die Mutter spannt alle Willenskraft an, um sich ruhig zu verhalten und es nicht zu wecken; gerade infolge dieses Vorsatzes macht sie („hysterischer Gegenwille!") ein schnalzendes Geräusch mit der Zunge. Dieses wiederholt sich später bei einer anderen Gelegenheit, wobei sie sich gleichfalls absolut ruhig verhalten will, und es entwickelt sich daraus ein Tic, der als Zungenschnalzen durch viele Jahre jede Aufregung begleitet. — Ein hochintelligenter Mann assistiert, während seinem Bruder das ankylosierte Hüftgelenk in der Narkose gestreckt wird. Im Augenblick, wo das Gelenk krachend nachgibt, empfindet er heftigen Schmerz im eigenen Hüftgelenk, der fast ein Jahr andauert u. dgl. m.

In anderen Fällen ist der Zusammenhang nicht so einfach; es besteht nur eine sozusagen symbolische Beziehung zwischen der Veranlassung und dem pathologischen Phänomen, wie der Gesunde sie wohl auch im Traume bildet: wenn etwa zu seelischem Schmerze sich eine Neuralgie gesellt oder Erbrechen zu dem Affekt moralischen Ekels. Wir haben Kranke studiert, welche von einer solchen Symbolisierung den ausgiebigsten Gebrauch zu machen pflegten. — In noch anderen Fällen ist eine derartige Determination zunächst nicht dem Verständnis offen; hierher gehören gerade die typischen hysterischen Symptome, wie Hemianästhesie und Gesichtsfeldeinengung, epileptiforme Konvulsionen u. dgl. Die Darlegung unserer Anschauungen über diese Gruppe müssen wir der ausführlicheren Besprechung des Gegenstandes vorbehalten.

Solche Beobachtungen scheinen uns die pathogene Analogie der gewöhnlichen Hysterie mit der traumatischen Neurose nachzuweisen und eine

Ausdehnung des Begriffes der „traumatischen Hysterie“ zu rechtfertigen. Bei der traumatischen Neurose ist ja nicht die geringfügige körperliche Verletzung die wirksame Krankheitsursache, sondern der Schreckaffekt, das psychische Trauma. In analoger Weise ergeben sich aus unseren Nachforschungen für viele, wenn nicht für die meisten hysterischen Symptome Anlässe, die man als psychische Traumen bezeichnen muß. Als solches kann jedes Erlebnis wirken, welches die peinlichen Affekte des Schreckens, der Angst, der Scham, des psychischen Schmerzes hervorruft, und es hängt begreiflicherweise von der Empfindlichkeit des betroffenen Menschen (sowie von einer später zu erwähnenden Bedingung) ab, ob das Erlebnis als Trauma zur Geltung kommt. Nicht selten finden sich anstatt des einen großen Traumas bei der gewöhnlichen Hysterie mehrere Partialtraumen, gruppierte Anlässe, die erst in ihrer Summierung traumatische Wirkung äußern konnten, und die insofern zusammengehören, als sie zum Teil Stücke einer Leidensgeschichte bilden. In noch anderen Fällen sind es an sich scheinbar gleichgültige Umstände, die durch ihr Zusammentreffen mit dem eigentlich wirksamen Ereignis oder mit einem Zeitpunkt besonderer Reizbarkeit eine Dignität als Traumen gewonnen haben, die ihnen sonst nicht zuzumuten wäre, die sie aber von da an behalten.

Aber der kausale Zusammenhang des veranlassenden psychischen Traumas mit dem hysterischen Phänomen ist nicht etwa von der Art, daß das Trauma als Agent provocateur das Symptom auslösen würde, welches dann, selbständig geworden, weiter bestände. Wir müssen vielmehr behaupten, daß das psychische Trauma, respektive die Erinnerung an dasselbe, nach Art eines Fremdkörpers wirkt, welcher noch lange Zeit nach seinem Eindringen als gegenwärtig wirkendes Agens gelten muß, und wir sehen den Beweis hiefür in einem höchst merkwürdigen Phänomen, welches zugleich unseren Befunden ein bedeutendes praktisches Interesse verschafft.

Wir fanden nämlich, anfangs zu unserer größten Überraschung, daß die einzelnen hysterischen Symptome sogleich und ohne Wiederkehr verschwanden, wenn es gelungen war, die Erinnerung an den veranlassenden Vorgang zu voller Helligkeit zu erwecken, damit auch den begleitenden Affekt wachzurufen, und wenn dann der Kranke den Vorgang in möglichst ausführlicher Weise schilderte und dem Affekt Worte gab. Affektloses Erinnern ist fast immer völlig wirkungslos; der psychische Prozeß, der ursprünglich abgelaufen war, muß so lebhaft als möglich wiederholt, in statum nascendi gebracht und dann „ausgesprochen" werden. Dabei treten, wenn es sich um Reizerscheinungen handelt, diese: Krämpfe, Neuralgien, Halluzinationen — noch einmal in voller Intensität auf und schwinden dann für immer. Funktionsausfälle, Lähmungen und Anästhesien schwinden ebenso, natürlich ohne daß ihre momentane Steigerung deutlich wäre.[1])

Der Verdacht liegt nahe, es handle sich dabei um eine unbeabsichtigte Suggestion; der Kranke erwarte, durch die Prozedur von seinem Leiden befreit zu werden, und diese Erwartung, nicht das Aussprechen selbst, sei der wirkende Faktor. Allein, dem ist nicht so; die erste Beobachtung dieser Art, bei welcher ein höchst verwickelter Fall von Hysterie auf solche Weise analysiert und die gesondert verursachten Symptome auch gesondert behoben wurden, stammt aus dem Jahre 1881, also aus „vorsuggestiver" Zeit, wurde durch spontane Autohypnosen der Kranken ermöglicht und bereitete dem Beobachter die größte Überraschung.

In Umkehrung des Satzes: cessante causa cessat effectus, dürfen wir wohl aus diesen Beobachtungen schließen: der

[1]) Die Möglichkeit einer solchen Therapie haben Delboeuf und Binet klar erkannt, wie die beifolgenden Zitate zeigen: Delboeuf, Le magnétisme animal, Paris 1889: „On s'expliquerait dès lors comment le magnétiseur aide à la guérison. Il remet le sujet dans l'état où le mal s'est manifesté et combat par la parole le même mal, mais renaissant." — Binet, Les altérations de la personnalité, 1892, p. 243: „ . peut-être verra-t-on qu'en reportant le malade par un artifice mental, au moment même où le symptôme a apparu pour la première fois, on rend ce malade plus docile à une suggestion curative." — In dem interessanten Buche von P. Janet: L'automatisme psychologique, Paris 1889, findet sich die Beschreibung einer Heilung, welche bei einem hysterischen Mädchen durch Anwendung eines dem unserigen analogen Verfahren erzielt wurde.

veranlassende Vorgang wirke in irgend einer Weise noch nach Jahren fort, nicht indirekt durch Vermittlung einer Kette von kausalen Zwischengliedern, sondern unmittelbar als auslösende Ursache, wie etwa ein im wachen Bewußtsein erinnerter psychischer Schmerz noch in später Zeit die Tränensekretion hervorruft: der Hysterische leide größtenteils an Reminiszenzen.[1])

II.

Es erscheint zunächst wunderlich, daß längst vergangene Erlebnisse so intensiv wirken sollen, daß die Erinnerungen an sie nicht der Usur unterliegen sollen, der wir doch alle unsere Erinnerungen verfallen sehen. Vielleicht gewinnen wir durch folgende Erwägungen einiges Verständnis für diese Tatsachen.

Das Verblassen oder Affektloswerden einer Erinnerung hängt von mehreren Faktoren ab. Vor allem ist dafür von Wichtigkeit, ob auf das affizierende Ereignis energisch reagiert wurde oder nicht. Wir verstehen hier unter Reaktion die ganze Reihe willkürlicher und unwillkürlicher Reflexe, in denen sich erfahrungsgemäß die Affekte entladen: vom Weinen bis zum Racheakt. Erfolgt diese Reaktion in genügendem Ausmaß, so schwindet dadurch ein großer Teil des Affektes; unsere Sprache bezeugt diese Tatsache der täglichen Beobachtung durch die Ausdrücke „sich austoben, ausweinen", u. dgl. Wird die Reaktion unterdrückt, so bleibt der Affekt mit der Erinnerung verbunden. Eine Beleidigung, die vergolten ist, wenn auch nur durch Worte, wird anders erinnert, als eine, die hingenommen werden mußte. Die Sprache anerkennt auch diesen Unterschied in den psychischen und körperlichen Folgen und bezeichnet höchst charakteristischerweise eben das schweigend erduldete Leiden

[1]) Wir können im Texte dieser vorläufigen Mitteilung nicht sondern, was am Inhalte derselben neu ist und was sich bei anderen Autoren, wie Moebius und Strümpell, findet, die ähnliche Anschauungen für die Hysterie vertreten haben. Die größte Annäherung an unsere theoretischen und therapeutischen Ausführungen fanden wir in einigen gelegentlich publizierten Bemerkungen Benedikt's, mit denen wir uns an anderer Stelle beschäftigen werden.

als „Kränkung“. — Die Reaktion des Geschädigten auf das Trauma hat eigentlich nur dann eine völlig „kathartische“ Wirkung, wenn sie eine adäquate Reaktion ist, wie die Rache. Aber in der Sprache findet der Mensch ein Surrogat für die Tat, mit dessen Hilfe der Affekt nahezu ebenso „abreagiert“ werden kann. In anderen Fällen ist das Reden eben selbst der adäquate Reflex, als Klage und als Aussprache für die Pein eines Geheimnisses (Beichte!). Wenn solche Reaktion durch Tat, Worte, in leichtesten Fällen durch Weinen nicht erfolgt, so behält die Erinnerung an den Vorfall zunächst die affektive Betonung.

Das „Abreagieren“ ist indes nicht die einzige Art der Erledigung, welche dem normalen psychischen Mechanismus des Gesunden zur Verfügung steht, wenn er ein psychisches Trauma erfahren hat. Die Erinnerung daran tritt, auch wenn sie nicht abreagiert wurde, in den großen Komplex der Assoziation ein, sie rangiert dann neben anderen, vielleicht ihr widersprechenden Erlebnissen, erleidet eine Korrektur durch andere Vorstellungen. Nach einem Unfall zum Beispiel gesellt sich zu der Erinnerung an die Gefahr und zu der (abgeschwächten) Wiederholung des Schreckens die Erinnerung des weiteren Verlaufes, der Rettung, das Bewußtsein der jetzigen Sicherheit. Die Erinnerung an eine Kränkung wird korrigiert durch Richtigstellung der Tatsachen, durch Erwägungen der eigenen Würde u. dgl., und so gelingt es dem normalen Menschen, durch Leistungen der Assoziation den begleitenden Affekt zum Verschwinden zu bringen.

Dazu tritt dann jenes allgemeine Verwischen der Eindrücke, jenes Abblassen der Erinnerungen, welches wir „vergessen“ nennen und das vor allem die affektiv nicht mehr wirksamen Vorstellungen usuriert.

Aus unseren Beobachtungen geht nun hervor, daß jene Erinnerungen, welche zu Veranlassungen hysterischer Phänomene geworden sind, sich in wunderbarer Frische und mit ihrer vollen Affektbetonung durch lange Zeit erhalten haben. Wir müssen aber als eine weitere auffällige und späterhin verwertbare Tatsache erwähnen, daß die Kranken nicht etwa über diese Erinnerungen wie über andere ihres Lebens verfügen. Im Gegenteile, *diese Erlebnisse fehlen dem Gedächtnis der Kranken in ihrem gewöhnlichen psychischen Zustande völlig oder sind nur höchst summarisch darin vorhanden*. Erst wenn man die Kranken in der Hypnose befragt, stellen sich diese Erinnerungen mit der unverminderten Lebhaftigkeit frischer Geschehnisse ein.

So reproduzierte eine unserer Kranken in der Hypnose ein halbes Jahr hindurch mit halluzinatorischer Lebhaftigkeit alles, was sie an denselben Tagen des vorhergegangenen Jahres (während einer akuten Hysterie) erregt hatte; ein ihr unbekanntes Tagebuch der Mutter bezeugte die tadellose Richtigkeit der Reproduktion. Eine andere Kranke durchlebte teils in der Hypnose, teil in spontanen Anfällen mit halluzinatorischer Deutlichkeit alle Ereignisse einer vor 10 Jahren durchgemachten hysterischen Psychose, für welche sie bis zum Momente des Wiederauftauchens größtenteils amnestisch gewesen war. Auch einzelne ätiologisch wichtige Erinnerungen von 15—25 jährigem Bestande erwiesen sich bei ihr von erstaunlicher Intaktheit und sinnlicher Stärke und wirkten bei ihrer Wiederkehr mit der vollen Affektkraft neuer Erlebnisse.

Den Grund hierfür können wir nur darin suchen, daß diese Erinnerungen in allen oben erörterten Beziehungen zur Usur eine Ausnahmsstellung einnehmen. *Es zeigt sich nämlich, daß diese Erinnerungen Traumen entsprechen, welche nicht genügend „abreagiert“ worden sind*, und bei näherem Eingehen auf die Gründe, welche dieses verhindert haben, können wir mindestens zwei Reihen von Bedingungen auffinden, unter denen die Reaktion auf das Trauma unterblieben ist.

Zur ersten Gruppe rechnen wir jene Fälle, in denen die Kranken auf psychische Traumen nicht reagiert haben, weil die Natur des Traumas eine Reaktion ausschloß, wie beim unersetzlich erscheinenden Verlust einer geliebten Person, oder weil die sozialen Verhältnisse eine Reaktion unmöglich machten, oder weil es sich um Dinge handelte, die der Kranke vergessen wolte, die er darum absichtlich aus seinem bewußten Denken verdrängte, hemmte und unterdrückte. Gerade solche peinliche Dinge findet man dann in der Hypnose als Grundlage hysterischer Phänomene (hysterische Delirien der Heiligen und Nonnen, der enthaltsamen Frauen, der wohlerzogenen Kinder).

Die zweite Reihe von Bedingungen wird nicht durch den Inhalt der Erinnerungen, sondern durch die psychischen Zustände bestimmt, mit welchen die entsprechenden Erlebnisse beim Kranken zusammengetroffen haben. Als Veranlassung hysterischer Symptome findet man nämlich in der Hypnose auch Vorstellungen, welche, an sich nicht bedeutungsvoll, ihre Erhaltung dem Umstande danken, daß sie in schweren lähmenden Affekten, wie zum Beispiel Schreck, entstanden sind, oder direkt in abnormen psychischen Zuständen wie im halbhypnotischen Dämmerzustand des Wachträumens, in Autohypnosen u. dgl. Hier ist es die Natur dieser Zustände, welche eine Reaktion auf das Geschehnis unmöglich machte.

Beiderlei Bedingungen können natürlich auch zusammentreffen und treffen in der Tat oft zusammen. Dies ist der Fall, wenn ein an sich wirksames Trauma in einen Zustand von schwerem lähmenden Affekt oder von verändertem Bewußtsein fällt; es scheint aber so zuzugehen, daß durch das psychische Trauma bei vielen Personen einer jener abnormen Zustände hervorgerufen wird, welcher dann seinerseits die Reaktion unmöglich macht.

Beiden Gruppen von Bedingungen ist aber gemeinsam, daß die nicht durch Reaktion erledigten psychischen Traumen auch der Erledigung durch assoziative Verarbeitung entbehren müssen. In der ersten Gruppe ist es der Vorsatz der Kranken, welcher an die peinlichen Erlebnisse vergessen will und dieselben somit möglichst von der Assoziation ausschließt. In der zweiten Gruppe gelingt diese assoziative Verarbeitung darum nicht, weil zwischen dem normalen Bewußtseinszustand und den pathologischen, in denen diese Vorstellungen entstanden sind, eine ausgiebige assoziative Verknüpfung nicht besteht. Wir werden sofort Anlaß haben, auf diese Verhältnisse weiter einzugehen.

Man darf also sagen, daß die pathogen gewordenen Vorstellungen sich darum so frisch und affektkräftig erhalten, weil ihnen die normale Usur durch Abreagieren und durch Reproduktion in Zuständen ungehemmter Assoziation versagt ist.

III.

Als wir die Bedingungen mitteilten, welche nach unseren Erfahrungen dafür maßgebend sind, daß sich aus psychischen Traumen hysterische Phänomene entwickeln, mußten wir bereits von abnormen Zuständen des Bewußtseins sprechen, in denen solche pathogene Vorstellungen entstehen, und mußten die Tatsache hervorheben, daß die Erinnerung an das wirksame psychische Trauma nicht im normalen Gedächtnis des Kranken, sondern im Gedächtnis des Hypnotisierten zu finden ist. Je mehr wir uns nun mit diesen Phänomenen beschäftigten, desto sicherer wurde unsere Überzeugung, jene Spaltung des Bewußtseins, die bei den bekannten klassischen Fällen als double conscience so auffällig ist, bestehe in rudimentärer Weise bei jeder Hysterie, die Neigung zu dieser Dissoziation und damit zum Auftreten abnormer Bewußtseinszustände, die wir als „hypnoide" zusammenfassen wollen, sei das Grundphänomen dieser Neurose. Wir treffen in dieser Anschauung mit Binet und den beiden Janet zusammen, über deren höchst merkwürdige Befunde bei Anästhetischen uns übrigens die Erfahrung mangelt.

Wir möchten also dem oft ausgesprochenen Satz: „Die Hypnose ist artefizielle Hysterie" einen anderen an die Seite stellen: Grundlage und Bedingung der Hysterie ist die Existenz von hypnoiden Zuständen. Diese hypnoiden Zustände stimmen bei aller Verschiedenheit unter einander und mit der Hypnose in dem einen Punkte überein, daß die in ihnen auftauchenden Vorstellungen sehr intensiv, aber von dem Assoziativverkehr mit dem übrigen Bewußtseinsinhalt abgesperrt sind. Unter einander sind diese hypnoiden Zustände assoziierbar und deren Vorstellungsinhalt mag auf diesem Wege verschieden hohe Grade von psychischer Organisation erreichen. Im übrigen dürfte ja die Natur dieser Zustände und der Grad ihrer Abschließung von den übrigen Bewußtseinsvorgängen in ähnlicher Weise variieren, wie wir es bei der Hypnose sehen, die sich von leichter Somnolenz bis zum Somnambulismus, von der vollen Erinnerung bis zur absoluten Amnesie erstreckt.

Bestehen solche hypnoide Zustände schon vor der manifesten Erkrankung, so geben sie den Boden ab, auf welchem der Affekt die pathogene Erinnerung mit ihren somatischen Folgeerscheinungen ansiedelt. Dies Verhalten entspricht der disponierten Hysterie. Es ergibt sich aber aus unseren Beobachtungen, daß ein schweres Trauma (wie das der traumatischen Neurose), eine mühevolle Unterdrückung (etwa des Sexualaffektes) auch bei dem sonst freien Menschen eine Abspaltung von Vorstellungsgruppen bewerkstelligen kann, und dies wäre der Mechanismus der psychisch acquirierten Hysterie. Zwischen den Extremen dieser beiden Formen muß man eine Reihe gelten lassen, innerhalb welcher die Leichtigkeit der Dissoziation bei dem betreffenden Individuum und die Affektgröße des Traumas in entgegengesetztem Sinne variieren.

Wir wissen nichts neues darüber zu sagen, worin die disponierenden hypnoiden Zustände begründet sind. Sie entwickeln sich oft, sollten wir meinen, aus dem auch bei Gesunden so häufigen „Tagträumen", zu dem zum Beispiel die weiblichen Handarbeiten so viel Anlaß bieten. Die Frage, weshalb die „pathologischen Assoziationen", die sich in solchen Zuständen bilden, so feste sind und die somatischen Vorgänge so viel stärker beeinflussen, als wir es sonst von Vorstellungen gewohnt sind, fällt zusammen mit dem Problem der Wirksamkeit hypnotischer Suggestionen überhaupt. Unsere Erfahrungen bringen hierüber nichts neues, sie beleuchten dagegen den Widerspruch zwischen dem Satz: „Hysterie ist eine Psychose", und der Tatsache, daß man unter den Hysterischen die geistig klarsten, willensstärksten, charaktervollsten und kritischesten Menschen finden kann. In diesen Fällen ist solche Charakteristik richtig für das wache Denken des Menschen, in seinen hypnoiden Zuständen ist er alieniert, wie wir es alle im Traum sind. Aber während unsere Traumpsychosen unseren Wachzustand nicht beeinflussen, ragen die

Produkte der hypnoiden Zustände als hysterische Phänomene ins wache Leben hinein.

IV

Fast die nämlichen Behauptungen, die wir für die hysterischen Dauersymptome aufgestellt haben, können wir auch für die hysterischen Anfälle wiederholen. Wir besitzen, wie bekannt, eine von Charcot gegebene schematische Beschreibung des „großen“ hysterischen Anfalles, welcher zufolge ein vollständiger Anfall vier Phasen erkennen läßt, 1. die epileptoide, 2. die der großen Bewegungen, 3. die der attitudes passionnelles (die halluzinatorische Phase), 4. die des abschließenden Deliriums. Aus der Verkürzung und Verlängerung, dem Ausfall und der Isolierung der einzelnen Phasen läßt Charcot alle jene Formen des hysterischen Anfalles hervorgehen, die man tatsächlich häufiger als die vollständige Grande attaque beobachtet.

Unser Erklärungsversuch knüpft an die dritte Phase, die der attitudes passionelles an. Wo dieselbe ausgeprägt ist, liegt in ihr die halluzinatorische Reproduktion einer Erinnerung bloß, welche für den Ausbruch der Hysterie bedeutsam war, die Erinnerung an das eine große Trauma der κατ'ἐξοχὴν sogenannten traumatischen Hysterie oder an eine Reihe von zusammengehörigen Partialtraumen, wie sie der gemeinen Hysterie zugrunde liegen. Oder endlich der Anfall bringt jene Geschehnisse wieder, welche durch ihr Zusammentreffen mit einem Moment besonderer Disposition zu Traumen erhoben worden sind.

Es gibt aber auch Anfälle, die anscheinend nur aus motorischen Phänomenen bestehen, denen eine phase passionelle fehlt. Gelingt es bei einem solchen Anfall von allgemeinen Zuckungen, kataleptischer Starre oder bei einer attaque de sommeil sich während desselben in Rapport mit dem Kranken zu setzen, oder noch besser, gelingt es, den Anfall in der Hypnose hervorzurufen, so findet man, daß auch hier die Erinnerung an das psychische Trauma oder an eine Reihe von Traumen zugrunde liegt, die sich sonst in einer halluzinatorischen Phase auffällig macht. Ein kleines Mädchen leidet seit Jahren an Anfällen von allgemeinen Krämpfen, die man für epileptische halten könnte und auch gehalten hat. Sie wird zum Zwecke der Differentialdiagnose hypnotisiert und verfällt sofort in ihren Anfall. Befragt: Was siehst Du denn jetzt? antwortet sie aber: Der Hund, der Hund kommt! Und wirklich ergibt sich, daß der erste Anfall dieser Art nach einer Verfolgung durch einen wilden Hund aufgetreten war. Der Erfolg der Therapie vervollständigt dann die diagnostische Entscheidung.

Ein Angestellter, der infolge einer Mißhandlung von seiten seines Chefs hysterisch geworden ist, leidet an Anfällen, in denen er zusammenstürzt, tobt und wütet, ohne ein Wort zu sprechen oder eine Halluzination zu verraten. Der Anfall läßt sich in der Hypnose provozieren und der Kranke gibt nun an, daß er die Szene wieder durchlebt, wie der Herr ihn auf der Straße beschimpft und mit einem Stock schlägt. Wenige Tage später kommt er mit der Klage wieder, er habe denselben Anfall von neuem gehabt, und diesmal ergibt sich in der Hypnose, daß er die Szene durchlebt hat, an die sich eigentlich der Ausbruch der Krankheit knüpfte, die Szene im Gerichtssaal, als es ihm nicht gelang, Satisfaktion für die Mißhandlung zu erreichen usw.

Die Erinnerungen, welche in den hysterischen Anfällen hervortreten oder in ihnen geweckt werden können, entsprechen auch in allen anderen Stücken den Anlässen, welche sich uns als Gründe hysterischer Dauersymptome ergeben haben. Wie diese, betreffen sie psychische Traumen, die sich der Erledigung durch Abreagieren oder durch assoziative Denkarbeit entzogen haben; wie diese, fehlen sie gänzlich oder mit ihren wesentlichen Bestandteilen dem Erinnerungsvermögen des normalen Bewußtseins und zeigen sich als zugehörig zu dem Vorstellungsinhalt hypnoider Bewußtseinszustände mit eingeschränkter Assoziation. Endlich gestatten sie auch die therapeutische Probe. Unsere Beobachtungen haben uns oftmals gelehrt, daß eine solche Erinnerung, die bis dahin Anfälle provoziert hatte, dazu unfähig wird, wenn man sie in der Hypnose zur Reaktion und assoziativen Korrektur bringt.

Die motorischen Phänomene des hysterischen Anfalles lassen sich zum Teil als allgemeine Reaktionsformen des die

Erinnerung begleitenden Affektes, wie das Zappeln mit allen Gliedern, dessen sich bereits der Säugling bedient, zum Teil als direkte Ausdrucksbewegungen dieser Erinnerung deuten, zum anderen Teil entziehen sie sich ebenso wie die hysterischen Stigmata bei den Dauersymptomen dieser Erklärung.

Eine besondere Würdigung des hysterischen Anfalles ergibt sich noch, wenn man auf die vorhin angedeutete Theorie Rücksicht nimmt, daß bei der Hysterie in hypnoiden Zuständen entstandene Vorstellungsgruppen vorhanden sind, die, vom assoziativen Verkehr mit den übrigen ausgeschlossen, aber unter einander assoziierbar, ein mehr oder minder hoch organisiertes Rudiment eines zweiten Bewußtseins, einer condition seconde darstellen. Dann entspricht ein hysterisches Dauersymptom einem Hineinragen dieses zweiten Zustandes in die sonst vom normalen Bewußtsein beherrschte Körperinnervation; ein hysterischer Anfall zeugt aber von einer höheren Organisation dieses zweiten Zustandes und bedeutet, wenn er frisch entstanden ist, einen Moment, in dem sich dieses Hypnoidbewußtsein der gesamten Existenz bemächtigt hat, also einer akuten Hysterie; wenn es aber ein wiederkehrender Anfall ist, der eine Erinnerung enthält, einer Wiederkehr eines solchen. Charcot hat bereits den Gedanken ausgesprochen, daß der hysterische Anfall das Rudiment einer condition seconde sein dürfte. Während des Anfalles ist die Herrschaft über die gesamte Körperinnervation auf das hypnoide Bewußtsein übergegangen. Das normale Bewußtsein ist, wie bekannte Erfahrungen zeigen, dabei nicht immer völlig verdrängt, es kann selbst die motorischen Phänomene des Anfalles wahrnehmen, während die psychischen Vorgänge desselben seiner Kenntnisnahme entgehen.

Der typische Verlauf einer schweren Hysterie ist bekanntlich der, daß zunächst in hypnoiden Zuständen ein Vorstellungsinhalt gebildet wird, der dann, genügend angewachsen, sich während einer Zeit von „akuter Hysterie“ der Körperinnervation und der Existenz des Kranken bemächtigt, Dauersymptome und Anfälle schafft und dann bis auf Reste abheilt. Kann die normale Person die Herrschaft wieder übernehmen, so kehrt das, was von jenem hypnoiden Vorstellungsinhalt überlebt hat, in hysterischen Anfällen wieder und bringt die Person zeitweise wieder in ähnliche Zustände, die selbst wieder beeinflußbar und für Traumen aufnahmsfähig sind. Es stellt sich dann häufig eine Art von Gleichgewicht zwischen den psychischen Gruppen her, die in derselben Person vereinigt sind; Anfall und normales Leben gehen neben einander her, ohne einander zu beeinflussen. Der Anfall kommt dann spontan, wie auch bei uns die Erinnerungen zu kommen pflegen, er kann aber auch provoziert werden, wie jede Erinnerung nach den Gesetzen der Assoziation zu erwecken ist. Die Provokation des Anfalles erfolgt entweder durch die Reizung einer hysterogenen Zone oder durch ein neues Erlebnis, welches durch Ähnlichkeit an das pathogene Erlebnis anklingt. Wir hoffen zeigen zu können, daß zwischen beiden anscheinend so verschiedenen Bedingungen ein wesentlicher Unterschied nicht besteht, daß in beiden Fällen an eine hyperästhetische Erinnerung gerührt wird. In anderen Fällen ist dieses Gleichgewicht ein sehr labiles, der Anfall erscheint als Äußerung des hypnoiden Bewußtseinsrestes, so oft die normale Person erschöpft und leistungsunfähig wird. Es ist nicht von der Hand zu weisen, daß in solchen Fällen auch der Anfall seiner ursprünglichen Bedeutung entkleidet als inhaltslose motorische Reaktion wiederkehren mag.

Es bleibt eine Aufgabe weiterer Untersuchung, welche Bedingungen dafür maßgebend sind, ob eine hysterische Individualität sich in Anfällen, in Dauersymptomen oder in einem Gemenge von beiden äußert.

V.

Es ist nun verständlich, wieso die hier von uns dargelegte Methode der Psychotherapie heilend wirkt. S i e h e b t d i e W i r k s a m k e i t d e r u r s p r ü n g l i c h n i c h t a b r e a g i e r t e n V o r s t e l l u n g d a d u r c h a u f, d a ß s i e d e m e i n g e k l e m m t e n A f f e k t e d e r s e l b e n d e n A b l a u f d u r c h d i e R e d e g e s t a t t e t, u n d b r i n g t s i e z u r a s s o z i a t i v e n K o r r e k t u r, i n d e m s i e d i e s e l b e i n s n o r m a l e B e w u ß t s e i n z i e h t (i n l e i c h t e r H y p n o s e) o d e r d u r c h ärztliche Suggestion aufhebt, wie es im Somnambulismus mit Amnesie geschieht.

Wir halten den therapeutischen Gewinn bei Anwendung dieses Verfahrens für einen bedeutenden. Natürlich heilen wir nicht die Hysterie, soweit sie Disposition ist, wir leisten ja nichts gegen die Wiederkehr hypnoider Zustände. Auch während des produktiven Stadiums einer akuten Hysterie kann unser Verfahren nicht verhüten, daß die mühsam beseitigten Phänomene alsbald durch neue ersetzt werden. Ist aber dieses akute Stadium abgelaufen und erübrigen noch die Reste desselben als hysterische Dauersymptome und Anfälle, so beseitigt unsere Methode dieselben häufig und für immer, weil radikal, und scheint uns hierin die Wirksamkeit der direkten suggestiven Aufhebung, wie sie jetzt von den Psychotherapeuten geübt wird, weit zu übertreffen.

Wenn wir in der Aufdeckung des psychischen Mechanismus hysterischer Phänomene einen Schritt weiter auf der Bahn gemacht haben, die zuerst Charcot so erfolgreich mit der Erklärung und experimentellen Nachahmung hysterotraumatischer Lähmungen betreten hat, so verhehlen wir uns doch nicht, daß damit eben nur der Mechanismus hysterischer Symptome und nicht die inneren Ursachen der Hysterie unserer Kenntnis näher gerückt worden sind. Wir haben die Ätiologie der Hysterie nur gestreift und eigentlich nur die Ursachen der acquirierten Formen, die Bedeutung des accidentellen Momentes für die Neurose beleuchten können.

Wien, Dezember 1892.

III.

Quelques considérations pour une étude comparative des paralysies motrices organiques et hystériques.[1]

M. Charcot, dont j'ai été l'élève en 1885 et 1886, a bien voulu, à cette époque, me confier le soin de faire une étude comparative des paralysies motrices organiques et hystériques, basée sur les observations de la Salpêtrière, qui pourrait servir à saisir quelques caractères généraux de la névrose et conduire à une conception sur la nature de cette dernière. Des causes accidentelles et personnelles m'ont empêché pendant longtemps d'obéir à son inspiration; aussi je ne veux apporter maintenant que quelques résultats de mes recherches, laissant à côté les détails nécessaires pour une démonstration complète de mes opinions.

I. — Il faudra commencer par quelques remarques sur les paralysies motrices organiques, d'ailleurs généralement admises. La clinique nerveuse reconnaît deux sortes de paralysies motrices, la paralysie *périphéro-spinale* (ou bulbaire) et la paralysie *cérébrale*. Cette distinction est parfaitement en accord avec les données de l'anatomie du système nerveux qui nous montrent qu'il n'y a que deux segments sur le parcours des fibres motrices conductrices, le premier qui va de la périphérie jusqu'aux cellules des cornes antérieures dans la moelle, et le second qui va de là jusqu'à l'écorce cérébrale. La nouvelle histologie du système nerveux, fondée sur les travaux de Golgi, Ramón y Cajal, Kölliker, etc., traduit ce fait par les mots: „le trajet des fibres de conduction motrices est constitué par deux *neuron* (unités nerveuses cellulo-fibrillaires),

[1]) Archives de Neurologie, No. 77, 1893.

qui se rencontrent pour entrer en relation au niveau des cellules dites motrices des cornes antérieures". La différence essentielle de ces deux sortes de paralysies, en clinique, est la suivante : *La paralysie périphéro-spinale est une paralysie détaillée, la paralysie cérébrale est une paralysie en masse.* Le type de la première est la paralysie faciale dans la maladie de Bell, la paralysie dans la poliomyélite aiguë de l'enfance, etc. Or, dans ces affections, chacque muscle, on pourrait dire chaque fibre musculaire, peut être paralysée individuellement et isolément. Cela ne dépend que du siège et de l'étendue de la lésion nerveuse, et il n'y a pas de règle fixe pour que l'un des éléments périphériques échappe à la paralysie, tandis que l'autre en souffre d'une manière constante.

La paralysie cérébrale, au contraire, est toujours une affection qui attaque une grande partie de la périphérie, une extrémité, un segment de celle-ci, un appareil moteur compliqué. Jamais elle n'affecte un muscle individuellement, par exemple le biceps du bras, le tibial isolément, etc., et s'il y a des exceptions apparentes à cette règle (le ptosis cortical, par exemple), on voit bien qu'il s'agit de muscles qui, à eux seuls, remplissent une fonction de laquelle ils sont l'instrument unique.

Dans les paralysies cérébrales des extrémités, on peut remarquer que les segments périphériques souffrent toujours plus que les segments rapprochés du centre; la main, par exemple, est plus paralysée que l'épaule. Il n'y a pas, que je sache, une paralysie cérébrale isolée de l'épaule, la main conservant sa motilité, tandis que le contraire est la règle dans les paralysies qui ne sont pas complètes.

Dans une étude critique sur l'aphasie, publiée en 1891, *Zur Auffassung der Aphasien, Wien*, 1891, j'ai tâché de montrer que la cause de cette différence importante entre la paralysie périphéro-spinale et la paralysie cérébrale doit être cherchée dans la structure du système nerveux. Chaque élément de la périphérie correspond à un élément dans l'axe gris, qui est, comme le dit M. Charcot, son aboutissant nerveux; la périphérie est pour ainsi dire projetée sur la substance grise de la moelle, point pour point, élément pour élément. J'ai proposé de dénommer la paralysie détaillée périphéro-spinale, *paralysie de projection.* Mais il n'en est pas de même pour les relations entre les éléments de la moelle et ceux de l'écorce. Le nombre des fibres conductrices ne suffirait plus pour donner une seconde projection de la périphérie sur l'écorce. Il faut supposer que les fibres qui vont de la moelle à l'écorce ne représentent plus chacune un seul élément périphérique, mais plutôt un groupe de ceux-ci et que même, d'autre part, un élément périphérique peut correspondre à plusieurs fibres conductrices spino-corticales. C'est qu'il y a un changement d'arrangement qui a eu lieu au point de connexion entre les deux segments du système moteur.

Alors, je dis la reproduction de la périphérie dans l'écorce n'est plus une reproduction fidèle point par point, n'est plus une projection véritable; c'est une relation par des fibres, pour ainsi dire représentatives et je propose, pour la paralysie cérébrale, le nom de *paralysie de représentation.*

Naturellement, quand la paralysie de projection est totale et d'une grande étendue, elle est aussi une paralysie en masse, et son grand caractère distinctif est effacé. D'autre part, la paralysie corticale, qui se distingue parmi les paralysies cérébrales par sa plus grande aptitude à la dissociation, présente cependant toujours le caractère d'une paralysie par représentation.

Les autres différences entre les paralysies de projection et de représentation sont bien connues; je cite parmi elles l'intégrité de la nutrition et de la réaction électrique qui se rattache à la dernière. Bien que très importants dans la clinique, ces signes n'ont pas la portée théorique qu'il faut attribuer au premier caractère différentiel que nous avons relevé, à savoir: paralysie *détaillée* ou en *masse.*

On a assez souvent attribué à l'hystérie la faculté de *simuler* les affections nerveuses organiques les plus diverses. Il s'agit de savoir si d'une façon plus précise elle simule les caractères des deux sortes de paralysies organiques, s'il y a des paralysies hystériques de projection et des paralysies hystériques de représentation, comme dans la symptomatologie organique. Ici, un premier fait important se détache: l'hystérie ne simule jamais les paralysies périphéro-spinales ou de projection; les paralysies hystériques partagent seulement les caractères des paralysies organiques de représentation. C'est là un fait bien intéressant, puisque la paralysie de Bell, la paralysie radiale, etc., sont parmi les affections les plus communes du système nerveux.

Il est bon de faire observer ici, de manière à éviter toute confusion, que je ne traite que de la paralysie hystérique flasque et non de la contracture hystérique. Il me paraît impossible de soumettre la paralysie et la contracture hystériques aux mêmes règles. Ce n'est que des paralysies hystériques flasques qu'on peut soutenir qu'elles n'affectent jamais un seul muscle, excepté le cas où ce muscle est l'instrument unique d'une fonction, qu'elles sont toujours des paralysies en masse, et qu'elles correspondent sous ce rapport à la paralysie de représentation, ou cérébrale organique. En outre, en ce qui concerne la nutrition des parties paralysées et leurs réactions électriques, la paralysie hystérique présente les mêmes caractères que la paralysie cérébrale organique.

Si la paralysie hystérique se rattache ainsi à la paralysie cérébrale et particulièrement à la paralysie corticale, qui présente une plus grande facilité de dissociation, elle ne manque pas de s'en distinguer par des caractères importants. D'abord elle n'est pas soumise à cette règle, constante dans les paralysies cérébrales organiques, à savoir que le segment périphérique est toujours plus affecté que le segment central. Dans l'hystérie, l'épaule ou la cuisse peuvent être plus paralysées que la main ou le pied. Les mouvements peuvent venir dans les doigts tandis que le segment central est encore absolument inerte. On n'a pas la moindre difficulté de produire artificiellement une paralysie isolée de la cuisse, de la jambe etc., et on peut assez souvent retrouver, en clinique, ces paralysies isolées, en contradiction avec les règles de la paralysie organique cérébrale.

Sous ce rapport important, la paralysie hystérique est pour ainsi dire intermédiaire entre la paralysie de projection et la paralysie de représentation organique. Si elle ne possède pas tous les caractères de dissociation et d'isolement propres à la première, elle n'est pas, tant s'en faut, sujette aux strictes lois qui régissent la dernière, la paralysie cérébrale. Ces restrictions faites, on peut soutenir que la paralysie hystérique est aussi une paralysie de représentation, mais d'une représentation spéciale dont la caractéristique reste à trouver [1]).

II. — Pour avancer dans cette direction je me propose d'étudier les autres traits distinctifs entre la paralysie hystérique et la paralysie corticale, type le plus parfait de la paralysie cérébrale organique. Le premier de ces caractères distinctifs, nous l'avons déjà mentionné, c'est que la paralysie hystérique, peut être beaucoup plus dissociée, systématisée que la paralysie cérébrale. Les symptômes de la paralysie organique se retrouvent comme morcelés dans l'hystérie. De l'hémiplégie commune organique (paralysie des membres supérieur et inférieur et du facial inférieur) l'hystérie ne reproduit que la paralysie des membres et dissocie même assez souvent, et avec la plus grande facilité, la paralysie du bras de celle de la jambe sous forme de monoplégies. Du syndrome de l'aphasie organique, elle reproduit l'aphasie motrice à l'état d'isolement, et ce qui est chose inouïe dans l'aphasie organique, elle peut créer une aphasie totale (motrice et sensitive) pour telle langue, sans attaquer le moins du monde la faculté de comprendre et d'articuler telle autre, comme je l'ai observé dans quelques cas inédits. Ce même pouvoir de dissociation se manifeste dans les paralysies isoléés d'un segment de membre avec intégrité complète des autres parties du même membre, ou encore dans l'abolition complète d'une fonction (abasie, astasie) avec intégrité d'une autre fonction exécutée par les mêmes organes. Cette dissociation est d'autant plus frappante,

[1]) Chemin faisant, je ferai remarquer que ce caractère important de la paralysie hystérique de la jambe que M. Charcot a relevé d'après Todd, à savoir que l'hystérique traîne la jambe comme une masse morte au lieu d'exécuter la circumduction avec la hanche que fait l'hémiplégique ordinaire, s'explique facilement par la propriété de la névrose que j'ai mentionné. Pour l'hémiplégie organique, le partie centrale de l'extrémité est toujours un peu indemne, le malade peut remuer la hanche et il en fait usage pour ce mouvement de circumduction, qui fait avancer la jambe. Dans l'hystérie, la partie centrale (la hanche) ne jouit pas de ce privilège, la paralysie y est aussi complète que dans la partie périphérique et en conséquence, la jambe doit être traînée en masse.

quand la fonction respectée est la plus complexe. Dans la symptomatologie organique, quand il y a affaiblissement inégal de plusieurs fonctions, c'est toujours la fonction la plus complexe, celle d'une acquisition postérieure, qui est la plus atteinte en conséquence de la paralysie.

La paralysie hystérique présente de plus un autre caractère qui est comme la signature de la névrose et qui vient s'ajouter au premier. En effet, comme je l'ai entendu dire à M. Charcot, l'hystérie est une maladie à manifestations excessives, ayant une tendance à produire ses symptômes avec la plus grande intensité possible. C'est un caractère qui ne se montre pas seulement dans les paralysies, mais aussi dans les contractures et les anesthésies. On sait jusqu'à quel degré de distorsion peuvent aller les contractures hystériques, qui sont presque sans égales dans la symptomatologie organique. On sait aussi combien sont fréquentes dans l'hystérie les anesthésies absolues, profondes, dont les lésions organiques ne peuvent reproduire qu'une faible esquisse. Il en est de même pour les paralysies. Elles sont souvent on ne peut plus absolues; l'aphasique ne profère pas un mot, tandis que l'aphasique organique garde presque toujours quelques syllabes, le „oui et non", un juron, etc.; le bras paralysé est absolument inerte, etc. Ce caractère est trop bien connu pour y persister longuement. Au contraire, on sait que, dans la paralysie organique, la parésie est toujours plus fréquente que la paralysie absolue.

La paralysie hystérique est donc d'une *limitation exacte* et d'une *intensité excessive;* elle possède ces deux qualités à la fois et c'est en cela qu'elle contraste le plus avec la paralysie cérébrale organique, dans laquelle, d'une manière constante, *ces deux caractères ne s'associent pas.* Il existe aussi des monoplégies dans la symptomatologie organique, mais celles-ci sont presque toujours des monoplégies *a potiori* et non exactement délimitées. Si le bras se trouve paralysé en conséquence d'une lésion corticale organique, il y a presque toujours aussi atteinte concomitante moindre du facial et de la jambe, et si cette complication ne se voit plus à un moment donné, elle a cependant bien existé au commencement de l'affection. La monoplégie corticale est, à vrai dire, toujours une hémiplégie dont telle ou telle partie est plus ou moins effacée, mais toujours reconnaissable. Pour aller plus loin, supposons que la paralysie n'ait affecté aucune autre partie que le bras, que ce soit une monoplégie corticale pure; alors on voit que la paralysie est d'une intensité modérée. Aussitôt que cette monoplégie augmentera en intensité, qu'elle deviendra une paralysie absolue, elle perdra son caractère de monoplégie pure et s'accompagnera de troubles moteurs dans la jambe ou la face. *Elle ne peut pas devenir absolue et restée délimitée à la fois.*

C'est ce que la paralysie hystérique peut, au contraire, fort bien réaliser, comme la clinique le montre chaque jour. Elle affecte par exemple le bras d'une façon exclusive, on n'en trouve pas trace dans la jambe ou la face. De plus, au niveau du bras, elle est aussi forte qu'une paralysie peut l'être, et c'est là une différence frappante avec la paralysie organique, différence qui prête grandement à penser.

Naturellement, il y a des cas de paralysie hystérique dans lesquels l'intensité n'est pas excessive et où la dissociation n'offre rien de remarquable. Ceux-ci, on les reconnaît au moyen d'autres caractères; mais ce sont des cas qui ne portent pas l'empreinte typique de la névrose et qui, ne pouvant en rien nous renseigner sur sa nature ne présentent point d'intérèt au point de vue qui nous occupe ici.

Ajoutons quelques remarques d'une importance secondaire, qui même dépassent un peu les limites de notre sujet.

Je constaterai d'abord que les paralysies hystériques s'accompagnent beaucoup plus souvent de troubles de la sensibilité que les paralysies organiques. En général, ceux-ci sont plus profonds et plus fréquents dans la névrose que dans la symptomatologie organique. Rien de plus commun que l'anesthésie ou l'analgésie hystérique. Qu'on se rappelle par contre avec quelle ténacité la sensibilité persiste en cas de lésion nerveuse. Si l'on sectionne un nerf péripherique, l'anesthésie sera moindre en étendue et intensité qu'on ne s'y attend. Si une lésion inflammatoire attaque les nerfs spinaux ou les centres de la moelle, on trouvera toujours que la motilité souffre en premier lieu et que la sensibilité est épargnée ou seulement affaiblie, car il persiste toujours quelque part des éléments nerveux qui ne sont pas complètement détruits. En cas de lésion cérebrale, on connaît la fréquence et la durée de l'hémiplégie motrice, tandis que l'hémianesthésie concomitante est indistincte, fugace et ne se trouve pas dans tous les cas. Il n'y a que quelques localisations tout à fait spéciales qui puissent produire une affection de la sensibilité intense et durable (carrefour sensitif), et même ce fait n'est pas exempt de doutes.

Cette manière d'être de la sensibilité, différente dans les lésions organiques et dans l'hystérie, n'est guère explicable aujourd'hui. Il semble qu'il y ait là un problème dont la solution nous renseignerait peut-être sur la nature intime des choses.

Un autre point qui me paraît digne d'être relevé, c'est qu'il y a quelques formes de paralysie cérébrale qui ne se trouvent pas réalisées dans l'hystérie, pas plus que les paralysies périphéro-spinales de projection. Il faut citter en premier lieu la paralysie du facial inférieur, la manifestation la plus fréquente d'une affection organique du cerveau et, si je me permets de passer dans les paralysies sensorielles pour un moment, l'hémianopsie latérale homonyme. Je sais que c'est presque une gageure que de vouloir affirmer que tel ou tel symptôme ne se trouve pas dans l'hystérie, quand les recherches de M. Charcot et de ses élèves y découvrent, on pourrait dire journellement, des symptômes nouveaux qu'on n'avait point soupçonnés jusque-là. Mais il me faut prendre les choses comme elles sont actuellement. La paralysie faciale hystérique est fortement contestée par M. Charcot et même, si on croit ceux qui en sont partisans, c'est un phénomène d'une grande rareté. L'hémianopsie n'a pas encore éte vue dans l'hystérie et, je pense, elle ne le sera jamais.

Maintenant, d'où vient-il que les paralysies hystériques, tout en simulant de près les paralysies corticales, s'en écartent par les traits distinctifs que j'ai tâché d'énuméer, et quel est le caractère général de la représentation spéciale auquel il faut les rattacher? La réponse à cette question contiendrait une bonne et importante partie de la théorie de la névrose.

III. — Il n'y a pas le moindre doute sur les conditions qui dominent la symptomatologie de la paralysie cérébrale. Ce sont les faits de l'anatomie, la construction du système nerveux, la distribution de ses vaisseaux et la relation entre ces deux séries de faits et les circonstances de la lésion. Nous avons dit que le nombre moindre des fibres qui vont de la moelle au cortex en comparaison avec le nombre des fibres qui vont de la périphérie à la moelle, est la base de la différence entre la paralysie de projection et celle de représentation. De même, chaque détail clinique de la paralysie de représentation peut trouver son explication dans un détail de la structure cérébrale et *vice versa* nous pouvons déduire la construction du cerveau des caractères clinique des paralysies. Nous croyons à un parallélisme parfait entre ces deux séries.

Ainsi s'il n'y a pas une grande facilité de dissociation pour la paralysie cérébrale commune, c'est parce que les fibres de conduction motrices sont trop rapprochées sur une longue partie de leur trajet intracérébral pour être lésées isolément. Si la paralysie corticale montre plus de tendance aux monoplégies, c'st parce que le diamètre du faisceau conducteur brachial, crural, etc., va en croissant jusqu'à l'écorce. Si de toutes les paralysies corticales celle de la main est la plus complète, cela vient, croyons-nous, du fait, que la relation croisée entre l'hémisphère et la périphérie est plus exclusive pour la main que pour toute autre partie du corps. Si le segment périphérique d'une extrémité souffre plus de la paralysie que le segment central, nous supposons que les fibres représentatives du segment périphérique sont beaucoup plus nombreuses que celles du segment central, de sorte que l'influence corticale devient plus importante pour le premier qu'elle n'est pour le dernier. Si les lésions un peu étendues de l'écorce ne réussissent pas à produire des monoplégies pures, nous en concluons que les centres moteurs sur l'écorce ne sont pas nettement séparés les uns des autres par des territoires neutres, ou qu'il y a des actions en distance (Fernwirkungen) qui annuleraient l'effet d'une séparation exacte des centres.

De même s'il y a dans l'aphasie organique, toujours un mélange de troubles de diverses fonctions, ça s'explique par le fait que des branches de la même artère nourrissent tous les centres du langage, ou si l'on accepte l'opinion énoncée dans mon étude critique sur l'aphasie, parce qu'il ne s'agit pas de centres séparés, mais d'un territoire continu d'association. En tout cas, il existe toujours une raison tirée de l'anatomie.

Les associations remarquables qu'on observe si souvent dans la clinique des paralysies corticales: aphasie motrice et hémiplégie droite, alexie et hémianopsie droite, s'expliquent par le voisinage des centres lésés. L'hémianopsie même, symptôme bien curieux et étranger à l'esprit non scientifique, ne se comprend que par l'entre-croisement des fibres du nerf optique dans le chiasma; elle en est l'expression clinique, comme tous les détails des paralysies cérébrales sont l'expression clinique d'un fait anatomique.

Comme il ne peut y avoir qu'une seule anatomie cérébrale qui soit la vraie et comme elle trouve son expression dans les caractères cliniques des paralysies cérébrales, il est évidemment impossible que cette anatomie puisse expliquer les traits distinctifs de la paralysie hystérique. Pour cette raison, il n'est pas permis de tirer au sujet de l'anatomie cérébrale des conclusions basées sur la symptomatologie de ces paralysies.

Assurément il faut s'adresser à la nature de la lésion pour obtenir cette explication difficile. Dans les paralysies organiques, la nature de la lésion joue un rôle secondaire, ce sont plutôt l'étendue et la localisation de la lésion, qui dans les conditions données de structure du système nerveux produisent les caractères de la paralysie organique, que nous avons relevés. Quelle pourrait être la nature de la lésion dans la paralysie hystérique, qui à elle seule domine la situation, indépendamment de la localisation, de l'étendue de la lésion et de l'anatomie du système nerveux?

M. Charcot nous a enseigné assez souvent que c'est une lésion corticale mais purement dynamique ou fonctionnelle.

C'est une thèse dont on comprend bien le côté négatif. Cela équivaut à affirmer qu'on ne trouvera pas de changements de tissus appréciables à l'autopsie; mais à un point de vue plus positif, son interprétation est loin d'être à l'abri de l'équivoque. Qu'est-ce donc qu'une lésion dynamique? Je suis bien sûr que beaucoup de ceux qui lisent les œuvres de M. Charcot, croient que la lésion dynamique est bien une lésion, mais une lésion dont on ne retrouve pas la trace dans le cadavre, comme un œdéme, une anémie, une hypérémie active. Mais ce sont là, bien qu'elles ne persistent pas nécessairement après la mort, des lésions organiques vraies, qu'elles soient légères et fugaces. Il est nécessaire que les paralysies produites par les lésions de cet ordre, partagent en tout les caractères de la paralysie organique. L'œdème, l'anémie ne pourraient, plutôt que l'hémorragie et le ramollissement, produire la dissociation et l'intensité des paralysies hystériques. La seule différence serait que la paralysie par l'œdème, par la constriction vasculaire etc., doit être moins durable que la paralysie par destruction du tissu nerveux. Toutes les autres conditions leur sont communes et l'anatomie du système nerveux déterminera les propiétés de la paralysie aussi bien dans le cas d'anémie fugace que dans le cas d'anémie permanente et définitive.

Je ne crois pas que ces remarques soient tout à fait gratuites. Si on lit „qu'il doit y avoir une lésion hystérique“ dans tel ou tel centre, le même dont la lésion organique produirait le syndrome organique correspondant, si l'on se souvient qu'on s'est habitué à localiser la lésion hystérique dynamique de même manière que la lésion organique, on est porté à croire que sous l'expression „lésion dynamique“ se cache l'idée d'une lésion comme l'œdème, l'anémie, qui, en vérité, sont des affections organiques passagères. J'affirme par contre que la lésion des paralysies hystériques doit être tout à fait indépendante de l'anatomie du système nerveux, puisque *l'hystérie se comporte dans ses paralysies et autres manifestations comme si l'anatomie n'existait pas, ou comme si elle n'en avait nulle connaissance.*

Un bon nombre des caractères des paralysies hystériques justifient en vérité cette affirmation. L'hystérie est ignorante de la distribution des nerfs et c'est pour cette raison qu'elle ne simule pas les paralysies périphéro-spinales ou de projection; elle ne connaît pas le chiasma des nerfs optiques et conséquemment elle ne produit pas l'hémaniopsie. Elle prend les organes dans le sens vulgaire, populaire du nom qu'ils portent: la jambe est la jambe jusqu'à l'insertion de la hanche, le bras est l'extrémité supérieure comme elle se dessine sous les vêtements. Il n'y a pas de raison pour joindre à la paralysie du bras la paralysie de la face. L'hystérique qui ne sait pas parler n'a pas de motif pour oublier l'intelligence du langage, puisque aphasie motrice et surdité verbale n'ont aucune parenté dans la notion populaire, etc. Je ne peux que m'associer pleinement sur ce point aux vues que M. Janet a avancées dans les derniers numéros des *Archives de Neurologie;* les paralysies hystériques en donnent la preuve aussi bien que les anesthésies et les symptômes psychiques.

IV. — Je tâcherai enfin de développer *comment pourrait être* la lésion qui est la cause des paralysies hystériques. Je ne dis pas que je montrerai comment elle est en fait; il s'agit seulement d'indiquer la ligne de pensée qui peut conduire à une conception qui ne contredit pas aux propriétés de la paralysie hystérique, en tant qu'elle diffère de la paralysie organique cérébrale.

Je prendrai le mot „lésion fonctionnelle ou dynamique" dans son sens propre: „altération de fonction ou de dynamisme"; altération d'une propriété fonctionnelle. Une telle altération serait par exemple une diminution de l'excitabilité ou d'une qualité physiologique qui dans l'état normal reste constante ou varie dans des limites déterminées.

Mais dira-t-on, l'altération fonctionnelle n'est pas autre chose, elle n'est qu'un autre côté de l'altération organique. Supposons que le tissu nerveux soit dans un état d'anémie passagère, son excitabilité sera diminuée par cette circonstance, il n'est pas possible d'éviter d'envisager les lésions organiques par ce moyen.

J'essaierai de montrer qu'il peut y avoir altération fonctionnelle sans lésion organique concomitante, sans lésion grossière palpable du moins, même au moyen de l'analyse la plus délicate. En d'autres termes, je donnerai un exemple approprié d'une altération de fonction primitive; je ne demande pour cela que la permission de passer sur le terrain de la psychologie, qu'on ne saurait éviter quand on traite de l'hystérie.

Je dis avec M. Janet, que c'est la conception banale, populaire des organes et du corps en général, qui est en jeu dans les paralysies hystériques comme dans les anesthésies, etc. Cette conception n'est pas fondée sur une connaissance approfondie de l'anatomie nerveuse mais sur nos perceptions tactiles et surtout visuelles. Si elle détermine les caractères de la paralysie hystérique, celle-là doit bien se montrer ignorante et indépendante de toute notion de l'anatomie du système nerveux. La lésion de la paralysie hystérique sera donc une altération de la conception, de l'idée de bras, par exemple. Mais de quelle sorte est cette altération pour produire la paralysie?

Considérée psychologiquement, la paralysie du bras consiste dans le fait que la conception du bras ne peut pas entrer en association avec les autres idées qui constituent le moi dont le corps de l'individu forme une partie importante. La lésion serait donc *l'abolition de l'accessibilité associative de la conception du bras.* Le bras se comporte comme s'il n'existait pas pour le jeu des associations. Assurément si les conditions matérielles, qui correspondent à la conception du bras, se trouvent profondément altérées, cette conception sera perdue aussi, mai j'ai à montrer qu'elle peut être inaccessible sans qu'elle soit détruite et sans que son substratum matériel (le tissu nerveux de la région correspondante de l'écorce) soit endommagé.

Je commencerai par des exemples tirés de la vie sociale. On raconte l'histoire comique d'un sujet loyal qui ne voulut plus laver sa main, parce que son souverain l'avait touchée. La relation de cette main avec l'idée du roi semble si importante à la vie psychique de l'individu, qu'il se refuse à faire entrer cette main en d'autres relations. Nous obéissons à la même impulsion si nous cassons le verre dans lequel nous avons bu à la santé de jeunes mariés; les anciennes tribus sauvages brûlant le cheval, les armes et même le femmes du chef mort, avec son cadavre, obéissaient à cette idée que nul ne devait plus le toucher après lui. Le motif de toutes ces actions est bien clair. La valeur affective que nous attribuons à la première association d'un objet répugne à la faire entrer en association nouvelle avec un autre objet et par suite rend l'idée de cet objet inaccessible é l'association.

Ce n'est pas une simple comparaison, c'est presque la chose identique, si nous passons dans le domaine de la psychologie des conceptions. Si la conception du bras se trouve engagée dans une association d'une grande valeur affective, elle sera inaccessible au jeu libre des autres associations. *Le bras sera paralysé en proportion de la persistance de cette valeur affective ou de sa diminution par des moyens psychiques appropriés.* C'est la solution du problème que nous avons posé, car, dans tous le cas de paralysie hystérique, on trouve *que l'organe paralysé ou la fonction abolie est engagé dans une association subconsciente qui est munie d'une grande valeur affective, et l'on peut montrer que le bras devient libre aussitôt que cette valeur affective est effacée.* Alors la conception du bras existe dans le substratum matériel, mais elle n'est pas accessible aux associations et impulsions conscientes parce que tout son affinité associative, pour ainsi dire, est saturée dans une association subconsciente avec le souvenir de l'événement, du trauma, qui a produit cette paralysie.

C'est M. Charcot qui nous a enseigné le premier qu'il faut s'adresser à la psychologie pour l'explication de la névrose hystérique. Nous avons suivi son exemple, Breuer et moi, dans un mémoire préliminaire *(Über den psychischen Mechanismus hysterischer Phänomene, Neurolog. Centralblatt,* Nr. 1 und 2, 1893). Nous démontrons dans ce mémoire que les symptômes permanents de l'hystérie dite non traumatique s'expliquent (à part les stigmates) par le même mécanisme que *Charcot* a reconnu dans les paralysies traumatiques. Mais nous donnons aussi la raison pour laquelle ces symptômes persistent et peuvent être guéris par un procédé spécial de psychothérapie hypnotique. Chaque événement, chaque impression psychique est munie d'une certaine valeur affective *(Affectbetrag),* dont le moi se délivre ou par la voie de réaction motrice ou par un travail psychique associatif. Si l'individu ne peut ou ne veut s'acquitter du surcroît, le souvenir de cette impression acquiert l'importance d'un trauma et devient la cause de symptômes permanents d'hystérie. L'impossibilité de l'élimination s'impose quand l'impression reste dans le subconscient. Nous avons appelé cette théorie: *Das Abreagieren der Reizzuwächse.*

En résumé, je pense qu'il est bien en accord avec notre vue générale sur l'hystérie, telle que nous l'avons pu former d'après l'enseignement de M. Charcot, que la lésion dans les paralysies hystériques ne consiste pas en autre chose que dans l'inaccessibilité de la conception de l'organe ou de la fonction pour les associations du moi conscient, que cette altération purement fonctionnelle (avec intégrité de la conception même) est caussée par la fixation de cette conception dans une association subconsciente avec le souvenir du trauma et que cette conception ne devient pas libre et accessible tant que la valeur affective du trauma psychique n'a pas été éliminée par la réaction motrice adéquate ou par le travail psychique conscient. Mais même si ce mécanisme n'a pas lieu, s'il faut pour la paralysie hysterique toujours une idée autosuggestive directe comme dans les cas traumatiques de M. Charcot, nous avons réussi à montrer de quelle nature la lésion ou plutôt l'alteration dans la paralysie hystérique *devrait* être, pour expliquer ses différences avec la paralysie organique cérébrale.

IV

Die Abwehr-Neuro-psychosen.[1])

Versuch einer psychologischen Theorie der acquirierten Hysterie, vieler Phobien und Zwangsvorstellungen und gewisser halluzinatorischer Psychosen.

Bei eingehendem Studium mehrerer mit Phobien und Zwangsvorstellungen behafteter Nervöser hat sich mir ein Erklärungsversuch dieser Symptome aufgedrängt, der mir dann gestattete, die Herkunft solcher krankhafter Vorstellungen in neuen, anderen Fällen glücklich zu erraten, und den ich darum der Mitteilung und weiteren Prüfung würdig erachte. Gleichzeitig mit dieser „psychologischen Theorie der Phobien und Zwangsvorstellungen“ ergab sich aus der Beobachtung der Kranken ein Beitrag zur Theorie der Hysterie oder vielmehr eine Abänderung derselben, welche einem wichtigen, der Hysterie wie den genannten Neurosen gemeinsamen Charakter Rechnung zu tragen scheint. Ferner hatte ich Gelegenheit, in den psychologischen Mechanismus einer Form von unzweifelhaft psychischer Erkrankung Einsicht zu nehmen, und fand dabei, daß die von mir versuchte Betrachtungsweise eine einsichtliche Verknüpfung zwischen diesen Psychosen und den beiden angeführten Neurosen herstellt. Eine Hilfshypothese, deren ich mich in allen drei Fällen bedient habe, werde ich zum Schlusse dieses Aufsatzes hervorheben.

I.

Ich beginne mit jener Abänderung, die mir an der Theorie der hysterischen Neurose erforderlich scheint:

Daß der Symptomkomplex der Hysterie, soweit er bis jetzt ein Verständnis zuläßt, die Annahme einer Spaltung des Bewußtseins mit Bildung separater psychischer Gruppen recht-

[1]) „Neurologisches Centralblatt“, 1894, Nr. 10 u. 11.

fertigt, dürfte seit den schönen Arbeiten von P. Janet, J. Breuer u. A. bereits zur allgemeinen Anerkennung gelangt sein. Weniger geklärt sind die Meinungen über die Herkunft dieser Bewußtseinsspaltung und über die Rolle, welche dieser Charakter im Gefüge der hysterischen Neurose spielt.

Nach der Lehre von Janet[1]) ist die Bewußtseinsspaltung ein primärer Zug der hysterischen Veränderung. Sie beruht auf einer angeborenen Schwäche der Fähigkeit zur psychischen Synthese, auf der Enge des „Bewußtseinsfeldes" (champ du conscience), welche als psychisches Stigma die Degeneration der hysterischen Individuen bezeugt.

Im Gegensatz zur Anschauung Janet's, welche mir die mannigfaltigsten Einwände zuzulassen scheint, steht jene, die J. Breuer in unserer gemeinsamen Mitteilung[2]) vertreten hat. Nach Breuer ist „Grundlage und Bedingung" der Hysterie das Vorkommen von eigentümlichen traumartigen Bewußtseinszuständen mit eingeschränkter Assoziationsfähigkeit, für welche er den Namen „hypnoide Zustände" vorschlägt. Die Bewußtseinsspaltung ist dann eine sekundäre, erworbene; sie kommt dadurch zustande, daß die in hypnoiden Zuständen aufgetauchten Vorstellungen vom assoziativen Verkehr mit dem übrigen Bewußtseinsinhalt abgeschnitten sind.

Ich kann nun den Nachweis zweier weiterer extremer Formen von Hysterie erbringen, bei welchen die Bewußtseinsspaltung unmöglich als eine primäre im Sinne von Janet gedeutet werden kann. Bei der ersteren dieser Formen gelang es mir wiederholt, zu zeigen, daß die Spaltung des Bewußtseinsinhaltes die Folge eines Willensaktes des Kranken ist, das heißt durch eine Willensanstrengung eingeleitet wird, deren Motiv man angeben kann. Ich behaupte damit natürlich nicht, daß der Kranke eine Spaltung seines Bewußtseins herbeizuführen beabsichtigt; die Absicht des Kranken ist eine andere, sie erreicht aber nicht ihr Ziel, sondern ruft eine Spaltung des Bewußtseins hervor.

---

[1]) État mental des hystériques. Paris 1893 und 1894. — Quelques définitions récentes de l'hystérie. Arch. de Neurol. 1893. XXXV—VI.

[2]) Über den psychischen Mechanismus hysterischer Phänomene. Dieses Centralblatt, 1893, Nr. 1 u. 2.

Bei der dritten Form der Hysterie, die wir durch psychische Analyse von intelligenten Kranken erwiesen haben, spielt die Bewußtseinsspaltung nur eine geringfügige, vielleicht überhaupt keine Rolle. Es sind dies jene Fälle, in denen bloß die Reaktion auf traumatische Reize unterblieben ist, die dann auch durch „Abreagieren“[1]) erledigt und geheilt werden, die reinen Retentionshysterien.

Für die Anknüpfung an die Phobien und Zwangsvorstellungen habe ich es hier nur mit der zweiten Form der Hysterie zu tun, die ich aus bald ersichtlichen Gründen als Abwehrhysterie bezeichnen und durch diesen Namen von den Hypnoid- und Retentionshysterien sondern will. Ich kann meine Fälle von Abwehrhysterie auch vorläufig als „acquirierte“ Hysterie aufführen, weil bei ihnen weder von schwerer hereditärer Belastung, noch von eigener degenerativer Verkümmerung die Rede war.

Bei den von mir analysierten Patienten hatte nämlich psychische Gesundheit bis zu dem Moment bestanden, in dem ein Fall von Unverträglichkeit in ihrem Vorstellungsleben vorfiel, d. h. bis ein Erlebnis, eine Vorstellung, Empfindung an ihr Ich herantrat, welches einen so peinlichen Affekt erweckte, daß die Person beschloß, daran zu vergessen, weil sie sich nicht die Kraft zutraute, den Widerspruch dieser unverträglichen Vorstellung mit ihrem Ich durch Denkarbeit zu lösen.

Solche unverträgliche Vorstellungen erwachsen bei weiblichen Personen zumeist auf dem Boden des sexualen Erlebens und Empfindens, und die Erkrankten erinnern sich auch mit aller wünschenswerten Bestimmtheit ihrer Bemühungen zur Abwehr, ihrer Absicht, das Ding „fortzuschieben“, nicht daran zu denken, es zu unterdrücken. Hierher gehörige Beispiele aus meiner Erfahrung, deren Anzahl ich mühelos vermehren könnte, sind etwa: Der Fall eines jungen Mädchens, welches es sich verübelt, während der Pflege ihres kranken Vaters an den jungen Mann zu denken, der ihr einen leisen erotischen Eindruck gemacht hat; der Fall einer Erzieherin, die sich in

[1]) Vgl. unsere gemeinsame Mitteilung.

ihren Herrn verliebt hatte, und die beschloß, sich diese Neigung aus dem Sinn zu schlagen, weil sie ihr mit ihrem Stolze unverträglich schien u. dgl. m.[1])

Ich kann nun nicht behaupten, daß die Willensanstrengung, etwas derartiges aus seinen Gedanken zu drängen, ein pathologischer Akt ist, auch weiß ich nicht zu sagen, ob und auf welche Weise das beabsichtigte Vergessen jenen Personen gelingt, welche unter denselben psychischen Einwirkungen gesund bleiben. Ich weiß nur, daß ein solches „Vergessen" den von mir analysierten Patienten nicht gelungen ist, sondern zu verschiedenen pathologischen Reaktionen geführt hat, die entweder eine Hysterie, oder eine Zwangsvorstellung, oder eine halluzinatorische Psychose erzeugten. In der Fähigkeit, durch jene Willensanstrengung einen dieser Zustände hervorzurufen, die sämtlich mit Bewußtseinsspaltung verbunden sind, ist der Ausdruck einer pathologischen Disposition zu sehen, die aber nicht notwendig mit persönlicher oder hereditärer „Degeneration" identisch zu sein braucht.

Über den Weg, der von der Willensanstrengung des Patienten bis zur Entstehung des neurotischen Symptoms führt, habe ich mir eine Meinung gebildet, die sich in den gebräuchlichen psychologischen Abstraktionen etwa so ausdrücken läßt: Die Aufgabe, welche sich das abwehrende Ich stellt, die unverträgliche Vorstellung als „non arrivée" zu behandeln, ist für dasselbe direkt unlösbar; sowohl die Gedächtnisspur als auch der der Vorstellung anhaftende Affekt sind einmal da und nicht mehr auszutilgen. Es kommt aber einer ungefähren Lösung dieser Aufgabe gleich, wenn es gelingt, aus dieser starken Vorstellung eine schwache zu machen, ihr den Affekt, die Erregungssumme, mit der sie behaftet ist, zu entreißen. Die schwache Vorstellung wird dann so gut wie keine Ansprüche an die Assoziationsarbeit zu stellen haben; die von ihr abgetrennte Erregungssumme muß aber einer anderen Verwendung zugeführt werden.

[1]) Diese Beispiele sind der noch nicht veröffentlichten ausführlichen Arbeit von Breuer und mir über den psychischen Mechanismus der Hysterie entnommen.

Soweit sind die Vorgänge bei der Hysterie und bei den Phobien und Zwangsvorstellungen die gleichen; von nun an scheiden sich die Wege. Bei der Hysterie erfolgt die Unschädlichmachung der unverträglichen Vorstellung dadurch, daß deren Erregungssumme ins Körperliche umgesetzt wird, wofür ich den Namen der Konversion vorschlagen möchte.

Die Konversion kann eine totale oder partielle sein und erfolgt auf jene motorische oder sensorische Innervation hin, die in einem innigen oder mehr lockeren Zusammenhang mit dem traumatischen Erlebnis steht. Das Ich hat damit erreicht, daß es widerspruchsfrei geworden ist, es hat sich aber dafür mit einem Erinnerungssymbol belastet, welches als unlösbare motorische Innervation oder als stets wiederkehrende halluzinatorische Sensation nach Art eines Parasiten im Bewußtsein haust, und welches bestehen bleibt, bis eine Konversion in umgekehrter Richtung stattfindet. Die Gedächtnisspur der verdrängten Vorstellung ist darum doch nicht untergegangen, sondern bildet von nun an den Kern einer zweiten psychischen Gruppe.

Ich will diese Anschauung von den psycho-physischen Vorgängen bei der Hysterie nur noch mit wenigen Worten ausführen: Wenn einmal ein solcher Kern für eine hysterische Abspaltung in einem „traumatischen Moment" gebildet worden ist, so erfolgt dessen Vergrößerung in anderen Momenten, die man „auxiliär traumatische" nennen könnte, sobald es einem neu anlangenden Eindruck gleicher Art gelingt, die vom Willen hergestellte Schranke zu durchbrechen, der geschwächten Vorstellung neuen Affekt zuzuführen und für eine Weile die assoziative Verknüpfung beider psychischer Gruppen zu erzwingen, bis eine neuerliche Konversion Abwehr schafft. — Der so bei der Hysterie erzielte Zustand in der Verteilung der Erregung stellt sich dann zumeist als ein labiler heraus; die auf einen falschen Weg (in die Körperinnervation) gedrängte Erregung gelangt mitunter zur Vorstellung zurück, von der sie abgelöst wurde, und nötigt dann die Person zur assoziativen Verarbeitung oder zur Erledigung in hysterischen Anfällen, wie der bekannte Gegensatz der Anfälle und der Dauersymptome beweist. Die Wirkung der kathartischen Methode Breuer's besteht darin, daß sie eine solche Zurückleitung der Erregung aus dem Körperlichen ins Psychische zielbewußt erzeugt, um dann den Ausgleich des Widerspruches durch Denkarbeit und die Abfuhr der Erregung durch Sprechen zu erzwingen.

Wenn die Bewußtseinsspaltung der acquirierten Hysterie auf einem Willensakt beruht, so erklärt sich überraschend leicht die merkwürdige Tatsache, daß die Hypnose regelmäßig das eingeengte Bewußtsein der Hysterischen erweitert und die abgespaltene psychische Gruppe zugänglich macht. Wir kennen es ja als Eigentümlichkeit aller schlafähnlichen Zustände, daß sie jene Verteilung der Erregung aufheben, auf welcher der „Wille" der bewußten Persönlichkeit beruht.

Wir erkennen demnach das für die Hysterie charakteristische Moment nicht in der Bewußtseinsspaltung, sondern in der Fähigkeit zur Konversion und dürfen als ein wichtiges Stück der sonst noch unbekannten Disposition zur Hysterie die psycho-physische Eignung zur Verlegung so großer Erregungssummen in die Körperinnervation anführen.

Diese Eignung schließt an und für sich psychische Gesundheit nicht aus und führt zur Hysterie nur im Falle einer psychischen Unverträglichkeit oder einer Aufspeicherung der Erregung. Mit dieser Wendung nähern wir, Breuer und ich, uns den bekannten Definitionen der Hysterie von Oppenheim[1]) und Strümpel[2]) und sind von Janet abgewichen, welcher der Bewußtseinsspaltung eine übergroße Rolle in der Charakteristik der Hysterie zuweist[3]). Die hier gegebene Dar-

[1]) Oppenheim: Die Hysterie ist ein gesteigerter Ausdruck der Gemütsbewegung. Der „Ausdruck der Gemütsbewegung" stellt aber jenen Betrag psychischer Erregung dar, der normalerweise eine Konversion erfährt.

[2]) Strümpel: Die Störung der Hysterie liegt im Psycho-physischen, dort, wo Körperliches und Seelisches mit einander zusammenhängen.

[3]) Janet hat im zweiten Abschnitt seines geistvollen Aufsatzes „Quelques définitions etc." den Einwand, daß die Bewußtseinsspaltung auch den Psychosen und der sogenannten Psychasthenie zukommt, selbst behandelt, aber nach meinem Ermessen nicht befriedigend gelöst. Dieser Einwand ist es wesentlich, der ihn dazu drängt, die Hysterie für eine Degenerationsform zu erklären. Er kann aber die hysterische Bewußtseinsspaltung durch keine Charakteristik genügend von der psychotischen u. dgl. sondern.

stellung darf den Anspruch erheben, daß sie den Zusammenhang der Konversion mit der hysterischen Bewußtseinsspaltung verstehen läßt.

II.

Wenn bei einer disponierten Person die Eignung zur Konversion nicht vorhanden ist und doch zur Abwehr einer unerträglichen Vorstellung die Trennung derselben von ihrem Affekt vorgenommen wird, dann muß dieser Affekt auf psychischem Gebiet verbleiben. Die nun geschwächte Vorstellung bleibt abseits von aller Assoziation im Bewußtsein übrig, ihr frei gewordener Affekt aber hängt sich an andere, an sich nicht unverträgliche Vorstellungen an, die durch diese „falsche Verknüpfung" zu Zwangsvorstellungen werden. Dies ist in wenig Worten die psychologische Theorie der Zwangsvorstellungen und Phobien, von der ich eingangs gesprochen habe.

Ich werde nun angeben, welche von den Stücken, die in dieser Theorie gefordert sind, sich direkt nachweisen lassen, welche andere ich ergänzt habe. Direkt nachweisbar ist außer dem Endprodukt des Vorganges, eben der Zwangsvorstellung, zunächst die Quelle, aus welcher der in falscher Verknüpfung befindliche Affekt stammt. In allen von mir analysierten Fällen war es das Sexualleben, welches einen peinlichen Affekt von genau der nämlichen Beschaffenheit geliefert hatte, wie er der Zwangsvorstellung anhing. Es ist theoretisch nicht ausgeschlossen, daß dieser Affekt nicht gelegentlich auf anderem Gebiete entstehen könnte; ich habe bloß mitzuteilen, daß eine andere Herkunft sich mir bisher nicht ergeben hat. Übrigens versteht man es leicht, daß gerade das Sexualleben die reichlichsten Anlässe zum Auftauchen unverträglicher Vorstellungen mit sich bringt.

Nachweisbar ist ferner durch die unzweideutigsten Äußerungen der Kranken die Willensanstrengung, der Versuch zur Abwehr, auf den die Theorie Gewicht legt, und wenigstens in einer Reihe von Fällen geben die Kranken selbst darüber Aufschluß, daß die Phobie oder Zwangsvorstellung erst dann auftrat, nachdem die Willensanstrengung scheinbar ihre Absicht erreicht hatte. „Mir ist einmal etwas sehr Unangenehmes passiert, ich habe mich mit Macht bemüht, es fortzuschieben, nicht mehr daran zu denken. Endlich ist es mir gelungen, da bekam ich dafür das andere, das ich seither nicht losgeworden bin.“ Mit diesen Worten bestätigte mir eine Patientin die Hauptpunkte der hier entwickelten Theorie.

Nicht alle, die an Zwangsvorstellungen leiden, machen sich die Herkunft derselben so klar. In der Regel bekömmt man, wenn man den Kranken auf die ursprüngliche Vorstellung sexueller Natur aufmerksam macht, die Anwort: „Davon kann es ja doch nicht kommen. Ich habe ja gar nicht viel daran gedacht. Einen Moment war ich erschrocken, dann habe ich mich abgelenkt und seither Ruhe davor gehabt.“ In dieser so häufigen Einwendung liegt ein Beweis, daß die Zwangsvorstellung einen Ersatz oder Surrogat der unverträglichen sexuellen Vorstellung darstellt und sie im Bewußtsein abgelöst hat.

Zwischen der Willensanstrengung des Patienten, der es gelingt, die unannehmbare sexuelle Vorstellung zu verdrängen, und dem Auftauchen der Zwangsvorstellung, die, an sich wenig intensiv, hier mit unbegreiflich starkem Affekt ausgestattet ist, klafft die Lücke, welche die hier entwickelte Theorie ausfüllen will. Die Trennung der sexuellen Vorstellung von ihrem Affekt und die Verknüpfung des letzteren mit einer anderen, passenden, aber nicht unverträglichen Vorstellung — dies sind Vorgänge, die ohne Bewußtsein geschehen, die man nur supponieren, aber durch keine klinisch-psychologische Analyse erweisen kann. Vielleicht wäre es richtiger, zu sagen: Dies sind überhaupt nicht Vorgänge psychischer Natur, sondern physische Vorgänge, deren psychische Folge sich so darstellt, als wäre das durch die Redensarten: Trennung der Vorstellung von ihrem Affekt und falsche Verknüpfung des letzteren, Ausgedrückte wirklich geschehen.

Neben den Fällen, die ein Nacheinander der sexuellen unverträglichen Vorstellung und der Zwangsvorstellung beweisen, findet man eine Reihe anderer, in denen gleichzeitig Zwangsvorstellungen und peinlich betonte sexuelle Vorstellungen vorhanden sind. Letztere „sexuelle Zwangsvorstellungen“ zu heißen, geht nicht gut an; es mangelt ihnen ein wesentlicher Charakter der Zwangsvorstellungen; sie erweisen sich als vollberechtigt, während die Peinlichkeit der gemeinen Zwangsvorstellungen ein Problem für den Arzt und den Kranken bildet. Soweit ich mir in Fälle dieser Art Einsicht verschaffen konnte, handelte es sich hier um eine fortgesetzte Abwehr gegen beständig neu anlangende sexuelle Vorstellungen, eine Arbeit also, die noch nicht zum Abschluß gekommen war.

Die Kranken verheimlichen häufig ihre Zwangsvorstellungen, so lange sie sich der sexuellen Abkunft derselben bewußt sind. Wenn sie darüber klagen, so geben sie zumeist ihrer Verwunderung darüber Ausdruck, daß sie dem betreffenden Affekt unterliegen, daß sie sich ängstigen, bestimmte Impulse haben u. dgl. Dem kundigen Arzt dagegen erscheint dieser Affekt berechtigt und verständlich; er findet das Auffällige nur in der Verknüpfung eines solchen Affektes mit einer hiefür nicht würdigen Vorstellung. Der Affekt der Zwangsvorstellung erscheint ihm — mit anderen Worten — als ein dislocierter oder transponierter, und wenn er die hier niedergelegten Bemerkungen angenommen hat, kann er für eine große Reihe von Fällen von Zwangsvorstellung die Rückübersetzung ins Sexuelle versuchen.

Zur sekundären Verknüpfung des frei gewordenen Affektes kann jede Vorstellung benützt werden, die entweder ihrer Natur nach mit einem Affekt von solcher Qualität vereinbar ist, oder die gewisse Beziehungen zur unverträglichen hat, denen zufolge sie als Surrogat derselben brauchbar erscheint. So zum Beispiel wirft sich frei gewordene Angst, deren sexuelle Herkunft nicht erinnert werden soll, auf die gemeinen primären Phobien des Menschen vor Tieren, Gewitter, Dunkelheit u. dgl., oder auf Dinge, die unverkennbar mit dem Sexuellen in irgend einer Art assoziiert sind, auf das Urinieren, die Defäkation, auf Beschmutzung und Ansteckung überhaupt.

Der Vorteil, den das Ich erreicht, indem es zur Abwehr den Weg der Transposition des Affektes einschlägt, ist ein weit geringerer als bei der hysterischen Konversion psychischer Erregung in somatische Innervation. Der Affekt, unter dem das Ich gelitten hat, bleibt unverändert und unverringert nach wie vor, nur daß die unverträgliche Vorstellung niedergehalten, vom Erinnern ausgeschlossen ist. Die verdrängten Vorstellungen bilden wiederum den Kern einer zweiten psychischen Gruppe, die, wie mir scheint, auch ohne Zuhilfenahme der Hypnose zugänglich ist. Wenn bei den Phobien und Zwangsvorstellungen die auffälligen Symptome ausbleiben, welche bei der Hysterie die Bildung einer unabhängigen psychischen Gruppe begleiten, so rührt dies wohl daher, daß im ersteren Falle die gesamte Veränderung auf psychischem Gebiet geblieben ist, die Beziehung zwischen psychischer Erregung und somatischer Innervation keine Änderung erfahren hat.

Ich will das hier über die Zwangsvorstellungen Gesagte durch einige Beispiele erläutern, die wahrscheinlich typischer Natur sind:

1. Ein junges Mädchen leidet an Zwangsvorwürfen. Las sie in der Zeitung von Falschmünzern, so kam ihr der Gedanke, sie habe auch falsches Geld gemacht; war irgendwo von einem unbekannten Täter eine Mordtat geschehen, so fragte sie sich ängstlich, ob sie nicht diesen Mord begangen habe. Dabei war sie sich der Ungereimtheit dieser Zwangsvorwürfe klar bewußt. Eine Zeit lang gewann das Schuldbewußtsein solche Macht über sie, daß ihre Kritik erstickt wurde und sie sich vor ihren Verwandten und vor dem Arzt anklagte, sie habe alle diese Untaten wirklich begangen (Psychose durch einfache Steigerung — Überwältigungspsychose). Ein scharfes Verhör deckte jetzt die Quelle auf, aus der ihr Schuldbewußtsein stammte: Durch eine zufällige wollüstige Empfindung angeregt, hatte sie sich von einer Freundin zur Masturbation verleiten lassen und betrieb diese seit Jahren mit dem vollen Bewußtsein ihres Unrechtes und unter den heftigsten, aber wie gewöhnlich nutzlosen Selbstvorwürfen. Ein Exzeß nach dem Besuche eines Balles hatte die Steigerung zur Psychose hervorgerufen. — Das Mädchen heilte nach einigen Monaten Behandlung und strengster Überwachung.

2. Ein anderes Mädchen litt unter der Furcht, von Harndrang überfallen zu werden und sich nässen zu müssen,

seitdem ein solcher Drang sie wirklich einmal genötigt hatte, einen Konzertsaal während der Aufführung zu verlassen. Diese Phobie hatte sie allmählich völlig genuß- und verkehrsunfähig gemacht. Sie fühlte sich nur wohl, wenn sie ein Kloset in der Nähe wußte, zu dem sie unauffällig gelangen konnte. Ein organisches Leiden, welches dieses Mißtrauen in die Beherrschung der Blase gerechtfertigt hätte, war ausgeschlossen. Der Harndrang war zu Hause unter ruhigen Verhältnissen und zur Nachtzeit nicht vorhanden. Eingehendes Examen wies nach, daß der Harndrang zum ersten Male unter folgenden Verhältnissen aufgetreten war: In dem Konzertsaale hatte ein Herr nicht weit von ihr Platz genommen, der ihrem Empfinden nicht gleichgiltig war. Sie begann an ihn zu denken und sich auszumalen, wie sie als seine Frau neben ihm sitzen würde. In dieser erotischen Träumerei bekam sie jene körperliche Empfindung, die man mit der Erektion des Mannes vergleichen muß, und die bei ihr — ich weiß nicht, ob allgemein — mit einem leichten Harndrang abschloß. Sie erschrak jetzt heftig über die ihr sonst gewohnte sexuelle Empfindung, weil sie bei sich beschlossen hatte, diese wie jede andere Neigung zu bekämpfen, und im nächsten Moment hatte sich der Affekt auf den begleitenden Harndrang übertragen und nötigte sie, nach qualvollem Kampf den Saal zu verlassen. Sie war im Leben so prüde, daß sie sich vor allem Sexuellen intensiv grauste, und den Gedanken, je zu heiraten, nicht fassen konnte; andererseits war sie sexuell so hyperästhetisch, daß bei jeder erotischen Träumerei die sie sich gerne gestattete, jene wollüstige Empfindung auftrat. Der Harndrang hatte die Erektion jedesmal begleitet, ohne ihr bis zu der Szene im Konzertsaal einen Eindruck zu machen. Die Behandlung führte zu einer fast vollkommenen Beherrschung der Phobie.

3. Eine junge Frau, die aus fünfjähriger Ehe nur ein Kind hatte, klagte mir über den Zwangsimpuls, sich vom Fenster oder Balkon zu stürzen, und über die Furcht, die sie beim Anblick eines scharfen Messers ergreife, ihr Kind damit zu erstechen. Der eheliche Verkehr, gestand sie zu, werde selten und nur mit Vorsicht gegen die Konzeption

ausgeübt; allein das fehle ihr nicht, sie sei keine sinnliche Natur. Ich getraute mich darauf ihr zu sagen, daß sie beim Anblicke eines Mannes erotische Vorstellungen bekomme, daß sie darum das Vertrauen zu sich verloren habe und sich als eine verworfene Person vorkomme, die zu allem fähig sei. Die Rückübersetzung der Zwangsvorstellung ins Sexuelle war gelungen; sie gestand sofort weinend ihr lange verborgenes eheliches Elend ein und teilte später auch peinliche Vorstellungen von unverändert sexuellem Charakter mit, so die häufig wiederkehrende Empfindung, als ob sich etwas unter ihre Röcke dränge.

Ich habe mir derartige Erfahrungen für die Therapie zunutze gemacht, um bei Phobien und Zwangsvorstellungen trotz alles Sträubens der Kranken die Aufmerksamkeit auf die verdrängten sexuellen Vorstellungen zurückzulenken und, wo es anging, die Quellen, aus denen dieselben stammten, zu verstopfen. Ich kann natürlich nicht behaupten, daß alle Phobien und Zwangsvorstellungen auf die hier aufgedeckte Weise entstehen; erstens umfaßt meine Erfahrung eine im Verhältnis zur Reichhaltigkeit dieser Neurosen nur beschränkte Anzahl, und zweitens weiß ich selbst, daß diese „psychasthenischen“ Symptome (nach Janets Bezeichnung) nicht alle gleichwertig sind.[1]) Es gibt zum Beispiel rein hysterische Phobien. Ich meine aber, daß der Mechanismus der Transposition des Affektes bei der großen Mehrzahl der Phobien und Zwangsvorstellungen nachzuweisen sein wird, und möchte dafür eintreten, diese Neurosen, die sich ebenso oft isoliert als mit Hysterie oder Neurasthenie kombiniert finden, nicht mit der gemeinen Neurasthenie zsammenzuwerfen, für deren Grundsymptome ein psychischer Mechanismus gar nicht anzunehmen ist.

---

[1]) Die Gruppe von typischen Phobien, für welche die Agoraphobie Vorbild ist, läßt sich nicht auf den oben entwickelten psychischen Mechanismus zurückführen, vielmehr weicht der Mechanismus der Agoraphobie von dem der echten Zwangsvorstellungen und der auf solche reduzierbaren Phobien in einem entscheidenden Punkte ab. Es findet sich hier keine verdrängte Vorstellung, von welcher der Angstaffekt abgetrennt wäre. Die Angst dieser Phobien hat einen anderen Ursprung.

III.

In beiden bisher betrachteten Fällen war die Abwehr der unverträglichen Vorstellung durch Trennung derselben von ihrem Affekt geschehen; die Vorstellung war, wenngleich geschwächt und isoliert, dem Bewußtsein verblieben. Es gibt nun eine weit energischere und erfolgreichere Art der Abwehr, die darin besteht, daß das Ich die unerträgliche Vorstellung mitsamt ihrem Affekt verwirft und sich so benimmt, als ob die Vorstellung nie an das Ich herangetreten wäre. Allein in dem Moment, in dem dies gelungen ist, befindet sich die Person in einer Psychose, die man wohl nur als „halluzinatorische Verworrenheit" klassifizieren kann. Ein einziges Beispiel soll diese Behauptung erläutern:

Ein junges Mädchen hat einem Manne eine erste impulsive Neigung geschenkt und glaubt fest an seine Gegenliebe. Tatsächlich befindet sie sich im Irrtum; der junge Mann hat ein anderes Motiv, ihr Haus aufzusuchen. Die Enttäuschungen bleiben auch nicht aus; sie erwehrt sich ihrer zunächst, indem sie die entsprechenden Erfahrungen hysterisch konvertiert, erhält so ihren Glauben, daß er eines Tages kommen und um sie anhalten würde, fühlt sich aber dabei infolge unvollständiger Konversion und beständigen Andranges neuer schmerzlicher Eindrücke unglücklich und krank. Sie erwartet ihn endlich in höchster Spannung für einen bestimmten Tag, den Tag einer Familienfeier. Der Tag verrinnt, ohne daß er gekommen wäre. Nachdem alle Züge, mit denen er ankommen könnte, vorüber sind, schlägt sie in halluzinatorische Verworrenheit um. Er ist angekommen, sie hört seine Stimme im Garten, eilt in Nachtkleidung herunter, ihn zu empfangen. Von da an lebt sie durch zwei Monate in einem glücklichen Traum, dessen Inhalt ist: er sei da, sei immer um sie, es sei alles so wie vorhin (vor der Zeit der mühsam abgewehrten Enttäuschungen). Hysterie und Verstimmung sind überwunden; von der ganzen letzten Zeit des Zweifels und der Leiden wird während der Krankheit nicht gesprochen; sie ist glücklich, so lange man sie ungestört läßt, und tobt nur dann, wenn eine Maßregel ihrer

Umgebung sie an etwas hindert, was sie ganz konsequent aus ihrem seligen Traum folgern will. Diese seinerzeit unverständliche Psychose wurde zehn Jahre später durch eine hypnotische Analyse aufgedeckt.

Die Tatsache, auf die ich aufmerksam mache, ist die, daß der Inhalt einer solchen halluzinatorischen Psychose gerade in der Hervorhebung jener Vorstellung besteht, die durch den Anlaß der Erkrankung bedroht war. Man ist also berechtigt zu sagen, daß das Ich durch die Flucht in die Psychose die unerträgliche Vorstellung abgewehrt hat; der Vorgang, durch den dies erreicht worden ist, entzieht sich wiederum der Selbstwahrnehmung wie der psychologisch-klinischen Analyse. Er ist als der Ausdruck einer pathologischen Disposition höheren Grades anzusehen und läßt sich etwa wie folgt umschreiben: Das Ich reißt sich von der unverträglichen Vorstellung los, diese hängt aber untrennbar mit einem Stück der Realität zusammen, und indem das Ich diese Leistung vollbringt, hat es sich auch von der Realität ganz oder teilweise losgelöst. Letzteres ist nach meiner Meinung die Bedingung, unter der eigenen Vorstellungen halluzinatorische Lebhaftigkeit zuerkannt wird, und somit befindet sich die Person nach glücklich gelungener Abwehr in halluzinatorischer Verworrenheit.

Ich verfüge nur über sehr wenige Analysen von derartigen Psychosen; ich meine aber, es muß sich um einen sehr häufig benützten Typus psychischer Erkrankung handeln, denn die als analog aufzufassenden Beispiele der Mutter, die, über den Verlust ihres Kindes erkrankt, jetzt unablässig ein Stück Holz im Arme wiegt, oder der verschmähten Braut, die seit Jahren im Putz ihren Bräutigam erwartet, fehlen in keinem Irrenhause.

Es ist vielleicht nicht überflüssig hervorzuheben, daß die drei hier geschilderten Arten der Abwehr und somit die drei Formen von Erkrankung, zu denen diese Abwehr führt, an derselben Person vereinigt sein können. Das gleichzeitige Vorkommen von Phobien und hysterischen Symptomen, das in praxi so häufig beobachtet wird, gehört ja mit zu den Momenten, die eine reinliche Trennung der Hysterie von anderen Neurosen erschweren und zur Aufstellung der „gemischten Neurosen“ nötigen. Die halluzinatorische Verworrenheit zwar verträgt sich häufig nicht mit dem Fortbestand der Hysterie, in der Regel nicht mit dem der Zwangsvorstellungen. Dafür ist es nichts seltenes, daß eine Abwehrpsychose den Verlauf einer hysterischen oder gemischten Neurose episodisch durchbricht.

Ich will endlich mit wenigen Worten der Hilfsvorstellung gedenken, deren ich mich in dieser Darstellung der Abwehrneurosen bedient habe. Es ist dies die Vorstellung, daß an den psychischen Funktionen etwas zu unterscheiden ist (Affektbetrag, Erregungssumme), das alle Eigenschaften einer Quantität hat — wenngleich wir kein Mittel besitzen, dieselbe zu messen — etwas, das der Vergrößerung, Verminderung, der Verschiebung und der Abfuhr fähig ist und sich über die Gedächtnisspuren der Vorstellungen verbreitet, etwa wie eine elektrische Ladung über die Oberflächen der Körper.

Man kann diese Hypothese, die übrigens bereits unserer Theorie des „Abreagierens“ (Vorläufige Mitteilung 1893) zugrunde liegt, in demselben Sinne verwenden, wie es die Physiker mit der Annahme des strömenden elektrischen Fluidums tun. Gerechtfertigt ist sie vorläufig durch ihre Brauchbarkeit zur Zusammenfassung und Erklärung mannigfaltiger psychischer Zustände.

Wien, Ende Jänner 1894.

V.

Über die Berechtigung, von der Neurasthenie einen bestimmten Symptomenkomplex als „Angstneurose" abzutrennen.[1]

Es ist schwierig, etwas Allgemeingiltiges von der Neurasthenie auszusagen, so lange man diesen Krankheitsnamen all das bedeuten läßt, wofür Beard ihn gebraucht hat. Die Neuropathologie, meine ich, kann nur dabei gewinnen, wenn man den Versuch macht, von der eigentlichen Neurasthenie alle jene neurotischen Störungen abzusondern, deren Symptome einerseits unter einander fester verknüpft sind als mit den typischen neurasthenischen Symptomen (dem Kopfdruck, der Spinalirritation, der Dyspepsie mit Flatulenz und Obstipation), und die andererseits in ihrer Ätiologie und ihrem Mechanismus wesentliche Verschiedenheiten von der typischen neurasthenischen Neurose erkennen lassen. Nimmt man diese Absicht an, so wird man bald ein ziemlich einförmiges Bild der Neurasthenie gewonnen haben. Man wird es dann dahin bringen, schärfer, als es bisher gelungen ist, verschiedene Pseudoneurasthenien (das Bild der organisch vermittelten nasalen Reflexneurose, die nervösen Störungen der Kachexien und der Arteriosklerose, die Vorstadien der progressiven Paralyse und mancher Psychosen) von echter Neurasthenie zu unterscheiden, ferner werden sich — nach Möbius' Vorschlag — manche Status nervosi der hereditär Degenerierten abseits stellen lassen, und man wird auch Gründe finden, manche Neurosen, die man heute Neurasthenie heißt, besonders intermittierender oder periodischer Natur, vielmehr der Melancholie zuzurechnen. Die einschneidendste Veränderung

[1] „Neurologisches Centralblatt", 1895, Nr. 2.

bahnt man aber an, wenn man sich entschließt, von der Neurasthenie jenen Symptomenkomplex abzutrennen, den ich im folgenden beschreiben werde, und der die oben aufgestellten Bedingungen in besonders zureichender Weise erfüllt. Die Symptome dieses Komplexes stehen klinisch einander weit näher als den echt neurasthenischen (d. h. sie kommen häufig zusammen vor, vertreten einander im Krankheitsverlauf), und Ätiologie wie Mechanismus dieser Neurose sind grundverschieden von der Ätiologie und dem Mechanismus der echten Neurasthenie, wie sie uns nach solcher Sonderung erübrigt.

Ich nenne diesen Symptomenkomplex „Angstneurose", weil dessen sämtliche Bestandteile sich um das Hauptsymptom der Angst gruppieren lassen, weil jeder einzelne von ihnen eine bestimmte Beziehung zur Angst besitzt. Ich glaubte, mit dieser Auffassung der Symptome der Angstneurose originell zu sein, bis mir ein interessanter Vortrag von E. Hecker[1]) in die Hände fiel, in welchem ich die nämliche Deutung mit aller wünschenswerten Klarheit und Vollständigkeit dargelegt fand. Hecker löst die von ihm als Äquivalente oder Rudimente des Angstanfalles erkannten Symptome allerdings nicht aus dem Zusammenhange der Neurasthenie, wie ich es beabsichtige; allein dies rührt offenbar daher, daß er auf die Verschiedenheit der ätiologischen Bedingungen hier und dort keine Rücksicht genommen hat. Mit der Kenntnis dieser letzteren Differenz entfällt jeder Zwang, die Angstsymptome mit demselben Namen wie die echt neurasthenischen zu bezeichnen, denn die sonst willkürliche Namengebung hat vor allem den Zweck, uns die Aufstellung allgemeiner Behauptungen zu erleichtern.

I. Klinische Symptomatologie der Angstneurose.

Was ich „Angstneurose" nenne, kommt in vollständiger oder rudimentärer Ausbildung, isoliert oder in Kombination

[1]) E. Hecker: Über larvierte und abortive Angstzustände bei Neurasthenie. Centralblatt für Nervenheilkunde, Dezember 1893. — Die Angst wird geradezu unter den Hauptsymptomen der Neurasthenie angeführt in der Studie von Kaan: Der neurasthenische Angstaffekt bei Zwangsvorstellungen und der primordiale Grübelzwang, Wien 1893.

mit anderen Neurosen zur Beobachtung. Die einigermaßen vollständigen und dabei isolierten Fälle sind natürlich diejenigen, welche den Eindruck, daß die Angstneurose klinische Selbständigkeit besitze, besonders unterstützen. In anderen Fällen steht man vor der Aufgabe, aus einem Symptomenkomplex, welcher einer „gemischten Neurose" entspricht, diejenigen herauszuklauben und zu sondern, die nicht der Neurasthenie, Hysterie u. dgl., sondern der Angstneurose zugehören.

Das klinische Bild der Angstneurose umfaßt folgende Symptome:

1. Die allgemeine Reizbarkeit. Diese ist ein häufiges nervöses Symptom, als solches vielen Status nervosi eigen. Ich führe sie hier an, weil sie bei der Angstneurose konstant vorkommt und theoretisch bedeutsam ist. Gesteigerte Reizbarkeit deutet ja stets auf Anhäufung von Erregung oder auf Unfähigkeit, Anhäufung zu ertragen, also auf absolute oder relative Reizanhäufung. Einer besonderen Hervorhebung wert finde ich den Ausdruck dieser gesteigerten Reizbarkeit durch eine Gehörshyperästhesie, eine Überempfindlichkeit gegen Geräusche, welches Symptom sicherlich durch die mitgeborene innige Beziehung zwischen Gehörseindrücken und Erschrecken zu erklären ist. Die Gehörshyperästhesie findet sich häufig als Ursache der Schlaflosigkeit, von welcher mehr als eine Form zur Angstneurose gehört.

2. Die ängstliche Erwartung. Ich kann den Zustand, den ich meine, nicht besser erläutern, als durch diesen Namen und einige beigefügte Beispiele. Eine Frau z. B., die an ängstlicher Erwartung leidet, denkt bei jedem Hustenstoß ihres katarrhalisch affizierten Mannes an Influenzapneumonie und sieht im Geiste seinen Leichenzug vorüberziehen. Wenn sie auf dem Wege nach Hause zwei Personen vor ihrem Haustor beisammenstehend sieht, kann sie sich des Gedankens nicht erwehren, daß eines ihrer Kinder aus dem Fenster gestürzt sei; wenn sie die Glocke läuten hört, so bringt man ihr eine Trauerbotschaft u. dgl., während doch in allen diesen Fällen kein besonderer Anlaß zur Verstärkung einer bloßen Möglichkeit vorliegt.

Die ängstliche Erwartung klingt natürlich stetig ins Normale ab, umfaßt alles, was man gemeinhin als „Ängstlichkeit, Neigung zu pessimistischer Auffassung der Dinge“ bezeichnet, geht aber so oft als möglich über solche plausible Ängstlichkeit hinaus und ist häufig selbst für den Kranken als eine Art von Zwang erkenntlich. Für eine Form der ängstlichen Erwartung, nämlich für die in bezug auf die eigene Gesundheit, kann man den alten Krankheitsnamen Hypochondrie reservieren. Die Hypochondrie geht nicht immer der Höhe der allgemeinen ängstlichen Erwartung parallel, sie verlangt als Vorbedingung die Existenz von Parästhesien und peinlichen Körperempfindungen, und so wird die Hypochondrie die Form, welche die echten Neurastheniker bevorzugen, sobald sie, was häufig geschieht, der Angstneurose verfallen.

Eine weitere Äußerung der ängstlichen Erwartung dürfte die bei moralisch empfindlicheren Personen so häufige Neigung zur Gewissensangst, zur Skrupulosität und Pedanterie sein, die gleichfalls vom Normalen bis zur Steigerung als Zweifelsucht variiert.

Die ängstliche Erwartung ist das Kernsymptom der Neurose; in ihr liegt auch ein Stück von der Theorie derselben frei zutage. Man kann etwa sagen, daß hier ein Quantum Angst freiflottierend vorhanden ist, welches bei der Erwartung die Auswahl der Vorstellungen beherrscht und jederzeit bereit ist, sich mit irgend einem passenden Vorstellungsinhalt zu verbinden.

3. Es ist dies nicht die einzige Art, wie die fürs Bewußtsein meist latente, aber konstant lauernde Ängstlichkeit sich äußern kann. Diese kann vielmehr auch plötzlich ins Bewußtsein hereinbrechen, ohne vom Vorstellungsablauf geweckt zu werden, und so einen Angstanfall hervorrufen. Ein solcher Angstanfall besteht entweder einzig aus dem Angstgefühl ohne jede assoziierte Vorstellung, oder mit der naheliegenden Deutung der Lebensvernichtung, des „Schlagtreffens“, des drohenden Wahnsinns, oder aber dem Angstgefühl ist irgend welche Parästhesie beigemengt (ähnlich der hysterischen Aura), oder endlich mit der Angstempfindung ist eine Störung irgend

einer oder mehrerer Körperfunktionen, der Atmung, Herztätigkeit, der vasomotorischen Innervation, der Drüsentätigkeit verbunden. Aus dieser Kombination hebt der Patient bald das eine, bald das andere Moment besonders hervor, er klagt über „Herzkrampf“, Atemnot“, „Schweißausbrüche“, „Heißhunger“ u. dgl., und in seiner Darstellung tritt das Angstgefühl häufig ganz zurück oder wird recht unkenntlich als ein „Schlechtwerden“, „Unbehagen“ usw. bezeichnet.

4. Interessant und diagnostisch bedeutsam ist nun, daß das Maß der Mischung dieser Elemente im Angstfall ungemein variiert, und daß nahezu jedes begleitende Symptom den Anfall ebensowohl allein konstituieren kann wie die Angst selbst. Es gibt demnach rudimentäre Angstanfälle und Äquivalente des Angstanfalls, wahrscheinlich alle von der gleichen Bedeutung, die einen großen und bis jetzt wenig gewürdigten Reichtum an Formen zeigen. Das genauere Studium dieser larvierten Angstzustände (Hecker) und ihre diagnostische Trennung von anderen Anfällen dürfte bald zur notwendigen Arbeit für den Neuropathologen werden.

Ich füge hier nur die Liste der mir bekannten Formen des Angstanfalls an:

a) Mit Störungen der Herztätigkeit, Herzklopfen, mit kurzer Arrythmie, mit länger anhaltender Tachykardie bis zu schweren Schwächezuständen des Herzens, deren Unterscheidung von organischer Herzaffektion nicht immer leicht ist; Pseudoangina pectoris, ein diagnostisch heikles Gebiet!

b) Mit Störungen der Atmung, mehrere Formen von nervöser Dyspnoë, asthmaartigem Anfall u. dgl. Ich hebe hervor, daß selbst diese Anfälle nicht immer von kenntlicher Angst begleitet sind.

c) Anfälle von Schweißausbrüchen, oft nächtlich.

d) Anfälle von Zittern und Schütteln, die nur zu leicht mit hysterischen verwechselt werden.

e) Anfälle von Heißhunger, oft mit Schwindel verbunden.

f) Anfallsweise auftretende Diarrhöen.

g) Anfälle von lokomotorischem Schwindel.

h) Anfälle von sogenannten Kongestionen, so ziemlich alles, was man vasomotorische Neurasthenie genannt hat.

i) Anfälle von Parästhesien (diese aber selten ohne Angst oder ein ähnliches Unbehagen).

5. Nichts als eine Abart des Angstanfalles ist sehr häufig das nächtliche Aufschrecken (Pavor nocturnus der Erwachsenen), gewöhnlich mit Angst, mit Dyspnoë, Schweiß u. dgl. verbunden. Diese Störung bedingt eine zweite Form von Schlaflosigkeit im Rahmen der Angstneurose. — Es ist mir übrigens unzweifelhaft geworden, daß auch der Pavor nocturnus der Kinder eine Form zeigt, die zur Angstneurose gehört. Der hysterische Anstrich, die Verknüpfung der Angst mit der Reproduktion eines hierzu geeigneten Erlebnisses oder Traumes, lassen den Pavor nocturnus der Kinder als etwas Besonderes erscheinen; er kommt aber auch rein vor, ohne Traum oder wiederkehrende Halluzination.

6. Eine hervorragende Sellung in der Symptomengruppe der Angstneurose nimmt der „Schwindel“ ein, der in seinen leichtesten Formen besser als „Taumel“ zu bezeichnen ist, in schwererer Ausbildung als „Schwindelanfall“ mit oder ohne Angst zu den folgenschwersten Symptomen der Neurose gehört. Der Schwindel der Angstneurose ist weder ein Drehschwindel, noch läßt er, wie der Menièresche Schwindel, einzelne Ebenen und Richtungen hervorheben. Er gehört dem lokomotorischen oder koordinatorischen Schwindel an wie der Schwindel bei Augenmuskellähmung; er besteht in einem spezifischen Mißbehagen, begleitet von den Empfindungen, daß der Boden wogt, die Beine versinken, daß es unmöglich ist, sich weiter aufrecht zu halten, und dabei sind die Beine bleischwer, zittern oder knicken ein. Zum Hinstürzen führt dieser Schwindel nie. Dagegen möchte ich behaupten, daß ein solcher Schwindelanfall auch durch einen Anfall von tiefer Ohnmacht vertreten werden kann. Andere ohnmachtartige Zustände bei der Angstneurose scheinen von einem Herzkollaps abzuhängen.

Der Schwindelanfall ist nicht selten von der schlimmsten Art von Angst begleitet, häufig mit Herz- und Atemstörungen kombiniert. Höhenschwindel, Berg- und Abgrundschwindel finden sich nach meinen Beobachtungen gleichfalls bei der Angstneurose häufig vor; auch weiß ich nicht, ob man noch berechtigt ist, nebenher einen Vertigo a stomacho laeso anzuerkennen.

7. Auf Grund der chronischen Ängstlichkeit (ängstliche Erwartung) einerseits, der Neigung zum Schwindel-Angstanfall andererseits entwickeln sich zwei Gruppen von typischen Phobien, die erste auf die allgemein physiologischen Bedrohungen, die andere auf die Lokomotion bezüglich. Zur ersten Gruppe gehören die Angst vor Schlangen, Gewitter, Dunkelheit, Ungeziefer u. dgl. sowie die typische moralische Überbedenklichkeit, Formen der Zweifelsucht; hier wird die disponible Angst einfach zur Verstärkung von Abneigungen verwendet, die jedem Menschen instinktiv eingepflanzt sind. Gewöhnlich bildet sich eine zwangsartig wirkende Phobie aber erst dann, wenn eine Reminiszenz an ein Erlebnis hinzukommt, bei welchem diese Angst sich äußern konnte, z. B. nachdem der Kranke ein Gewitter im Freien mitgemacht hat. Man tut Unrecht, solche Fälle einfach als Fortdauer starker Eindrücke erklären zu wollen; was diese Erlebnisse bedeutsam und ihre Erinnerung dauerhaft macht, ist doch nur die Angst, die damals hervortreten konnte und heute ebenso hervortreten kann. Mit anderen Worten, solche Eindrücke bleiben kräftig nur bei Personen mit „ängstlicher Erwartung".

Die andere Gruppe enthält die Agoraphobie mit allen ihren Nebenarten, sämtliche charakterisiert durch die Beziehung auf die Lokomotion. Ein vorausgegangener Schwindelanfall findet sich hierbei häufig als Begründung der Phobie; ich glaube nicht, daß man ihn jedesmal postulieren darf. Gelegentlich sieht man, daß nach einem ersten Schwindelanfall ohne Angst die Lokomotion zwar beständig von der Sensation des Schwindels begleitet wird, aber ohne Einschränkung möglich bleibt, daß dieselbe aber unter den Bedingungen des Alleinseins, der engen Straße u. dgl. versagt, wenn einmal sich zum Schwindelanfall Angst hinzugesellt hat.

Das Verhältnis dieser Phobien zu den Phobien der Zwangsneurose, deren Mechanismus ich in einem früheren

Aufsatze[1]) in diesem Blatte aufgedeckt habe, ist folgender Art: Die Übereinstimmung liegt darin, daß hier wie dort eine Vorstellung zwangsartig wird durch die Verknüpfung mit einem disponiblen Affekt. Der Mechanismus der Affektversetzung gilt also für beide Arten von Phobien. Bei den Phobien der Angstneurose ist aber 1. dieser Affekt ein monotoner, stets der der Angst; 2. stammt er nicht von einer verdrängten Vorstellung her, sondern erweist sich bei psychologischer Analyse als nicht weiter reduzierbar, wie er auch durch Psychotherapie nicht anfechtbar ist. Der Mechanismus der Substitution gilt also für die Phobien der Angstneurose nicht.

Beiderlei Arten von Phobien (oder Zwangsvorstellungen) kommen häufig neben einander vor, obwohl die atypischen Phobien, die auf Zwangsvorstellungen beruhen, nicht notwendig auf dem Boden der Angstneurose erwachsen müssen. Ein sehr häufiger, anscheinend komplizierter Mechanismus stellt sich heraus, wenn bei einer ursprünglich einfachen Phobie der Angstneurose der Inhalt der Phobie durch eine andere Vorstellung substituiert wird, die Substitution also nachträglich zur Phobie hinzukommt. Zur Substitution werden am häufigsten die „Schutzmaßregeln" benutzt, die ursprünglich zur Bekämpfung der Phobie versucht worden sind. So entsteht z. B. die Grübelsucht aus dem Bestreben, sich den Gegenbeweis zu liefern, daß man nicht verrückt ist, wie die hypochondrische Phobie behauptet: das Zaudern und Zweifeln, vielmehr Repetieren der Folie de doute entspringt dem berechtigten Zweifel in die Sicherheit des eigenen Gedankenablaufes, da man sich doch so hartnäckiger Störung durch die zwangsartige Vorstellung bewußt ist u. dgl. Man kann daher behaupten, daß auch viele Syndrome der Zwangsneurose, wie die Folie du doute und ähnliches, klinisch, wenn auch nicht begrifflich, der Angstneurose zuzurechnen sind.[2])

8. Die Verdauungstätigkeit erfährt bei der Angstneurose nur wenige, aber charakteristische Störungen. Sensationen wie Brechneigung und Übligkeiten sind nichts Seltenes, und

[1]) Die Abwehr-Neuropsychosen. Neurol. Centralbl., 1894, Nr. 10 u. 11.
[2]) Obsessions et phobies. Révue neurologique, 1895.

das Symptom des Heißhungers kann allein oder mit anderen (Kongestionen) einen rudimentären Angstanfall abgeben; als chronische Veränderung, analog der ängstlichen Erwartung, findet man eine Neigung zur Diarrhöe, die zu den seltsamsten diagnostischen Irrtümern Anlaß gegeben hat. Wenn ich nicht irre, ist es diese Diarrhöe, auf welche Möbius[1]) unlängst in einem kleinen Aufsatze die Aufmerksamkeit gelenkt hat. Ich vermute ferner, Peyers reflektorische Diarrhöe, die er von Erkrankungen der Prostata ableitet[2]), ist nichts anderes als diese Diarrhöe der Angstneurose. Eine reflektorische Beziehung wird dadurch vorgetäuscht, daß in der Ätiologie der Angstneurose dieselben Faktoren ins Spiel kommen, die bei der Entstehung von solchen Prostataaffektionen u. dgl. tätig sind.

Das Verhalten der Magendarmtätigkeit bei der Angstneurose zeigt einen scharfen Gegensatz zu der Beeinflussung derselben Funktion bei der Neurasthenie. Mischfälle zeigen oft die bekannte „Abwechslung von Diarrhöe und Verstopfung". Der Diarrhöe analog ist der Harndrang der Angstneurose.

9. Die Parästhesien, die den Schwindel- oder Angstanfall begleiten können, werden dadurch interessant, daß sie sich, ähnlich wie die Sensationen der hysterischen Aura, zu einer festen Reihenfolge assoziieren; doch finde ich diese assoziierten Empfindungen im Gegensatz zu den hysterischen atypisch und wechselnd. Eine weitere Ähnlichkeit mit der Hysterie wird dadurch erzeugt, daß bei der Angstneurose eine Art von Konversion[3]) auf körperliche Sensationen stattfindet, die sonst nach Belieben übersehen werden können, z. B. auf die rheumatischen Muskeln. Eine ganze Anzahl sogenannter Rheumatiker, die übrigens auch als solche nachweisbar sind, leidet eigentlich an — Angstneurose. Neben dieser Steigerung der Schmerzempfindlichkeit habe ich bei einer Anzahl von Fällen der Angstneurose eine Neigung zu

---

[1]) Möbius: Neuropathologische Beiträge, 1894, 2. Heft.

[2]) Peyer: Die nervösen Affektionen des Darmes, Wiener Klinik, Jänner 1893.

[3]) Freud: Abwehr-Neuropsychosen.

Halluzinationen beobachtet, welch letztere sich nicht als hysterische deuten ließen.

10. Mehrere der genannten Symptome, welche den Angstanfall begleiten oder vertreten, kommen auch in chronischer Weise vor. Sie sind dann noch weniger leicht kenntlich, da die sie begleitende ängstliche Empfindung undeutlicher ausfällt als beim Angstanfall. Dies gilt besonders für die Diarrhöe, den Schwindel und die Parästhesien. Wie der Schwindelanfall durch einen Ohnmachtsanfall, so kann der chronische Schwindel durch die andauernde Empfindung großer Hinfälligkeit, Mattigkeit u. dgl. verteten werden.

II. Vorkommen und Ätiologie der Angstneurose.

In manchen Fällen von Angstneurose läßt sich eine Ätiologie überhaupt nicht erkennen. Es ist bemerkenswert, daß in solchen Fällen der Nachweis einer schweren hereditären Belastung selten auf Schwierigkeiten stößt.

Wo man aber Grund hat, die Neurose für eine erworbene zu halten, da findet man bei sorgfältigem, dahin zielendem Examen als ätiologisch wirksame Momente eine Reihe von Schädlichkeiten und Einflüssen aus dem Sexualleben. Dieselben scheinen zunächst mannigfaltiger Natur, lassen aber leicht den gemeinsamen Charakter herausfinden, der ihre gleichartige Wirkung auf das Nervensystem erklärt; sie finden sich ferner entweder allein oder neben anderen banalen Schädlichkeiten, denen man eine unterstützende Wirkung zuschreiben darf. Diese sexuelle Ätiologie der Angstneurose ist so überwiegend häufig nachzuweisen, daß ich mich getraue, für die Zwecke dieser kurzen Mitteilung die Fälle mit zweifelhafter oder andersartiger Ätiologie beiseite zu lassen.

Für die genauere Darstellung der ätiologischen Bedingungen, unter denen die Angstneurose vorkommt, wird es sich empfehlen, Männer und Frauen gesondert zu behandeln. Die Angstneurose stellt sich bei weiblichen Individuen — nur abgesehen von deren Disposition — in folgenden Fällen ein:

a) als virginale Angst oder Angst der Adolescenten. Eine Anzahl von unzweideutigen Beobachtungen hat mir gezeigt, daß ein erstes Zusammentreffen mit dem sexuellen Problem, eine einigermaßen plötzliche Enthüllung des bisher Verschleierten, z. B. durch den Anblick eines sexuellen Aktes, eine Mitteilung oder Lektüre, bei heranreifenden Mädchen eine Angstneurose hervorrufen kann, die fast in typischer Weise mit Hysterie kombiniert ist;

b) als Angst der Neuvermählten. Junge Frauen, die bei den ersten Kohabitationen anästhetisch geblieben sind, verfallen nicht selten der Angstneurose, die wieder verschwindet, nachdem die Anästhesie normaler Empfindlichkeit Platz gemacht hat. Da die meisten jungen Frauen bei solcher anfänglicher Anästhesie gesund bleiben, bedarf es für das Zustandekommen dieser Angst Bedingungen, die ich auch angeben werde;

c) als Angst der Frauen, deren Männer Ejaculatio praecox oder sehr herabgesetzte Potenz zeigen; und

d) deren Männer den Coitus interruptus oder reservatus üben. Diese Fälle gehören zusammen, denn man kann sich bei der Analyse einer großen Anzahl von Beispielen leicht überzeugen, daß es nur darauf ankommt, ob die Frau beim Koitus zur Befriedigung gelangt oder nicht. Im letzteren Falle ist die Bedingung für die Entstehung der Angstneurose gegeben. Dagegen bleibt die Frau von der Neurose verschont, wenn der mit Ejaculatio praecox behaftete Mann den Congressus unmittelbar darauf mit besserem Erfolg wiederholen kann. Der Congressus reservatus mittels des Kondoms stellt für die Frau keine Schädlichkeit dar, wenn sie sehr rasch erregbar und der Mann sehr potent ist; im anderen Falle steht diese Art des Präventivverkehres den anderen an Schädlichkeit nicht nach. Der Coitus interruptus ist fast regelmäßig eine Schädlichkeit; für die Frau wird er es aber nur dann, wenn der Mann ihn rücksichtslos übt, das heißt den Koitus unterbricht, sobald er der Ejaculation nahe ist, ohne sich um den Ablauf der Erregung der Frau zu kümmern. Wartet der Mann im Gegenteile die Befriedigung der Frau ab, so hat ein solcher Koitus für letztere die Bedeutung eines normalen; es erkrankt aber dann der Mann an Angstneurose. Ich habe eine große Anzahl von Beobachtungen gesammelt und analysiert, aus denen obige Sätze hervorgehen;

e) als Angst der Witwen und absichtlich Abstinenten, nicht selten in typischer Kombination mit Zwangsvorstellungen;

f) als Angst im Klimakterium während der letzten großen Steigerung der sexuellen Bedürftigkeit.

Die Fälle *c)*, *d)* und *e)* enthalten die Bedingungen, unter denen die Angstneurose beim weiblichen Geschlecht am häufigsten und am ehesten unabhängig von hereditärer Disposition entsteht. An diesen — heilbaren, erworbenen — Fällen von Angstneurose werde ich den Nachweis zu führen versuchen, daß die aufgefundene sexuelle Schädlichkeit wirklich das ätiologische Moment der Neurose darstellt. Ich will nur vorher auf die sexuellen Bedingungen der Angstneurose bei Männern eingehen. Hier möchte ich folgende Gruppen aufstellen, die sämtlich ihre Analogien bei den Frauen finden.

a) Angst der absichtlich Abstinenten, häufig mit Symptomen der Abwehr (Zwangsvorstellungen, Hysterie) kombiniert. Die Motive, die für absichtliche Abstinenz maßgebend sind, bringen es mit sich, daß eine Anzahl von hereditär Veranlagten, Sonderlingen u. dgl. zu dieser Kategorie zählt.

b) Angst der Männer mit frustraner Erregung (während des Brautstandes), Personen, die (aus Furcht vor den Folgen des sexuellen Verkehres) sich mit Betasten oder Beschauen des Weibes begnügen. Diese Gruppe von Bedingungen (die übrigens unverändert auf das andere Geschlecht zu übertragen ist — Brautschaft, Verhältnisse mit sexueller Schonung) liefert die reinsten Fälle der Neurose.

c) Angst der Männer, die Coitus interruptus üben. Wie schon bemerkt, schädigt der Coitus interruptus die Frau, wenn er ohne Rücksicht auf die Befriedigung der Frau geübt wird; — er wird aber zur Schädlichkeit für den Mann, wenn dieser, um die Befriedigung der Frau zu erzielen, den Coitus willkürlich dirigiert, die Ejaculation aufschiebt. Auf solche Weise läßt sich verstehen, daß von den Ehepaaren, die im Coitus interruptus leben, gewöhnlich nur ein Teil erkrankt. Bei Männern erzeugt der Coitus interruptus übrigens nur selten reine Angstneurose, meist eine Vermengung derselben mit Neurasthenie.

d) Angst der Männer im Senium. Es gibt Männer, die wie die Frauen ein Klimakterium zeigen und zur Zeit ihrer abnehmenden Potenz und steigenden Libido Angstneurose produzieren.

Endlich muß ich noch zwei Fälle anschließen, die für beide Geschlechter gelten:

e) Die Neurastheniker infolge von Masturbation verfallen in Angstneurose, sobald sie von ihrer Art der sexuellen Befriedigung ablassen. Diese Personen haben sich besonders unfähig gemacht, die Abstinenz zu ertragen.

Ich bemerke hier als wichtig für das Verständnis der Angstneurose, daß eine irgend bemerkenswerte Ausbildung derselben nur bei potent gebliebenen Männern und bei nicht anästhetischen Frauen zustande kommt. Bei Neurasthenikern, die durch Masturbation bereits schwere Schädigung ihrer Potenz erworben haben, fällt die Angstneurose im Falle der Abstinenz recht dürftig aus und beschränkt sich meist auf Hypochondrie und leichten chronischen Schwindel. Die Frauen sind ja in ihrer Mehrheit als „potent" zu nehmen; eine wirklich impotente, d. h. wirklich anästhetische Frau ist gleichfalls der Angstneurose wenig zugänglich und erträgt die angeführten Schädlichkeiten auffällig gut.

Wieweit man etwa sonst berechtigt ist, konstante Beziehungen zwischen einzelnen ätiologischen Momenten und einzelnen Symptomen aus dem Komplex der Angstneurose anzunehmen, möchte ich hier noch nicht erörtern.

f) Die letzte der anzuführenden ätiologischen Bedingungen scheint zunächst überhaupt nicht sexueller Natur zu sein. Die Angstneurose entsteht, und zwar bei beiden Geschlechtern, auch durch das Moment der Überarbeitung, erschöpfender Anstrengung, z. B. nach Nachtwachen, Krankenpflegen und selbst nach schweren Krankheiten.

Der Haupteinwand gegen meine Aufstellung einer sexuellen Ätiologie der Angstneurose wird wohl dahin lauten: derartige abnorme Verhältnisse des Sexuallebens fänden sich so überaus häufig, daß sie überall zur Hand sein müssen, wo man nach ihnen sucht. Ihr Vorkommen in den angeführten

Fällen von Angstneurose beweise also nicht, daß in ihnen die Ätiologie der Neurose aufgedeckt sei. Übrigens sei die Anzahl der Personen, die Coitus interruptus u. dgl. treiben, unvergleichlich größer als die Anzahl der mit Agstneurose Behafteten, und die überwiegende Menge der ersteren befände sich bei dieser Schädlichkeit recht wohl.

Ich habe darauf zu erwidern, daß man bei der anerkannt übergroßen Häufigkeit der Neurosen und der Angstneurose speziell ein s e l t e n vorkommendes ätiologisches Moment gewiß nicht erwarten dürfe; ferner daß damit geradezu ein Postulat der Pathologie erfüllt sei, wenn sich bei einer ätiologischen Untersuchung das ätiologische Moment noch häufiger nachweisen lasse als dessen Wirkung, da ja für letztere noch andere Bedingungen (Disposition, Summation der spezifischen Ätiologie, Unterstützung durch andere, banale Schädlichkeiten) erfordert werden können; ferner, daß die detaillierte Zergliederung geeigneter Fälle von Angstneurose die Bedeutung des sexuellen Momentes ganz unzweideutig erweist. Ich will mich hier aber nur auf das ätiologische Moment des Coitus interruptus und auf die Hervorhebung einzelner beweisender Erfahrungen beschränken.

1. So lange die Angstneurose bei jungen Frauen noch nicht konstituiert ist, sondern in Ansätzen hervortritt, die immer wieder spontan verschwinden, läßt sich nachweisen, daß jeder solche Schub der Neurose auf einen Koitus mit mangelnder Befriedigung zurückgeht. Zwei Tage nach dieser Einwirkung, bei wenig resistenten Personen am Tage nachher, tritt regelmäßig der Angst- oder Schwindelanfall auf, an den sich andere Symptome der Neurose schließen, um — bei seltenerem ehelichen Verkehr — wieder mit einander abzuklingen. Eine zufällige Reise des Mannes, ein Aufenthalt im Gebirge, der mit Trennung des Ehepaares verbunden ist, tun gut; die zumeist in erster Linie eingeleitete gynäkologische Behandlung nützt dadurch, daß während ihrer Dauer der eheliche Verkehr aufgehoben ist. Merkwürdigerweise ist der Erfolg der lokalen Behandlung ein vorübergehender, stellt sich die Neurose noch im Gebirge wieder ein, sobald der Mann seinerseits in die Ferien tritt u. dgl. Läßt man als ein

dieser Ätiologie kundiger Arzt bei noch nicht konstituierter Neurose den Coitus interruptus durch normalen Verkehr ersetzen, so ergibt sich die therapeutische Probe auf die hier aufgestellte Behauptung. Die Angst ist behoben und kehrt ohne neuen, ähnlichen Anlaß nicht wieder.

2. In der Anamnese vieler Fälle von Angstneurose findet man bei Männern wie bei Frauen ein auffälliges Schwanken in der Intensität der Erscheinungen, ja im Kommen und Gehen des ganzen Zustandes. Dieses Jahr war fast ganz gut, das nächstfolgende gräßlich u. dgl., einmal fällt die Besserung zugunsten einer bestimmten Kur aus, die aber beim nächsten Anfall ganz im Stiche gelassen hat u. dgl. m. Erkundigt man sich nun nach Anzahl und Reihenfolge der Kinder und stellt diese Ehechronik dem eigentümlichen Verlauf der Neurose gegenüber, so ergibt sich als einfache Lösung, daß die Perioden von Besserung oder Wohlbefinden mit den Graviditäten der Frau zusammenfallen, während welcher natürlich der Anlaß für den Präventivverkehr entfallen war. Dem Manne aber hatte jene Kur, sei es beim Pfarrer Kneipp oder in der hydrotherapeutischen Anstalt, genützt, nach welcher er seine Frau gravid antraf.

3. Aus der Anamnese der Kranken ergibt sich häufig, daß die Symptome der Angstneurose zu einer bestimmten Zeit die einer anderen Neurose, etwa der Neurasthenie, abgelöst und sich an deren Stelle gesetzt haben. Es läßt sich dann ganz regelmäßig nachweisen, daß kurz vor diesem Wechsel des Bildes ein entsprechender Wechsel in der Art der sexuellen Schädigung stattgefunden hat.

Während derartige, nach Belieben zu vermehrende Erfahrungen dem Arzte für eine gewisse Kategorie von Fällen die sexuelle Ätiologie geradezu aufdrängen, lassen sich andere Fälle, die sonst unverständlich blieben, mittels des Schlüssels der sexuellen Ätiologie wenigstens widerspruchslos verstehen und einreihen. Es sind dies jene sehr zahlreichen Fälle, in denen zwar alles vorhanden ist, was wir bei der vorigen Kategorie gefunden haben, die Erscheinungen der Angstneurose einerseits, das spezifische Moment des Coitus interruptus andererseits, wo aber noch etwas anderes sich einschiebt, nämlich ein langes Intervall zwischen der vermeintlichen Ätiologie und deren Wirkung, und etwa noch ätiologische Momente nicht sexueller Natur. Da ist z. B. ein Mann, der auf die Nachricht vom Tode seines Vaters einen Herzanfall bekommt und von da an der Angstneurose verfallen ist. Der Fall ist nicht zu verstehen, denn der Mann war bisher nicht nervös; der Tod des hochbejahrten Vaters erfolgte keineswegs unter besonderen Umständen, und man wird zugeben, daß das normale, erwartete Ableben eines alten Vaters nicht zu den Erlebnissen gehört, die einen gesunden Erwachsenen krank zu machen pflegen. Vielleicht wird die ätiologische Analyse durchsichtiger, wenn ich hinzunehme, daß dieser Mann seit 11 Jahren den Coitus interruptus mit Rücksicht auf seine Frau ausübt. Die Erscheinungen sind wenigstens genau die nämlichen, wie sie bei anderen Personen nach kurzer derartiger sexueller Schädigung und ohne Dazwischenkunft eines anderen Traumas auftreten. Ähnlich zu beurteilen ist der Fall einer Frau, deren Angstneurose nach dem Verlust eines Kindes ausbricht, oder des Studenten, der in der Vorbereitung zu seiner letzten Staatsprüfung durch die Angstneurose gestört wird. Ich finde die Wirkung hier wie dort nicht durch die angegebene Ätiologie erklärt. Man muß sich nicht beim Studieren „überarbeiten“, und eine gesunde Mutter pflegt auf den Verlust eines Kindes nur mit normaler Trauer zu reagieren. Vor allem aber würde ich erwarten, daß der Student durch Überarbeitung eine Cephalasthenie, die Mutter in unserem Beispiele eine Hysterie acquirieren sollte. Daß sie beide Angstneurose bekommen, veranlaßt mich Wert darauf zu legen, daß die Mutter seit 8 Jahren im ehelichen Coitus interruptus lebt, der Student aber seit 3 Jahren ein warmes Liebesverhältnis mit einem „anständigen“ Mädchen unterhält, das er nicht schwängern darf.

Diese Ausführungen laufen auf die Behauptung hinaus, daß die spezifische sexuelle Schädlichkeit des Coitus interruptus dort, wo sie nicht imstande ist, für sich allein die Angstneurose hervorzurufen, doch wenigstens zu ihrer Erwerbung disponiert. Die Angstneurose bricht dann aus, sobald zur latenten Wirkung des spezifischen Momentes die

Wirkung einer anderen, banalen Schädlichkeit hinzutritt. Letztere kann das spezifische Moment quantitativ vertreten, aber nicht qualitativ ersetzen. Das spezifische Moment bleibt stets dasjenige, welches die Form der Neurose bestimmt. Ich hoffe, diesen Satz für die Ätiologie der Neurosen auch im größeren Umfang erweisen zu können.

Ferner ist in den letzten Erörterungen die an sich nicht unwahrscheinliche Annahme enthalten, daß eine sexuelle Schädlichkeit wie der Coitus interruptus sich durch Summation zur Geltung bringt. Je nach der Disposition des Individuums und der sonstigen Belastung von dessen Nervensystem wird es kürzere oder längere Zeit brauchen, ehe der Effekt dieser Summation sichtbar wird. Die Individuen, welche den Coitus interruptus scheinbar ohne Nachteil ertragen, werden in Wirklichkeit durch denselben zu Störungen der Angstneurose disponiert, die irgend einmal spontan oder nach einem banalen, sonst unangemessenen Trauma losbrechen können, gerade wie der chronische Alkoholiker auf dem Wege der Summation endlich eine Cirrhose oder andere Erkrankung entwickelt oder unter dem Einfluß eines Fiebers in ein Delirium verfällt.

III. Ansätze zu einer Theorie der Angstneurose.

Die nachstehenden Ausführungen beanspruchen nichts als den Wert eines ersten, tastenden Versuches, dessen Beurteilung die Aufnahme der im vorigen enthaltenen Tatsachen nicht beeinflussen sollte. Die Würdigung dieser „Theorie der Angstneurose" wird ferner noch dadurch erschwert, daß sie bloß einem Bruchstück aus einer umfassenderen Darstellung der Neurosen entspricht.

In dem bisher über die Angstneurose Vorgebrachten sind bereits einige Anhaltspunkte für einen Einblick in den Mechanismus dieser Neurose enthalten. Zunächst die Vermutung, es dürfte sich um eine Anhäufung von Erregung handeln, sodann die überaus wichtige Tatsache, daß die Angst, die den Erscheinungen der Neurose zugrunde liegt, keine psychische Ableitung zuläßt. Eine solche wäre z. B. vorhanden, wenn sich als Grundlage der Angstneurose ein einmaliger oder wiederholter, berechtigter Schreck fände, der seither die Quelle der Bereitschaft zur Angst abgäbe. Allein dies ist nicht der Fall; durch einen einmaligen Schreck kann zwar eine Hysterie oder eine traumatische Neurose erworben werden, nie aber eine Angstneurose. Ich habe, da sich unter den Ursachen der Angstneurose der Coitus interrputus so sehr in den Vordergrund drängt, anfangs gemeint, die Quelle der kontinuierlichen Angst könnte in der beim Akte jedesmal sich wiederholenden Furcht liegen, die Technik könnte mißglücken und demnach Konzeption erfolgen. Ich habe aber gefunden, daß dieser Gemütszustand der Frau oder des Mannes während des Coitus interruptus für die Entstehung der Angstneurose gleichgiltig ist, daß die gegen die Folgen einer möglichen Konzeption im Grunde gleichgiltigen Frauen der Neurose ebenso ausgesetzt sind wie die vor dieser Möglichkeit Schaudernden, und daß es nur darauf ankam, welcher Teil bei dieser sexuellen Technik seine Befriedigung einbüßte.

Einen weiteren Anhaltspunkt bietet die noch nicht erwähnte Beobachtung, daß in ganzen Reihen von Fällen die Angstneurose mit der deutlichsten Verminderung der sexuellen Libido, der psychischen Lust, einhergeht, so daß die Kranken auf die Eröffnung, ihr Leiden rühre von „ungenügender Befriedigung", regelmäßig antworten: Das sei unmöglich, gerade jetzt sei alles Bedürfnis bei ihnen erloschen. Aus all diesen Andeutungen, daß es sich um Anhäufung von Erregung handle, daß die Angst, welche solcher angehäufter Erregung wahrscheinlich entspricht, somatischer Herkunft sei, so daß also somatische Erregung angehäuft werde, ferner daß diese somatische Erregung sexueller Natur sei, und daß eine Abnahme der psychischen Beteiligung an den Sexualvorgängen nebenher gehe — alle diese Andeutungen, sage ich, begünstigen die Erwartung, der Mechanismus der Angstneurose sei in der Ablenkung der somatischen Sexualerregung vom Psychischen und einer dadurch verursachten abnormen Verwendung dieser Erregung zu suchen.

Man kann sich diese Vorstellung vom Mechanismus der Angstneurose klarer machen, wenn man folgende Betrachtung über den Sexualvorgang akzeptiert, die sich zunächst auf den Mann bezieht. Im geschlechtsreifen männlichen Organismus wird — wahrscheinlich kontinuierlich — die somatische Sexualerregung produziert, die periodisch zu einem Reiz für das psychische Leben wird. Schalten wir, um unsere Vorstellungen darüber besser zu fixieren, ein, daß diese somatische Sexualerregung sich als Druck auf die mit Nervenendigungen versehene Wandung der Samenbläschen äußert, so wird diese viszerale Erregung zwar kontinuierlich anwachsen, aber erst von einer gewissen Höhe an imstande sein, den Widerstand der eingeschalteten Leitung bis zur Hirnrinde zu überwinden und sich als psychischer Reiz zu äußern. Dann aber wird die in der Psyche vorhandene sexuelle Vorstellungsgruppe mit Energie ausgestattet, und es entsteht der psychische Zustand libidinöser Spannung, welcher den Drang nach Aufhebung dieser Spannung mit sich bringt. Eine solche psychische Entlastung ist nur auf einem Wege möglich, den ich als spezifische oder adäquate Aktion bezeichnen will. Diese adäquate Aktion besteht für den männlichen Sexualtrieb in einem komplizierten spinalen Reflexakt, der die Entlastung jener Nervenendigungen zur Folge hat, und in allen psychisch zu leistenden Vorbereitungen für die Auslösung dieses Reflexes. Etwas anderes als die adäquate Aktion würde nichts fruchten, denn die somatische Sexualerregung setzt sich, nachdem sie einmal den Schwellenwert erreicht hat, kontinuierlich in psychische Erregung um; es muß durchaus dasjenige geschehen, was die Nervenendigungen von dem auf sie lastenden Druck befreit, somit die ganze derzeit vorhandene somatische Erregung aufhebt und der subkortikalen Leitung gestattet, ihren Widerstand herzustellen.

Ich werde es mir versagen, kompliziertere Fälle des Sexualvorganges in ähnlicher Weise darzustellen. Ich will nur noch die Behauptung aufstellen, daß dieses Schema im wesentlichen auch auf die Frau zu übertragen ist, trotz aller das Problem verwirrenden, artefiziellen Verzögerung und Verkümmerung des weiblichen Geschlechtstriebes. Es ist auch bei der Frau eine somatische Sexualerregung anzunehmen und ein Zustand, in dem diese Erregung psychischer Reiz wird, Libido und den Drang nach der spezifischen Aktion hervorruft, an welche sich das Wollustgefühl knüpft. Nur ist man bei der Frau nicht imstande, anzugeben, was etwa der Entspannung der Samenbläschen hier analog wäre.

In den Rahmen dieser Darstellung des Sexualvorganges läßt sich nun sowohl die Ätiologie der echten Neurasthenie, als die der Angstneurose eintragen. Neurasthenie entsteht jedesmal, wenn die adäquate (Aktion) Entlastung durch eine minder adäquate ersetzt wird, der normale Koitus unter den günstigsten Bedingungen also durch eine Masturbation oder spontane Pollution; zur Angstneurose aber führen alle Momente, welche die psychische Verarbeitung der somatischen Sexualerregung verhindern. Die Erscheinungen der Angstneurose kommen zustande, indem die von der Psyche abgelenkte somatische Sexualerregung sich subkortikal, in ganz und gar nicht adäquaten Reaktionen ausgibt.

Ich will es nun versuchen, die vorhin angegebenen ätiologischen Bedingungen der Angstneurose daraufhin zu prüfen, ob sie den von mir aufgestellten gemeinsamen Charakter erkennen lassen. Als erstes ätiologisches Moment habe ich für den Mann die absichtliche Abstinenz angeführt. Abstinenz besteht in der Versagung der spezifischen Aktion, die sonst auf die Libido erfolgt. Eine solche Versagung wird zwei Konsequenzen haben können, nämlich, daß die somatische Erregung sich anhäuft, und dann zunächst, daß sie auf andere Wege abgelenkt wird, auf denen ihr eher Entladung winkt als auf dem Wege über die Psyche. Es wird also die Libido endlich sinken und die Erregung subkortikal als Angst sich äußern. Wo die Libido nicht verringert wird, oder die somatische Erregung auf kurzem Wege in Pollutionen verausgabt wird, oder infolge der Zurückdrängung wirklich versiegt, da entsteht eben alles andere als Angstneurose. Auf solche Weise führt die Abstinenz zur Angstneurose. Die Abstinenz ist aber auch das Wirksame an der zweiten ätiologischen Gruppe, der frustranen Erregung. Der dritte Fall, der des rücksichtsvollen Coitus reservatus, wirkt dadurch, daß er die psychische Bereitschaft für den Sexualablauf stört, indem er neben der Bewältigung des Sexualaffektes eine andere, ablenkende, psychische Aufgabe einführt.

Auch durch diese psychische Ablenkung schwindet allmählich die Libido, der weitere Verlauf ist dann derselbe wie im Falle der Abstinenz. Die Angst im Senium (Klimakterium der Männer) erfordert eine andere Erklärung. Hier läßt die Libido nicht nach; es findet aber, wie während des Klimakteriums der Weiber, eine solche Steigerung in der Produktion der somatischen Erregung statt, daß die Psyche für die Bewältigung derselben sich als relativ insuffizient erweist.

Keine größeren Schwierigkeiten bereitet die Subsummierung der ätiologischen Bedingungen bei der Frau unter dem angeführten Gesichtspunkt. Der Fall der virginalen Angst ist besonders klar. Hier sind eben die Vorstellungsgruppen noch nicht genug entwickelt, mit denen sich die somatische Sexualerregung verknüpfen soll. Bei der anästhetischen Neuvermählten tritt die Angst nur dann auf, wenn die ersten Kohabitationen ein genügendes Maß von somatischer Erregung wecken. Wo die lokalen Zeichen solcher Erregtheit (wie spontane Reizempfindung, Harndrang u. dgl.) fehlen, da bleibt auch die Angst aus. Der Fall der Ejaculatio praecox, des Coitus interruptus, erklärt sich ähnlich wie beim Manne dadurch, daß für den psychisch unbefriedigenden Akt allmählich die Libido schwindet, während die dabei wachgerufene Erregung subkortikal ausgegeben wird. Die Herstellung einer Entfremdung zwischen dem Somatischen und dem Psychischen im Ablauf der Sexualerregung erfolgt beim Weibe rascher und ist schwerer zu beseitigen als beim Manne. Der Fall der Witwenschaft und der gewollten Abstinenz sowie der Fall des Klimakteriums erledigt sich beim Weibe wohl ebenso wie beim Manne, doch kommt für den Fall der Abstinenz gewiß noch die absichtliche Verdrängung des sexuellen Vorstellungskreises hinzu, zu welcher die mit der Versuchung kämpfende abstinente Frau sich häufig entschließen muß, und ähnlich mag in der Zeit der Menopause der Abscheu wirken, den die alternde Frau gegen die übergroß gewordene Libido empfindet.

Auch die beiden zuletzt angeführten ätiologischen Bedingungen scheinen sich ohne Schwierigkeit einzuordnen.

Die Angstneigung der neurasthenisch gewordenen Masturbanten erklärt sich daraus, daß diese Personen so leicht in den Zustand der „Abstinenz" geraten, nachdem sie sich so lange gewöhnt hatten, jeder kleinen Quantität somatischer Erregung eine allerdings fehlerhafte Abfuhr zu schaffen. Endlich läßt der letzte Fall, die Entstehung der Angstneurose durch schwere Krankheit, Überarbeitung, erschöpfende Krankenpflege u. dgl., in Anlehnung an die Wirkungsweise des Coitus interruptus die zwanglose Deutung zu, die Psyche werde hier durch Ablenkung insuffizient zur Bewältigung der somatischen Sexualerregung, einer Aufgabe, die ihr ja kontinuierlich obliegt. Man weiß, wie tief unter denselben Bedingungen die Libido sinken kann, und man hat hier ein schönes Beispiel einer Neurose, die zwar keine sexuelle Ätiologie, aber doch einen sexuellen Mechanismus erkennen läßt.

Die hier entwickelte Auffassung stellt die Symptome der Angstneurose gewissermaßen als Surrogate der unterlassenen spezifischen Aktion auf die Sexualerregung dar. Ich erinnere zur weiteren Unterstützung derselben daran, daß auch beim normalen Koitus die Erregung sich nebstbei als Atembeschleunigung, Herzklopfen, Schweißausbruch, Kongestion u. dgl. ausgibt. Im entsprechenden Angstanfall unserer Neurose hat man die Dyspnoë, das Herzklopfen u. dgl. des Koitus isoliert und gesteigert vor sich.

Es könnte noch gefragt werden: Warum gerät denn das Nervensystem unter solchen Umständen, bei psychischer Unzulänglichkeit zur Bewältigung der Sexualerregung, in den eigentümlichen Affektzustand der Angst? Darauf ist andeutungsweise zu erwidern: Die Psyche gerät in den Affekt der Angst, wenn sie sich unfähig fühlt, eine von außen nahende Aufgabe (Gefahr) durch entsprechende Reaktion zu erledigen; sie gerät in die Neurose der Angst, wenn sie sich unfähig merkt, die endogen entstandene (Sexual-) Erregung auszugleichen. Sie benimmt sich also, als projizierte sie diese Erregung nach außen. Der Affekt und die ihm entsprechende Neurose stehen in fester Beziehung zu einander, der erstere ist die Reaktion auf eine exogene, die letztere die Reaktion auf die analoge endogene Erregung. Der Affekt ist ein rasch vorübergehender Zustand, die Neurose ein chronischer, weil die exogene Erregung wie ein einmaliger Stoß, die endogene wie eine konstante Kraft wirkt. Das Nervensystem reagiert in der Neurose gegen eine innere Erregungsquelle, wie in dem entsprechenden Affekt gegen eine analoge äußere.

IV. Beziehung zu anderen Neurosen.

Es erübrigen noch einige Bemerkungen über die Beziehungen der Angstneurose zu den anderen Neurosen nach Vorkommen und innerer Verwandtschaft.

Die reinsten Fälle von Angstneurose sind auch meist die ausgeprägtesten. Sie finden sich bei potenten jugendlichen Individuen, bei einheitlicher Ätiologie und nicht zu langem Bestande des Krankseins.

Häufiger ist allerdings das gleichzeitige und gemeinsame Vorkommen von Angstsymptomen mit solchen der Neurasthenie, Hysterie, der Zwangsvorstellungen, der Melancholie. Wollte man sich durch solche klinische Vermengung abhalten lassen, die Angstneurose als eine selbständige Einheit anzuerkennen, so müßte man konsequenterweise auch auf die mühsam erworbene Trennung von Hysterie und Neurasthenie wieder verzichten.

Für die Analyse der „gemischten Neurosen" kann ich den wichtigen Satz vertreten: Wo sich eine gemischte Neurose vorfindet, da läßt sich eine Vermengung mehrerer spezifischer Ätiologien nachweisen.

Eine solche Vielheit ätiologischer Momente, die eine gemischte Neurose bedingt, kann bloß zufällig zustande kommen, etwa indem eine neu hinzutretende Schädlichkeit ihre Wirkungen zu denen einer früher vorhandenen addiert; zum Beispiel eine Frau, die von jeher Hysterica war, tritt zu einer gewissen Zeit ihrer Ehe in den Coitus reservatus ein und erwirbt jetzt zu ihrer Hysterie eine Angstneurose; ein Mann, der bisher masturbiert hatte und neurasthenisch wurde, wird Bräutigam, erregt sich bei seiner Braut, und jetzt gesellt sich zur Neurasthenie eine frische Angstneurose hinzu.

In anderen Fällen ist die Mehrheit ätiologischer Momente keine zufällige, sondern das eine derselben hat das andere mit zur Wirkung gebracht; zum Beispiel eine Frau, mit welcher ihr Mann Coitus reservatus ohne Rücksicht auf ihre Befriedigung übt, sieht sich genötigt, die peinliche Erregung nach einem solchen Akt durch Masturbation zu beenden; sie zeigt infolgedessen nicht reine Angstneurose, sondern daneben Symptome von Neurasthenie; eine zweite Frau wird unter derselben Schädlichkeit mit lüsternen Bildern zu kämpfen haben, deren sie sich erwehren will, und wird auf solche Weise durch den Coitus interruptus nebst der Angstneurose Zwangsvorstellungen erwerben; eine dritte Frau endlich wird infolge des Coitus interruptus die Neigung zu ihrem Manne einbüßen, eine andere Neigung erwerben, welche sie sorgfältig geheim hält, und wird infolgedessen ein Gemenge von Angstneurose und Hysterie zeigen.

In einer dritten Kategorie von gemischten Neurosen ist der Zusammenhang der Symptome ein noch innigerer, indem die nämliche ätiologische Bedingung gesetzmäßig und gleichzeitig beide Neurosen hervorruft. So zum Beispiel erzeugt die plötzliche sexuelle Aufklärung, die wir bei der virginalen Angst gefunden haben, immer auch Hysterie; die allermeisten Fälle von absichtlicher Abstinenz verknüpfen sich von Anfang an mit echten Zwangsvorstellungen; der Coitus interruptus der Männer scheint mir niemals reine Angstneurose provozieren zu können, sondern stets eine Vermengung derselben mit Neurasthenie u. dgl.

Es geht aus diesen Erörterungen hervor, daß man die ätiologischen Bedingungen des Vorkommens noch unterscheiden muß von den spezifischen ätiologischen Momenten der Neurosen. Erstere, zum Beispiel der Coitus interruptus, die Masturbation, die Abstinenz, sind noch vieldeutig und können ein jedes verschiedene Neurosen produzieren; erst die aus ihnen abstrahierten ätiologischen Momente, wie inadäquate Entlastung, psychische Unzulänglichkeit, Abwehr mit Substitution haben eine unzweideutige und spezifische Beziehung zur Ätiologie der einzelnen großen Neurosen.

Ihrem inneren Wesen nach zeigt die Angstneurose die interessantesten Übereinstimmungen und Verschiedenheiten gegen die anderen großen Neurosen, besonders gegen Neurasthenie und Hysterie. Mit der Neurasthenie teilt sie den einen Hauptcharakter, daß die Erregungsquelle, der Anlaß zur Störung, auf somatischem Gebiete liegt, anstatt wie bei Hysterie und Zwangsneurose auf psychischem. Im übrigen läßt sich eher eine Art von Gegensätzlichkeit zwischen den Symptomen der Neurasthenie und denen der Angstneurose erkennen, die etwa in den Schlagworten: Anhäufung — Verarmung an Erregung, ihren Ausdruck fände. Diese Gegensätzlichkeit hindert nicht, daß sich die beiden Neurosen mit einander vermengen, zeigt sich aber doch darin, daß die extremsten Formen in beiden Fällen auch die reinsten sind.

Mit der Hysterie zeigt die Angstneurose zunächst eine Reihe von Übereinstimmungen in der Symptomatologie, deren genauere Würdigung noch aussteht. Das Auftreten der Erscheinungen als Dauersymptome oder in Anfällen, die auraartig gruppierten Parästhesien, die Hyperästhesien und Druckpunkte, die sich bei gewissen Surrogaten des Angstanfalles, bei der Dyspnoë und dem Herzanfall finden, die Steigerung der etwa organisch berechtigten Schmerzen (durch Konversion): — diese und andere gemeinschaftliche Züge lassen sogar vermuten, daß manches, was man der Hysterie zurechnet, mit mehr Fug und Recht zur Angstneurose geschlagen werden dürfte. Geht man auf den Mechanismus der beiden Neurosen ein, soweit er sich bis jetzt hat durchschauen lassen, so ergeben sich Gesichtspunkte, welche die Angstneurose geradezu als das somatische Seitenstück zur Hysterie erscheinen lassen. Hier wie dort Anhäufung von Erregung — worin vielleicht die vorhin geschilderte Ähnlichkeit der Symptome gegründet ist —; hier wie dort eine *psychische Unzulänglichkeit, der zufolge abnorme somatische Vorgänge zustande kommen.* Hier wie dort tritt an Stelle einer psychischen Verarbeitung eine Ablenkung der Erregung in das Somatische ein; der Unterschied liegt bloß darin, daß die Erregung, in deren Verschiebung sich die Neurose äußert, bei der Angstneurose eine rein somatische (die somatische

Sexualerregung), bei der Hysterie eine psychische (durch Konflikt hervorgerufene) ist. Es kann daher nicht Wunder nehmen, daß Hysterie und Angstneurose sich gesetzmäßig miteinander kombinieren, wie bei der „virginalen Angst“ oder der „sexuellen Hysterie“, daß die Hysterie eine Anzahl von Symptomen einfach der Angstneurose entlehnt u. dgl. Diese innigen Beziehungen der Angstneurose zur Hysterie geben auch ein neues Argument ab, um die Trennung der Angstneurose von der Neurasthenie zu fordern; denn verweigert man diese, so kann man auch die so mühsam erworbene und für die Theorie der Neurosen so unentbehrliche Unterscheidung von Neurasthenie und Hysterie nicht mehr aufrecht erhalten.

Wien, im Dezember 1894.

VI.

Obsessions et phobies. Leur mécanisme psychique et leur étiologie.[1])

Je commencerai par contester deux assertions, qui se trouvent souvent répétées sur le compte des syndromes: „obsessions et phobies". Il faut dire: 1° qu'ils ne se rattachent pas à la neurasthénie propre, puisque les malades atteints de ces symptômes sont aussi souvent des neurasthéniques que non; 2° qu'il n'est pas justifié de les faire dépendre de la dégénération mentale, parce qu'ils se trouvent chez de personnes pas plus dégénérées que la plupart des névrosiques en général, parce qu'ils s'amendent quelquefois et qu'on parvient même quelquefois à les guérir[2]).

Les obsessions et les phobies sont des névroses à part, d'un mécanisme spécial et d'une étiologie que j'ai réussi à mettre en lumière dans un certain nombre de cas, et qui, je l'espère, se montreront de même dans bon nombre de cas nouveaux.

Quant à la division du sujet je propose d'abord d'écarter une classe d'obsessions intenses, qui ne sont autre chose que des souvenirs, des images non altérées d'événements importants. Je citerai, par exemple, l'obsession de *Pascal* qui croyait toujours voir un abîme à son côté gauche, „depuis qu'il avait manqué d'être précipité dans la Seine avec son carrosse". Ces obsessions et phobies, qu'on pourrait nommer *traumatiques*, se rattachent aux symptômes de l'hystérie.

---

[1]) Revue neurologique, III, 1895.

[2]) Je suis très content de trouver que les auteurs les plus récents sur notre sujet expriment des opinions voisines de la mienne. Voir: Gélineau, *Des peurs maladives ou phobies*, 1894, et Hack Tuke, On imperative ideas, *Brain*, 1894.

Ce groupe à part il faut distinguer: A) les obsessions vraies; B) les phobies. La différence essentielle est la suivante.

Il y a dans toute obsession deux choses: 1° une idée qui s'impose au malade; 2° un état émotif associé. Or, dans la classe des phobies, cet état émotif est toujours *l'angoisse*, pendant que dans les obsessions vraies ce peut être au même titre que l'anxiété un autre état émotif, comme le doute, le remords, la colère. Je tâcherai d'abord d'expliquer le mécanisme psychologique vraiment remarquable des obsessions vraies, qui est bien différent de celui des phobies.

I.

Dans beaucoup d'obsessions vraies, il est bien évident que l'état émotif est la chose principale, puisque cet état persiste inaltéré pendant que l'idée associée est variée. Par exemple, la fille de l'observation I, avait des remords, un peu en raison de tout, d'avoir volé, maltraité ses sœurs, fait de la fausse monnaie, etc. Les personnes qui doutent, doutent de beaucoup de choses à la fois ou successivement. C'est l'état émotif qui, dans ces cas, reste le même: l'idée change. En d'autres cas l'idée aussi semble fixée, comme chez la fille de l'observation IV, qui poursuivait d'une haine incompréhensible les servantes de la maison en changeant pourtant de personne.

Eh bien, une analyse psychologique scrupuleuse de ces cas montre que *l'état émotif, comme tel, est toujours justifié*. La fille I, qui a des remords, a de bonnes raisons; les femmes de l'observation III qui doutaient de leur résistance contre des tentations savaient bien pourquoi; la fille de l'observation IV, qui détestait les servantes, avait bien le droit de se plaindre, etc. Seulement, et c'est dans ces deux caractères que consiste l'empreinte pathologique: 1) *l'état émotif s'est éternisé,* 2) l'idé associée *n'est plus l'idée juste, l'idée originale, en rapport avec l'étiologie de l'obsession, elle en est un remplaçant, une substitution.*

La preuve en est qu'on peut toujours trouver dans les antécédents du malade *à l'origine de l'obsession,* l'idée originale, substituée. Les idées substituées ont des caractères communs, elles correspondent à des impressions vraiment pénibles de la vie sexuelle de l'individu que celui-ci s'est efforcé d'oublier. Il a réussi seulement à remplacer l'idée *inconciliable* par une autre idée mal appropriée à s'associer à l'état emotif, qui de son côté est resté le même. C'est cette mésalliance de l'état emotif et de l'idée associée qui rend compte du caractère d'absurdité propre aux obsessions. Je veux rapporter mes observations, et donner une tentative d'explication théorique comme conclusion.

Obs. I. — Une fille qui se faisait des *reproches,* qu'elle savait absurdes, d'avoir volé, fait de la fausse monnaie, de s'être conjurée, etc., selon sa lecture journalière.

Redressement de la substitution. — Elle se reprochait l'onanisme qu'elle pratiquait en secret sans pouvoir y renoncer.

Elle fut guérie par une observation scrupuleuse qui l'empêcha de se masturber.

Obs. II. — Jeune homme, étudiant en médecine, qui souffrait d'une obsession analogue. Il se reprochait toutes les actions immorales: d'avoir tué sa cousine, défloré sa sœur, incendié une maison, etc. Il parvint jusqu'à la nécessité de se retourner dans la rue pour voir s'il n'avait pas encore tué le dernier passant.

Redressement de la substitution. — Il avait lu, dans un livre quasi-médical, que l'onanisme, auquel il était sujet, abîmait la morale, et il s'en était ému.

Obs. III. — Plusieurs femmes qui se plaignaient de l'obsession de se jeter par la fenêtre, de blesser leurs enfants avec des couteaux, ciseaux, etc.

Redressement. — Obsessions de *tentations typiques.* C'étaient des femmes qui, pas du tout satisfaites dans le mariage, se débattaient contre les désirs et les idées voluptueuses qui les hantaient à la vue d'autres hommes.

Obs. IV. — Une fille qui parfaitement saine d'esprit et très intelligente montrait une *haine incontrôlable contre les servantes de la maison,* qui s'était éveillée à l'occasion d'une servante effrontée, et s'était transmise depuis de fille en fille, jusqu'à rendre le ménage impossible. C'était un sentiment mêlé de haine et de dégoût. Elle donnait comme motif que les saletés de ces filles lui gâtaient son idée de l'amour.

Redressement. — Cette fille avait été témoin involontaire d'un rendez-vous amoureux de sa mère. Elle s'était caché le visage, bouché les oreilles, et s'était donné la plus grande peine pour oublier la scène, qui la dégoûtait et l'aurait mise dans l'impossibilité de rester avec sa mère qu'elle aimait tendrement. Elle y réussit, mais la colère, de ce qu'on lui avait souillé l'image de l'amour, persista en elle, et cet état émotif ne tarda pas à s'associer l'idée d'une personne pouvant remplacer la mère.

Obs. V. — Une jeune fille s'était presque complètement isolée en conséquence de la peur obsédante de l'incontinence des urines. Elle ne pouvait plus quitter sa chambre ou recevoir une visite sans avoir uriné nombre de fois.

Chez elle et en repos complet la peur n'existait pas.

Redressement. — C'était une obsession de *tentation* ou de *méfiance*. Elle ne se méfiait pas de sa vessie mais de sa résistance contre une impulsion amoureuse. L'origine de l'obsession le montrait bien. Une fois, au théâtre, elle avait senti à la vue d'un homme qui lui plaisait une envie amoureuse accompagnée (comme toujours dans la pollution spontanée des femmes) de l'envie d'uriner. Elle fut obligé à quitter le théâtre, et de ce moment elle était en proie à la peur d'avoir la même sensation, mais l'envie d'uriner s'était substituée à l'envie amoureuse. Elle guérit complètement.

Les observations énumérées, bien qu'elles montrent un degré variable de complexité, ont ceci de commun, que l'idée originale (inconciliable) est substituée par une autre idée, idée remplaçante. Dans les observations qui vont suivre maintenant, l'idée originale est aussi remplacée mais non par une autre idée; elle se trouve substituée par des actes ou impulsions qui ont servi à l'origine comme *soulagements* ou *procédés protecteurs,* et qui maintenant se trouvent en association grotesque avec un état émotif qui ne leur convient pas mais qui est resté le même, et aussi justifié qu'à l'origine.

Obs. VI. — *Obsession d'arithmomanie.* — Une femme avait contracté le besoin de compter toujours les planches du parquet, les marches de l'escalier, etc., ce qu'elle faisait dans un état d'angoisse ridicule.

Redressement. — Elle avait commencé à compter pour se distraire de ses idées obsédantes (de tentation). Elle y avait réussi, mais l'impulsion de compter s'était substituée à l'obsession primitive.

Obs. VII. — Obsession de „Grübelsucht" (folie de spéculation). Une femme souffrait d'attaques de cette obsession, qui ne cessaient qu'aux temps de maladie, pour y laisser la place à des peurs hypocondriaques. Le sujet de l'attaque était ou une partie du corps ou une fonction, par exemple, la respiration: Pourquoi faut-il respirer? Si je ne voulais respirer? etc.

Redressement. — Tout d'abord elle avait souffert de peur de devenir folle, phobie hypochondriaque assez commune chez les femmes non satisfaites par leur mari, comme elle était. Pour se *garantir qu'elle n'allait pas devenir folle,* qu'elle jouissait encore de son intelligence, elle avait commencé à se poser des questions, à s'occuper de problèmes sérieux. Cela la tranquillisait d'abord, mais avec le temps cette habitude de la spéculation se substituait à la phobie. Depuis plus de quinze ans des périodes de peur (pathophobie) et de folie de spéculation alternaient chez elle.

Obs. VIII. *Folie du doute.* — Plusieurs cas, qui montraient les symptômes typiques de cette obsession, mais qui s'expliquaient bien simplement. Ces personnes avaient souffert ou souffraient encore d'obsessions diverses, et la conscience que l'obsession les avait dérangées dans toutes leurs actions et interrompu maintes fois le cours de leurs pensées provoquait le doute légitime dans la fidélité de leur mémoire. Chacun de nous verra chanceler son assurance et sera obligé de relire une lettre ou de refaire un compte si son attention a été divertie plusieurs fois pendant l'exécution de l'acte. Le doute est une conséquence bien logique de la présence des obsessions.

Obs. IX. — *Folie du doute (hésitation).* — La fille de l'obs. IV était devenue extrêmement tardive dans toutes les actions de la vie ordinaire, particulièrement dans sa toilette. Il lui fallait des heures pour nouer les cordons de ses souliers ou pour se nettoyer les ongles des mains. Elle donnait comme explication qu'elle ne pouvait faire sa toilette ni pendant que les pensées obsédantes la préoccupaient, ni immédiatement après; de sorte qu'elle s'était accoutumée à attendre un temps déterminé après chaque retour de l'idée obsédante.

Obs. X. — *Folie du doute, crainte des papiers.* — Une jeune femme, qui avait souffert de scrupules après avoir écrit une lettre, et qui dans ce même temps ramassait tous les papiers qu'elle voyait, donnait comme explication l'aveu d'un amour que jadis elle ne voulait pas confesser.

A force de se répéter sans cesse le nom de son bien-aimé, elle fut saisie par la peur que ce nom se serait glissé dans sa plume, qu'elle l'aurait tracé sur quelque bout de papier dans une minute pensive.[1])

Obs. XI. — *Mysophobie.* — Une femme qui se lavait les mains cent fois par jour et ne touchait les loquets des portes que du coude.

Redressement. — C'était le cas de Lady Macbeth. Les lavages étaient symboliques et destinés à substituer la pureté physique à la pureté morale qu'elle regrettait avoir perdue. Elle se tourmentait de remords pour une infidélité conjugale dont elle avait décidé de chasser le souvenir. Elle se lavait aussi les parties génitales.

Quant à la théorie de cette substitution, je me contenterai de répondre à trois questions qui se posent ici:

1⁰ *Comment cette substitution peut-elle se faire?*

Il semble qu'elle est l'expression d'une disposition psychique spéciale. Au moins rencontre-t-on dans les obsessions assez souvent l'hérédité similaire, comme dans l'hystérie. Ainsi le malade de l'obs. II me racontait que son père avait souffert de symptômes semblables. Il me fit connaitre un jour

---

[1]) Voir aussi la *chanson populaire allemande:*
Auf jedes weiße Blatt Papier möcht' ich es schreiben:
Dein ist mein Herz und soll es ewig, ewig bleiben.

un cousin germain avec obsessions et tic convulsif, et la fille de sa sœur, âgée de 11 ans, qui montrait déjà des obsessions (probablement de remords).

2° *Quel est le motif de cette substitution?*

Je crois qu'on peut l'envisager comme un *acte de défense* (Abwehr) *du moi contre l'idée inconciliable.* Parmi mes malades il y en a qui se rappellent l'effort de la volontó pour chasser l'idée ou le souvenir pénible du rayon de la conscience (V. les obs. III, IV, XI). En d'autres cas cette expulsion de l'idée inconciliable s'est produite d'une manière inconsciente qui n'a pas laissé trace dans la mémoire des malades.

3° Pourquoi l'état émotif associé à l'idée obsédante s'est-il perpétué, au lieu de s'évanouir comme les autres états de notre moi?

On peut donner cette réponse en s'adressant à la théorie développée pour la genèse des symptômes hystériques par M. Breuer et moi[1]). Ici je veux seulement remarquer que, par le fait même de la substitution, la disparition de l'état émotif devient impossible.

II.

A ces deux groupes d'obsessions vraies s'ajoute le classe des „phobies", qu'il faut considérer maintenant. J'ai déjà mentionné la grande différence des obsessions et des phobies; que dans les dernières l'état émotif est toujours l'anxiété, la peur. Je pourrais ajouter que les obsessions sont multiples et plus spécialisées, les phobies plutôt monotones et typiques. Mais ce n'est pas une différence capitale.

On peut discerner aussi parmi les phobies deux groupes, caractérisés par l'objet de la peur: 1° phobies communes: peur exagérée des choses que tout le monde abhorre ou craint un peu: la nuit, la solitude, la mort, les maladies, les dangers en général, les serpents, etc.; 2° phobies d'occasion, peur de conditions spéciales, qui n'inspirent pas la crainte à l'homme sain, par exemple l'agoraphobie et les autres phobies de la locomotion. Il est intéressant à noter que ces dernières phobies ne sont pas obsédantes comme les obsessions

[1]) *Neurologisches Centralblatt,* 1893, Nr. 1 und 2.

vraies et les phobies communes. L'état émotif ici ne paraît que dans le cas de ces conditions spéciales que le malade évite soigneusement.

Le mécanisme des phobies est tout á fait différent de celui des obsessions. Ce n'est plus le règne de la substitution. Ici on ne dévoile plus par l'analyse psychique une idée inconciliable, substituée. On ne trouve jamais autre chose que *l'état émotif anxieux,* qui par une sorte d'élection a fait ressortir toutes les idées propres à devenir l'objet d'une phobie. Dans le cas de l'agoraphobie, etc., on rencontre souvent le *souvenir d'une attaque d'angoisse,* et en vérité ce que redoute le malade c'est l'événement d'une telle attaque dans les conditions spéciales où il croit ne pouvoir y échapper.

L'angoisse de cet état émotif, qui est au fond des phobies, n'est pas dérivé d'un souvenir quelconque; on doit bien se demander quelle peut être la source de cette condition puissante du système nerveux.

Eh bien j'espère pouvoir démontrer une autre fois qu'il y a lieu de constituer une névrose spéciale, *la névrose anxieuse,* de laquelle cet état émotif est le symptôme principal; je donnerai l'énumération de ses symptômes variés, et j'insisterai en ce qu'il faut différencier cette névrose de la neurasthénie, avec laquelle elle est maintenant confondue. Ainsi *les phobies font part de la névrose anxieuse,* et elles sont presque toujours accompagnées d'autres symptômes de la même série.

La névrose anxieuse est d'origine sexuelle, elle aussi, autant que je puis voir, mais elle ne se rattache pas à des idées tirées de la vie sexuelle: elle n'a pas de mécanisme psychique, à vrai dire. Son étiologie spécifique est l'accumulation de la tension génésique, provoquée par l'abstinence ou l'irritation génésique fruste (pour donner une formule générale pour l'effet du coït réservé, de l'impotence relative du mari, des excitations sans satisfaction des fiancés, de l'abstinence forcée, etc.).

C'est dans de telles conditions extrêmement fréquentes, principalement pour la femme dans la société actuelle, que se développe la névrose anxieuse, de laquelle les phobies sont une manifestation psychique.

Je ferai remarquer, comme conclusion, qu'il peut y avoir combinaison de phobie et d'obsession propre, et même que c'est un événement très fréquent. On peut trouver qu'il y avait au commencement de la maladie une phobie développée comme symptôme de la névrose anxieuse. L'idée qui constitue la phobie qui s'y trouve associée à la peur, peut être substituée par une autre idée ou plutôt par le *procédé protecteur* qui semblait soulager la peur. L'obs. VI (folie de la spéculation) présente un bel exemple de cette catégorie, *phobie doublée d'une obsession vraie par substitution.*

VII.

Zur Kritik der „Angstneurose". [1])

In Nummer 2 des Neurologischen Centralblattes von Mendel 1895 habe ich einen kleinen Aufsatz veröffentlicht, in welchem ich den Versuch wage, eine Reihe von nervösen Zuständen von der Neurasthenie abzutrennen, und unter dem Namen „Angstneurose" selbständig zu machen. [2]) Ich ließ mich hierzu bewegen durch ein konstantes Zusammentreffen klinischer und ätiologischer Charaktere, das ja überhaupt für eine Sonderung maßgebend sein darf. Ich fand nämlich, worin mir E. Hecker [3]) zuvorgekommen war, daß die in Rede stehenden neurotischen Symptome sich sämtlich zusammenfassen ließen als zum Ausdruck der Angst gehörig, und ich konnte aus meinen Bemühungen um die Ätiologie der Neurosen hinzufügen, daß diese Teilstücke des Komplexes „Angstneurose" besondere ätiologische Bedingungen erkennen lassen, die der Ätiologie der Neurasthenie nahezu gegensätzlich sind. Meine Erfahrungen hatten mich gelehrt, daß in der Ätiologie der Neurosen (wenigstens der erworbenen Fälle und erwerbbaren Formen) sexuelle Momente eine hervorragende und viel zu wenig gewürdigte Rolle spielen, so daß etwa die Behauptung, „die Ätiologie der Neurosen liege in der Sexualität" bei all ihrer notwendigen Unrichtigkeit per excessum et defectum doch der Wahrheit näher kommt als die anderen, gegenwärtig herrschenden Lehren. Ein weiterer Satz, zu dem mich die Erfahrung drängte, ging

---

[1]) Wiener klinische Rundschau, 1895.

[2]) Über die Berechtigung, von der Neurasthenie einen bestimmten Symptomenkomplex als „Angstneurose" abzutrennen, von Dr. Sigm. Freud.

[3]) E. Hecker. Über larvierte und abortive Angstzustände bei Neurasthenie. Centralblatt für Nervenheilkunde, Dez. 1893.

dahin, daß die verschiedenen sexuellen Noxen nicht etwa unterschiedslos in der Ätiologie aller Neurosen zu finden seien, sondern daß unverkennbar besondere Beziehungen einzelner Noxen zu einzelnen Neurosen beständen. Ich durfte so annehmen, daß ich die spezifischen Ursachen der einzelnen Neurosen aufgedeckt habe. Ich suchte dann die Besonderheit der sexuellen Noxen, welche die Ätiologie der Angstneurose ausmachen, in eine kurze Formel zu fassen, und gelangte (in Anlehnung an meine Auffassung des Sexualvorganges, l. c. p. 61) zu dem Satze: Angstneurose schaffe alles, was die somatische Sexualspannung vom Psychischen abhalte, an ihrer psychischen Verarbeitung störe. Wenn man auf die konkreten Verhältnisse zurückgeht, in denen sich dieses Moment zur Geltung bringt, so ergibt sich die Behauptung, daß freiwillige oder unfreiwillige Abstinenz, sexueller Verkehr mit unvollständiger Befriedigung, Coitus interruptus, Ablenkung des psychischen Interesses von der Sexualität u. dgl. m., die spezifischen ätiologischen Faktoren der von mir Angstneurose genannten Zustände seien.

Als ich meine hier erwähnte Mitteilung zur Veröffentlichung brachte, täuschte ich mich keineswegs über deren Macht, Überzeugung zu erwecken. Zunächst konnte ich mir ja sagen, daß ich nur eine knappe, unvollständige, stellenweise sogar schwer verständliche Darstellung gegeben hatte, vielleicht gerade genügend, um die Erwartung der Leser vorzubereiten. Sonst hatte ich kaum Beispiele angeführt und keine Zahlen genannt, die Technik der Erhebung der Anamnese nicht gestreift, zur Verhütung von Mißverständnissen nichts vorgesorgt, andere als die naheliegendsten Einwände nicht berücksichtigt, und von der Lehre selbst eben nur den Hauptsatz und nicht die Einschränkungen hervorgehoben. Demnach konnte auch wirklich ein jeder sich seine eigene Meinung von der Verbindlichkeit der ganzen Aufstellung bilden. Ich konnte aber noch auf eine andere Erschwerung der Zustimmung rechnen. Ich weiß sehr wohl, daß ich mit der „sexuellen Ätiologie“ der Neurosen nichts Neues vorgebracht habe, daß die Unterströmungen in der medizinischen Literatur, welche diesen Tatsachen Rechnung getragen, nie ausgegangen sind, und daß die offizielle Medizin der Schulen sie eigentlich auch gekannt hat. Allein die letztere hat so getan, als wüßte sie nichts davon; sie hat von ihrer Kenntnis keinen Gebrauch gemacht, keine Folgerung aus ihr gezogen. Solches Verhalten muß wohl eine tiefgehende Begründung haben, etwa in einer Art von Scheu, sexuelle Verhältnisse ins Auge zu fassen, oder in einer Reaktion gegen ältere, als überwunden betrachtete Erklärungsversuche. Jedenfalls mußte man vorbereitet sein, auf Widerstand zu stoßen, wenn man den Versuch wagte, Anderen etwas glaubwürdig zu machen, was diese ohne jede Mühe auch selbst hätten entdecken können.

Es wäre bei solcher Sachlage vielleicht zweckmäßiger, auf kritische Einwendungen nicht eher zu antworten, als bis ich mich über das komplizierte Thema selbst ausführlicher geäußert und besser verständlich gemacht hätte. Dennoch kann ich den Motiven nicht widerstehen, die mich veranlassen, einer Kritik meiner Lehre von der Angstneurose aus den letzten Tagen auch unverzüglich zu begegnen. Ich tue dies wegen der Person des Autors, L. Löwenfeld in München, des Verfassers der „Pathologie und Therapie der Neurasthenie und Hysterie", dessen Urteil beim ärztlichen Publikum schwer ins Gewicht fallen dürfte, wegen einer mißverständlichen Auffassung, mit welcher mich die Darstellung Löwenfeld's belastet, und weil ich von Anfang an den Eindruck bekämpfen möchte, als sei meine Lehre gar so mühelos durch die nächstbesten, im Vorbeigehen angebrachten Einwendungen zu widerlegen.

Löwenfeld[1]) findet mit sicherem Blick als das Wesentliche meiner Arbeit heraus, daß ich für die Angstsymptome eine spezifische und einheitliche Ätiologie sexueller Natur behaupte. Ist dies nicht als Tatsache festzustellen, so entfällt auch der Hauptgrund für die Abtrennung einer selbstständigen Angstneurose von der Neurasthenie. Es erübrigt dann allerdings eine Schwierigkeit, auf die ich aufmerksam gemacht habe, daß nämlich die Angstsymptome so unver-

---

[1]) L. Löwenfeld. Über die Verknüpfung neurasthenischer und hysterischer Symptome in Anfallsform nebst Bemerkungen über die Freud'sche Angstneurose. Münchener med. Wochenschr. Nr. 13, 1895.

kennbare Beziehungen auch zur Hysterie haben, so daß durch die Entscheidung im Sinne Löwenfeld's die Sonderung von Hysterie und Neurasthenie zu Schaden kommt; allein dieser Schwierigkeit wird durch die später zu würdigende Berufung auf die Heredität als gemeinsame Ursache all dieser Neurosen begegnet.

Durch welche Argumente stützt nun Löwenfeld den Einspruch gegen meine Lehre?

1. Ich habe als wesentlich für das Verständnis der Angstneurose hervorgehoben, daß die Angst derselben eine psychische Ableitung nicht zuläßt, das heißt, daß man die Angstbereitschaft, die den Kern der Neurose bildet, nicht durch einen einmaligen oder wiederholten, psychisch berechtigten Schreckaffekt erwerben kann. Durch Schreck entstünde wohl eine Hysterie oder traumatische Neurose, aber keine Angstneurose. Es ist diese Leugnung, wie man leicht einsieht, nichts anderes als das Gegenstück zu meiner Behauptung positiven Inhalts, die Angst meiner Neurose entspreche somatischer und vom Psychischen abgelenkter Sexualspannung, die sich sonst als Libido geltend gemacht hätte.

Dagegen betont nun Löwenfeld, daß in einer Anzahl von Fällen „Angstzustände unmittelbar oder einige Zeit nach einem psychischen Shok (bloßem Schreck oder Unfällen, die mit Schrecken verbunden waren) auftreten, und daß zum Teil hierbei Verhältnisse bestehen, welche die Mitwirkung sexueller Schädlichkeiten der angegebenen Art höchst unwahrscheinlich machen“. Er teilt als besonders prägnantes Beispiel eine Krankenbeobachtung (anstatt vieler) in Kürze mit. In diesem Beispiel handelt es sich um eine 30jährige, seit vier Jahren verheiratete Frau, erblich belastet, die vor einem Jahre eine erste schwierige Entbindung hatte. Wenige Wochen nach ihrer Niederkunft erschrak sie über einen Krankheitsanfall ihres Mannes, lief in ihrer Aufregung im Hemd im kalten Zimmer herum. Von da an krank, zuerst mit abendlichen Angstzuständen und Herzklopfen, später kamen Anfälle von konvulsivischem Zittern und in weiterer Folge Phobien u. dgl.: das Bild einer voll entwickelten Angstneurose. „Hier sind die Angstzustände“, schließt Löwenfeld, „offenbar psychisch abgeleitet, durch den einmaligen Schrecken herbeigeführt."

Ich bezweifle nicht, daß der geehrte Autor über viele ähnliche Fälle verfügt; kann ich doch selbst mit einer großen Reihe analoger Beispiele dienen. Wer solche Fälle von Ausbruch der Angstneurose nach psychischem Shok, überaus häufige Vorkommnisse, nicht gesehen hätte, dürfte sich nicht anmaßen, in Sachen der Angstneurose mitzusprechen. Ich will nur dabei anmerken, daß in der Ätiologie solcher Fälle nicht jedesmal Schreck oder ängstliche Erwartung nachweisbar sein muß; eine beliebige andere Gemütsbewegung tut es auch. Wenn ich rasch einige Fälle aus meiner Erinnerung mustere, so fällt mir ein Mann von 45 Jahren ein, der den ersten Angstanfall (mit Herzkollaps) auf die Nachricht vom Tode seines betagten Vaters bekam; von da an entwickelte sich volle und typische Angstneurose mit Agoraphobie; ferner ein junger Mann, der in dieselbe Neurose durch die Erregung über die Zwistigkeiten zwischen seiner jungen Frau und seiner Mutter verfiel und nach jedem neuen häuslichen Zank neuerdings agoraphobisch wurde; ein Student, der einigermaßen verbummelt, die ersten Angstanfälle in einer Periode scharfer Prüfungsarbeit unter dem Sporn väterlicher Ungnade produzierte; eine selbst kinderlose Frau, die infolge der Angst um die Gesundheit einer kleinen Nichte erkrankte, u. dgl. m. An der Tatsache selbst, die Löwenfeld gegen mich verwertet, besteht nicht der leiseste Zweifel.

Wohl aber an ihrer Deutung. Es fragt sich, soll man hier ohne weiteres auf das post hoc ergo propter hoc eingehen, sich jede kritische Verarbeitung des Rohmaterials ersparen? Man kennt ja Beispiele genug dafür, daß die letzte auslösende Ursache sich vor der kritischen Analyse nicht als causa efficiens bewähren konnte. Man denke an das Verhältnis von Trauma und Gicht beispielsweise! Die Rolle des Traumas ist hier, bei der Provokation eines Gichtanfalles in dem vom Trauma betroffenen Glied, wahrscheinlich keine andere, als sie in der Ätiologie der Tabes und der Paralyse sein dürfte; nur scheint im Beispiele der Gicht bereits für jede Einsicht absurd, daß das Trauma die Gicht „verursacht" anstatt provoziert haben sollte. Man muß doch nachdenklich werden, wenn man ätiologische Momente solcher Art — banale möchte ich sie nennen — in der Ätiologie der mannigfaltigsten Krankheitszustände antrifft. Gemütsbewegung, Schreck ist auch solch ein banales Moment; Chorea, Apoplexie, Paralysis agitans und was nicht alles sonst kann der Schreck geradeso hervorrufen wie eine Angstneurose. Nun darf ich freilich nicht weiter argumentieren, wegen dieser Ubiquität genügten die banalen Ursachen unseren Anforderungen nicht, es müßte außerdem spezifische Ursachen geben. Das hieße den Satz, den ich erweisen will, vorwegnehmen. Ich bin aber berechtigt, folgender Art zu schließen: Wenn sich die nämliche spezifische Ursache in der Ätiologie aller oder der allermeisten Fälle von Angstneurose nachweisen läßt, dann braucht sich unsere Auffassung nicht dadurch beirren lassen, daß der Ausbruch der Krankheit erst nach der Einwirkung des einen oder anderen banalen Momentes, wie es Gemütsbewegung ist, erfolgt.

So war es nun in meinen Fällen von Angstneurose. Der Mann, der — rätselhafter Weise — auf die Nachricht vom Tode seines Vaters erkrankte (ich mache diese Randglosse, weil dieser Tod nicht unerwartet und nicht unter ungewöhnlichen, erschütternden Umständen erfolgte), dieser Mann lebte seit elf Jahren im Coitus interruptus mit seiner Ehefrau, welche er meistens zu befriedigen trachtete; der junge Mann, der den Streitigkeiten zwischen seiner Frau und seiner Mutter nicht gewachsen war, hatte bei seiner jungen Frau von Anfang an das Zurückziehen geübt, um sich die Belastung mit Nachkommenschaft zu ersparen; der Student, der sich durch Überarbeitung eine Angstneurose zuzog anstatt der zu erwartenden Cerebrasthenie, unterhielt seit drei Jahren ein Verhältnis mit einem Mädchen, das er nicht schwängern durfte; die Frau, die, selbst kinderlos, über die Krankheit einer Nichte der Angstneurose verfiel, war mit einem impotenten Mann verheiratet und sexuell nie befriedigt worden u. dgl. Nicht alle diese Fälle sind gleich klar oder für meine These gleich gut beweisend; aber wenn ich sie an die sehr beträchtliche Anzahl von Fällen anreihe, in denen die Ätiologie nichts anderes als das spezifische Moment aufweist, fügen sie sich der von mir aufgestellten Lehre widerspruchslos ein und gestatten eine Erweiterung unseres ätiologischen Verständnisses über die bisher geltenden Grenzen.

Wenn mir jemand nachweisen will, daß ich in vorstehender Betrachtung die Bedeutung der banalen ätiologischen Momente ungebührlich zurückgesetzt habe, so muß er mir Beobachtungen entgegenhalten, in denen mein spezifisches Moment vermißt wird, also Fälle von Entstehung der Angstneurose nach psychischem Shok bei (im ganzen) normaler Vita sexualis. Man urteile nun, ob der Fall von Löwenfeld diese Bedingung erfüllt. Mein geehrter Gegner hat sich diese Anforderung offenbar nicht klar gemacht, sonst würde er uns über die Vita sexualis seiner Patientin nicht so völlig im unklaren lassen. Ich will es beiseite lassen, daß der Fall der 30jährigen Dame offenbar mit einer Hysterie kompliziert ist, an deren psychischer Ableitbarkeit ich am wenigsten zweifle; ich gebe die Angstneurose neben dieser Hysterie natürlich ohne Einspruch zu. Aber ehe ich einen Fall für oder gegen die Lehre von der sexuellen Ätiologie der Neurosen verwerte, muß ich das sexuelle Verhalten der Patientin eingehender als Löwenfeld hier studiert haben. Ich werde mich nicht mit dem Schlusse begnügen: da die Dame zur Zeit des psychischen Shoks kurz nach einer Entbindung war, dürfte der Coitus interruptus im letzten Jahr keine Rolle gespielt haben und somit sexuelle Noxen hier entfallen. Ich kenne Fälle von Angstneurose bei jährlich wiederholter Gravidität, weil (unglaublicherweise) von dem befruchtenden Koitus an jeder Verkehr eingestellt wurde, so daß die kinderreiche Frau all die Jahre über an Entbehrung litt. Es ist keinem Arzte unbekannt, daß Frauen von sehr wenig potenten Männern konzipieren, die nicht imstande sind, ihnen Befriedigung zu verschaffen, und endlich gibt es, womit gerade die Vertreter der Hereditätsätiologie rechnen sollten, Frauen genug, die mit einer kongenitalen Angstneurose behaftet sind, d. h. die eine solche Vita sexualis mitbringen, respektive ohne nachweisbare äußere Störung entwickeln, wie man sie sonst durch Coitus interruptus und ähnliche Noxen erwirbt. Bei einer Anzahl dieser Frauen kann man eine hysterische Erkrankung der Jugendjahre eruieren, seit welcher die Vita sexualis gestört und eine Ablenkung der Sexualspannung vom Psychischen hergestellt ist. Frauen mit solcher Sexualität sind einer wirklichen Befriedigung selbst durch normalen Koitus unfähig und entwickeln Angstneurose entweder spontan oder nach dem Zutritt weiterer wirksamer Momente. Was von alledem mag in dem Falle Löwenfeld's vorgelegen haben? Ich weiß es nicht, aber ich wiederhole, gegen mich beweisend ist dieser Fall nur, wenn die Dame, die auf einmaligen Schreck mit einer Angstneurose antwortete, sich vorher einer normalen Vita sexualis erfreut hat.

Wir können unmöglich ätiologische Forschungen aus der Anamnese betreiben, wenn wir die Anamnese so hinnehmen, wie der Kranke sie gibt, oder uns mit dem begnügen, was er uns preisgeben will. Wenn die Syphilodologen die Zurückführung eines Initialaffektes an den Genitalien auf sexuellen Verkehr noch von der Aussage des Patienten abhängen ließen, würden sie eine ganz stattliche Anzahl von Schankern bei angeblich virginalen Individuen von Erkältung herleiten können, und die Gynäkologen fänden kaum Schwierigkeiten, das Wunder der Parthenogenesis an ihren unverheirateten Klientinnen zu bestätigen. Ich hoffe, es wird dereinst durchdringen, daß auch die Neuropathologen bei der Erhebung der Anamnese großer Neurosen von ähnlichen ätiologischen Vorurteilen ausgehen dürfen.

2. Ferner sagt Löwenfeld, er habe wiederholt Angstzustände auftauchen und verschwinden gesehen, wo eine Änderung im sexuellen Leben sicher nicht statthatte, dagegen andere Faktoren im Spiele waren.

Ganz dieselbe Erfahrung habe ich auch gemacht, ohne daß sie mich beirrt hätte. Auch ich habe die Angstzufälle durch psychische Behandlung, Allgemeinbesserung u. dgl. zum Schwinden gebracht. Ich habe natürlich daraus nicht geschlossen, daß der Mangel an Behandlung die Ursache der Angstanfälle war. Nicht etwa, daß ich Löwenfeld einen derartigen Schluß unterschieben wollte; ich will mit obiger scherzhafter Bemerkung nur andeuten, daß die Sachlage leicht kompliziert genug sein kann, um den Einwand von Löwenfeld völlig zu entwerten. Ich habe es nicht schwer gefunden, die hier vorgebrachte Tatsache mit der Behauptung der spezifischen Ätiologie der Angstneurose zu vereinigen. Man wird mir gerne zugestehen, daß es ätiologisch wirksame Momente gibt, die, um ihre Wirkung zu üben, in einer gewissen Intensität (oder Quantität) und über einen gewissen Zeitraum wirken müssen, die sich also summieren; die Alkoholwirkung ist ein Vorbild für solche Verursachung durch Summation. Demnach wird es einen Zeitraum geben dürfen, in dem die spezifische Ätiologie in ihrer Arbeit begriffen, aber deren Wirkung noch nicht manifest ist. Während solcher Zeit ist die Person noch nicht krank, aber sie ist zur bestimmten Erkrankung, in unserem Falle zur Angstneurose, disponiert, und nun wird der Zutritt einer banalen Noxe die Neurose auslösen können, geradeso wie eine weitere Steigerung in der Einwirkung der spezifischen Noxe. Man kann dies auch so ausdrücken: Es reicht nicht hin, daß das spezifische ätiologische Moment vorhanden ist, es muß auch ein bestimmtes Maß davon voll werden, und bei der Erreichung dieser Grenze kann eine Quantität spezifischer Noxe durch einen Betrag banaler Schädlichkeit ersetzt werden. Wird letzterer wieder weggenommen, so befindet man sich unterhalb einer Schwelle; die Krankheitserscheinungen treten wieder zurück. Die ganze Therapie der Neurosen beruht darauf, daß man die Gesamtbelastung des Nervensystems, welcher dieses erliegt, durch sehr verschiedenartige Beeinflussungen der ätiologischen Mischung unter die Schwelle bringen kann. Auf Fehlen oder Existenz einer spezifischen Ätiologie ist aus diesen Verhältnissen kein Schluß zu ziehen.

Das sind doch gewiß einwurfsfreie und gesicherte Erwägungen. Wem sie noch nicht genügen, der möge folgendes Argument auf sich wirken lassen. Nach der Ansicht Löwenfeld's und so vieler Anderer ist in der Heredität die Ätiologie der Angstzustände. Die Heredität ist nun gewiß einer Änderung entzogen; wenn Angstneurose durch Behandlung geheilt wird, sollte man nun mit Löwenfeld schließen dürfen, daß die Hereditàt nicht die Ätiologie enthalten kann.

Übrigens, ich hätte mir die Verteidigung gegen die beiden angeführten Einwände von Löwenfeld ersparen können, wenn mein geehrter Gegner meiner Arbeit selbst größere Aufmerksamkeit geschenkt hätte. Die beiden Einwendungen sind in meiner Arbeit selbst vorgesehen und beantwortet (p. 74 ff.); ich könnte die Ausführungen von dort hier nur wiederholen, ich habe mit Absicht selbst die nämlichen Krankheitsfälle hier neuerdings analysiert. Auch die ätiologischen Formeln, auf die ich eben vorhin Wert legte, sind im Texte meiner Abhandlung enthalten. Ich will sie hier nochmals wiederholen. Ich behaupte: Es gibt für die Angstneurose ein spezifisches ätiologisches Moment, welches in seiner Wirkung von banalen Schädlichkeiten zwar quantitativ vertreten, aber nicht qualitativ ersetzt werden kann. Ferner: Dieses spezifische Moment bestimmt vor allem die Form der Neurose; ob eine neurotische Erkrankung überhaupt zustande kommt, hängt von der Gesamtbelastung des Nervensystems (im Verhältnis zu dessen Tragfähigkeit) ab. In der Regel sind die Neurosen überdeterminiert, d. h. es wirken in ihrer Ätiologie mehrere Faktoren zusammen.

3. Um die Widerlegung der nächsten Bemerkungen Löwenfeld's brauche ich mich weniger zu bemühen, da dieselben einerseits meiner Lehre wenig anhaben, anderseits Schwierigkeiten hervorheben, die ich als vorhanden anerkenne. Löwenfeld sagt: „Die Freud'sche Theorie ist aber ganz und gar ungenügend, das Auftreten und Ausbleiben der Angstanfälle im einzelnen zu erklären. Wenn die Angstzustände, i. e. die Erscheinungen der Angstneurose, lediglich durch subkortikale Aufspeicherung der somatischen Sexualerregung und abnorme Verwendung derselben zustande kommen würden, so müßte jeder mit Angstzuständen Behaftete, so lange keine Änderungen in seinem sexuellen Leben eintreten, von Zeit zu Zeit einen Angstanfall haben, wie der Epileptische seinen Anfall von grand und petit mal hat. Dies ist aber, wie die

alltägliche Erfahrung zeigt. durchaus nicht der Fall. Die Angstanfälle treten weit überwiegend nur bei bestimmten Anlässen ein; wenn der Patient diese meidet oder durch irgend eine Vorkehrung deren Einfluß zu paralysieren weiß, so bleibt er von Angstanfällen verschont, er mag dem Congressus interruptus oder der Abstinenz andauernd huldigen oder sich einer normalen Vita sexualis erfreuen."

Darüber ist nun sehr viel zu sagen. Zunächst, daß Löwenfeld meiner Theorie eine Folgerung aufnötigt, die sie nicht zu akzeptieren braucht. Daß es bei der Aufspeicherung der somatischen Sexualerregung so zugehen müsse wie bei der Anhäufung des Reizes zum epileptischen Kampf, ist eine allzu detaillierte Aufstellung, zu welcher ich keinen Anlaß gegeben habe, und ist nicht die einzige, die sich darbietet. Ich brauche nur anzunehmen, daß das Nervensystem ein gewisses Maß von somatischer Sexualerregung, auch wenn diese von ihrem Ziel abgelenkt sei, zu bewältigen vermöge, und daß Störungen nur dann entstehen, wenn das Quantum dieser Erregung eine plötzliche Steigerung erfährt, und die Anforderung Löwenfeld's wäre beseitigt. Ich habe mich nicht getraut, meine Theorie nach dieser Richtung hin auszubauen, hauptsächlich darum, weil ich keine sicheren Stützpunkte auf dem Wege dahin zu finden erwartete. Ich will bloß andeuten, daß wir uns die Produktion von Sexualspannung nicht unabhängig von ihrer Verausgabung vorstellen dürfen, daß im normalen Sexualleben diese Produktion bei Anregung durch das Sexualobjekt sich wesentlich anders gestaltet als bei psychischer Ruhe u. dgl.

Zuzugeben ist, daß die Verhältnisse hier wohl anders liegen als bei epileptischer Krampfneigung, und daß sie aus der Theorie der Aufspeicherung somatischer Sexualerregung noch nicht im Zusammenhange abzuleiten sind.

Der weiteren Behauptung Löwenfeld's, daß die Angstzustände nur bei gewissen Anlässen auftreten, bei deren Vermeidung sie ausbleiben, gleichgiltig, welches die Vita sexualis des Betreffenden sein mag, ist entgegenzuhalten, daß Löwenfeld hiebei offenbar nur die Angst der Phobien im Auge hat, wie auch die an die zitierte Stelle geknüpften Beispiele zeigen. Von den spontanen Angstanfällen, deren Inhalt Schwindel, Herzklopfen, Atemnot, Zittern, Schweiß u. dgl. ist, spricht er gar nicht. Das Auftreten und Ausbleiben dieser Angstanfälle zu erklären, scheint meine Theorie aber keineswegs untüchtig. In einer ganzen Reihe solcher Fälle von Angstneurose ergibt sich nämlich wirklich der Anschein einer Periodizität des Auftretens von Angstzuständen ähnlich der bei Epilepsie beobachteten, nur daß hier der Mechanismus dieser Periodizität durchsichtiger wird. Bei näherer Erforschung findet man nämlich mit großer Regelmäßigkeit einen aufregenden sexuellen Vorgang auf (d. h. einen solchen, der imstande ist, somatische Sexualspannung zu entbinden), an welchen sich mit Einhaltung eines bestimmten, oft ganz konstanten Zeitintervalles der Angstanfall anschließt. Diese Rolle spielen bei abstinenten Frauen die menstruale Erregung, die gleichfalls periodisch wiederkehrenden nächtlichen Pollutionen, vor allem der (in seiner Unvollständigkeit schädliche) sexuelle Verkehr selbst, der diesen seinen Wirkungen, den Angstanfällen, die eigene Periodizität überträgt. Kommen Angstanfälle, welche die gewohnte Periodizität durchbrechen, so gelingt es zumeist, sie auf eine Gelegenheitsursache von selteneren und unregelmäßigem Vorkommen zurückzuführen, ein vereinzeltes sexuelles Erlebnis, Lektüre, Schaustellung u. dgl. Das Intervall, das ich erwähnt habe, beträgt einige Stunden bis zu zwei Tagen; es ist dasselbe, mit welchem bei anderen Personen auf dieselben Veranlassungen hin die bekannte Sexualmigräne auftritt, die ihre sicheren Beziehungen zum Symptomenkomplex der Angstneurose hat.

Daneben gibt es reichlich Fälle, in denen der einzelne Angstzustand durch das Hinzutreten eines banalen Momentes, durch Aufregung beliebiger Art, provoziert wird. Es gilt also für die Ätiologie des einzelnen Angstanfalles dieselbe Vertretung wie für die Verursachung der ganzen Neurose. Daß die Angst der Phobien anderen Bedingungen folgt, ist nicht sehr verwunderlich; die Phobien haben ein komplizierteres Gefüge als die einfach somatischen Angstanfälle. Bei ihnen ist die Angst mit einem bestimmten Vorstellungs- oder Wahrnehmungsinhalt verknüpft, und die Erweckung dieses psychischen Inhaltes ist die Hauptbedingung für das Auftreten dieser Angst. Die Angst wird dann „entbunden“, ähnlich wie z. B. die Sexualspannung durch die Erweckung libidinöser Vorstellungen; aber dieser Vorgang ist allerdings in seinem Zusammenhange mit der Theorie der Angstneurose noch nicht aufgeklärt.

Ich sehe nicht ein, weshalb ich streben sollte, Lücken und Schwächen meiner Theorie zu verbergen. Die Hauptsache an dem Problem der Phobien scheint mir zu sein, daß Phobien bei normaler Vita sexualis — d. i. bei Nichterfüllung der spezifischen Bedingung von Störung der Vita sexualis im Sinne einer Ablenkung des Somatischen vom Psychischen — überhaupt nicht zustande kommen. Mag sonst am Mechanismus der Phobien noch so Vieles dunkel sein, meine Lehre ist erst widerlegt, wenn man mir Phobien bei normaler Vita sexualis oder selbst bei nicht spezifisch bestimmter Störung derselben nachweist.

4. Ich übergehe nun zu einer Bemerkung, die ich meinem geehrten Herrn Kritiker nicht unwidersprochen lassen darf.

Ich hatte in meiner Mitteilung über die Angstneurose (l. c. p. 69) geschrieben:

„In manchen Fällen von Angstneurose läßt sich eine Ätiologie überhaupt nicht erkennen. Es ist bemerkenswert, daß in solchen Fällen der Nachweis einer schweren hereditären Belastung selten auf Schwierigkeiten stößt.“

„Wo man aber Grund hat, die Neurose für eine erworbene zu halten, da findet man bei sorgfältigem, dahin zielendem Examen als ätiologisch wirksame Momente eine Reihe von Schädlichkeiten und Einflüssen aus dem Sexualleben....“ Löwenfeld druckt diese Stelle ab und knüpft an sie folgende Glosse: „Als „erworben“ scheint demnach F. die Neurose immer zu betrachten, wenn Gelegenheitsursachen derselben aufzufinden sind.“

Wenn sich dieser Sinn zwanglos aus meinem Text ableiten läßt, so gibt letzterer meinem Gedanken sehr entstellten Ausdruck. Ich mache darauf aufmerksam, daß ich vorhin in der Wertschätzung der Gelegenheitsursachen mich weit strenger als Löwenfeld erwiesen habe. Sollte ich die Meinung meiner Sätze selbst erläutern, so würde ich es tun, indem ich nach der Bedingung: *Wo man aber Grund hat, die Neurose für eine erworbene zu halten*, einschalte: *weil der (im vorigen Satz erwähnte) Nachweis hereditärer Belastung nicht gelingt*. Der Sinn ist: Ich halte den Fall für einen erworbenen, in dem sich Heredität nicht nachweisen läßt. Ich benehme mich dabei wie alle Welt, vielleicht mit dem kleinen Unterschied, daß Andere den Fall auch dann für hereditär bedingt erklären, wo Heredität nicht besteht, so daß sie die ganze Kategorie erworbener Neurosen übersehen. Dieser Unterschied aber läuft zu meinen Gunsten. Ich gestehe jedoch zu, daß ich solches Mißverständnis durch die Redewendung im ersten Satze: „es läßt sich eine Ätiologie überhaupt nicht erkennen“, selbst verschuldet habe. Ich werde sicherlich auch von anderer Seite zu hören bekommen, ich schaffe mir mit der Suche nach den spezifischen Ursachen der Neurosen überflüssige Mühe. Die wirkliche Ätiologie der Angstneurosen wie der Neurosen überhaupt sei ja bekannt, es sei die Heredität, und zwei wirkliche Ursachen könnten neben einander nicht bestehen. Die ätiologische Rolle der Heredität leugnete ich wohl nicht? Dann aber seien alle anderen Ätiologien — Gelegenheitsursachen und einander gleichwertig oder gleich minderwertig.

Ich teile diese Anschauung über die Rolle der Heredität nicht, und da ich gerade dieses Thema in meiner kurzen Mitteilung über die Angstneurose am wenigsten gewürdigt habe, will ich versuchen, hier etwas vom Unterlassenen nachzuholen und den Eindruck zu verwischen, als hätte ich mich bei der Abfassung meiner Arbeit nicht um alle zugehörigen Rätselfragen gemüht.

Ich glaube, man ermöglicht sich eine Darstellung der wahrscheinlich sehr komplizierten ätiologischen Verhältnisse, die in der Pathologie der Neurosen obwalten, wenn man sich folgende ätiologische Begriffe festlegt:

a) Bedingung, *b)* spezifische Ursache, *c)* konkurrierende Ursache und, als den vorigen nicht gleichwertigen Terminus, *d)* Veranlassung oder auslösende Ursache.

Um allen Möglichkeiten zu genügen, nehme man an, es handle sich um ätiologische Momente, die einer quantitativen Veränderung, also der Steigerung oder Verringerung, fähig sind.

Läßt man sich die Vorstellung einer mehrgliederigen ätiologischen Gleichung gefallen, die erfüllt sein muß, wenn der Effekt zustande kommen soll, so charakterisiert sich als Veranlassung oder auslösende Ursache diejenige, welche zuletzt in die Gleichung eintritt, so daß sie dem Erscheinen des Effektes unmittelbar vorhergeht. Nur dieses zeitliche Moment macht das Wesen der Veranlassung aus, jede der andersartigen Ursachen kann im Einzelfalle auch die Rolle der Veranlassung spielen; in derselben ätiologischen Häufung kann diese Rolle wechseln.

Als Bedingungen sind solche Momente zu bezeichnen, bei deren Abwesenheit der Effekt nie zustande käme, die aber für sich allein auch unfähig sind, den Effekt zu erzeugen, sie mögen in noch so großem Ausmaß vorhanden sein. Es fehlt dazu noch die spezifisehe Ursache.

Als spezifische Ursache gilt diejenige, die in keinem Falle von Verwirklichung des Effektes vermißt wird, und die in entsprechender Quantität oder Intensität auch hinreicht, den Effekt zu erzielen, wenn nur noch die Bedingungen erfüllt sind.

Als konkurrierende Ursachen darf man solche Momente auffassen, welche weder jedesmal vorhanden sein müssen, noch imstande sind, in beliebigem Ausmaß ihrer Wirkung für sich allein den Effekt zu erzeugen, welche aber neben den Bedingungen und der spezifischen Ursache zur Erfüllung der ätiologischen Gleichung mitwirken.

Die Besonderheit der konkurrierenden oder Hilfsursachen scheint klar; wie unterscheidet man aber Bedingungen und spezifische Ursache, da sie beide unentbehrlich und doch keines von ihnen allein zur Verursachung genügend sind?

Da scheint denn folgendes Verhalten eine Entscheidung zu gestatten. Unter den „notwendigen Ursachen“ findet man mehrere, die auch in den ätiologischen Gleichungen vieler anderer Effekte wiederkehren, daher keine besondere Beziehung zum einzelnen Effekte verraten; eine dieser Ursachen aber stellt sich den anderen gegenüber, dadurch, daß sie in keiner anderen oder in sehr wenigen ätiologischen Formeln aufzufinden ist, und diese hat den Anspruch, spezifische Ursache des betreffenden Effektes zu heißen. Ferner sondern sich Bedingungen und spezifische Ursache besonders deutlich in solchen Fällen, in denen die Bedingungen den Charakter von lange bestehenden und wenig veränderlichen Zuständen haben, die spezifische Ursache einem rezent einwirkenden Faktor entspricht.

Ich will ein Beispiel für dieses vollständige ätiologische Schema versuchen:

Effekt: Phthisis pulmonum.

Bedingung: Disposition, meist hereditär durch Organbeschaffenheiten gegeben.

Spezifische Ursache: Der Bazillus Kochii.

Hilfsursachen: Alles Depotenzierende: Gemütsbewegungen wie Eiterungen oder Erkältungen.

Das Schema für die Ätiologie der Angstneurose scheint mir ähnlich zu lauten:

Bedingung: Heredität.

Spezifische Ursache: Ein sexuelles Moment im Sinne einer Ablenkung der Sexualspannung vom Psychischen.

Hilfsursachen: Alle banalen Schädigungen: Gemütsbewegung, Schreck, wie physische Erschöpfung durch Krankheit oder Überleistung.

Wenn ich diese ätiologische Formel für die Angstneurose im einzelnen diskutiere, kann ich noch folgende Bemerkungen hinzufügen. Ob eine besondere persönliche Beschaffenheit (die nicht hereditär bezeugt zu sein brauchte) für die Angstneurose unbedingt erfordert wird, oder ob jeder normale Mensch durch etwaige quantitative Steigerung des spezifischen Momentes zur Angstneurose gebracht werden kann, weiß ich nicht sicher zu entscheiden, neige aber sehr zur letzteren Meinung. — Die hereditäre Disposition ist die wichtigste Bedingung der Angstneurose, aber keine unentbehrliche, da sie in einer Reihe von Grenzfällen vermißt wird. — Das spezifische sexuelle Moment wird in der übergroßen Zahl der Fälle mit Sicherheit nachgewiesen, in einer Reihe von Fällen (kongenitalen) sondert es sich von der Bedingung der Heredität nicht ab, sondern ist durch diese miterfüllt, d. h. die Kranken bringen jene Besonderheit der Vita sexualis als Stigma mit (die psychische Unzulänglichkeit zur Bewältigung der somatischen Sexualspannung), über welche sonst der Weg zur Erwerbung der Neurose führt; in einer anderen Reihe von Grenzfällen ist die spezifische Ursache in einer konkurrierenden enthalten, wenn nämlich die besagte psychische Unzulänglichkeit durch Erschöpfung u. dgl. zustande kommt. Alle diese Fälle bilden fließende Reihen, nicht abgesonderte Kategorien; durch alle zieht sich indes das ähnliche Verhalten im Schicksal der Sexualspannung, und für die meisten gilt die Sonderung von Bedingung, spezifischer und Hilfsursache, konform der oben gegebenen Auflösung der ätiologischen Gleichung.

Ich kann, wenn ich meine Erfahrungen darnach befrage, ein gegensätzliches Verhalten von hereditärer Disposition und spezifischem sexuellem Moment für die Angstneurose nicht auffinden. Im Gegenteile, die beiden ätiologischen Faktoren unterstützen und ergänzen einander. Das sexuelle Moment wirkt meistens nur bei jenen Personen, die eine hereditäre Belastung mit dazu bringen; die Heredität allein ist meistens nicht imstande, eine Angstneurose zu erzeugen, sondern wartet auf das Eintreffen eines genügenden Maßes der spezifischen sexuellen Schädlichkeit. Die Konstatierung der Heredität überhebt darum nicht der Suche nach einem spezifischen Moment, an dessen Auffindung sich übrigens auch alles therapeutische Interesse knüpft. Denn was will man therapeutisch mit der Heredität als Ätiologie anfangen? Sie hat seit jeher bei dem Kranken bestanden und wird bis an dessen Ende weiter bestehen. Sie ist an und für sich weder geeignet, das episodische Auftreten einer Neurose, noch deren Aufhören durch Behandlung verstehen zu lassen. Sie ist nichts als eine Bedingung der Neurose, eine unsäglich wichtige zwar, aber doch eine zum Schaden der Therapie und des theoretischen Verständnisses überschätzte. Man denke nur, um sich durch den Kontrast der Tatsachen überzeugen zu lassen, an die Fälle von familiären Nervenkrankheiten (Chorea chronica, Thomsen'sche Krankheit u. dgl.), in denen die Heredität alle ätiologischen Bedingungen in sich vereinigt.

Ich möchte zum Schlusse die wenigen Sätze wiederholen, durch welche ich in erster Annäherung an die Wirklichkeit die gegenseitigen Beziehungen der verschiedenen ätiologischen Faktoren auszudrücken pflege:

1. Ob überhaupt eine neurotische Erkrankung zustande kommt, hängt von einem quantitativen Faktor ab, von der Gesamtbelastung des Nervensystems im Verhältnis zu dessen Resistenzfähigkeit. Alles was diesen Faktor unter einem gewissen Schwellenwert halten oder zurückbringen kann, hat therapeutische Wirksamkeit, indem es die ätiologische Gleichung unerfüllt läßt.

Was man unter „Gesamtbelastung“, was man unter „Resistenzfähigkeit“ des Nervensystems zu verstehen habe, das ließe sich mit Zugrundelegung gewisser Hypothesen über die Nervenfunktion wohl deutlicher ausführen.

2. Welchen Umfang die Neurose erreicht, das hängt in erster Linie von dem Maß hereditärer Belastung ab. Die Heredität wirkt wie ein in den Stromkreis eingeschalteter Multiplikator, der den Ausschlag der Nadel um das Vielfache vergrößert.

3. Welche Form aber die Neurose annimmt — den Sinn des Ausschlages — dies bestimmt allein das aus dem Sexualleben stammende spezifische ätiologische Moment.

Ich hoffe, daß im ganzen, obwohl ich mir der vielen noch unerledigten Schwierigkeiten des Gegenstandes bewußt bin, meine Aufstellung der Angstneurose sich für das Verständnis der Neurosen fruchtbarer erweisen wird, als Löwenfeld's Versuch, denselben Tatsachen Rechnung zu tragen durch die Konstatierung „einer Verknüpfung neurasthenischer und hysterischer Symptome in Anfallsform“.

Wien, anfangs Mai 1895.

VIII.

Weitere Bemerkungen über die Abwehr-Neuropsychosen.[1])

Als „Abwehr-Neuropsychosen" habe ich 1894 in einem kleinen Aufsatze (Neurologisches Centralblatt, Nr. 10 und 11) Hysterie, Zwangsvorstellungen sowie gewisse Fälle von akuter halluzinatorischer Verworrenheit zusammengefaßt, weil sich für diese Affektionen der gemeinsame Gesichtspunkt er geben hatte, ihre Symptome entstünden durch den psychischen Mechanismus der (unbewußten) Abwehr, d. h. bei dem Versuche, eine unverträgliche Vorstellung zu verdrängen, die in peinlichen Gegensatz zum Ich der Kranken getreten war. An einzelnen Stellen eines seither erschienenen Buches „Studien über Hysterie" von Dr. J. Breuer und mir, habe ich dann erläutern und an Krankenbeobachtungen darlegen können, in welchem Sinne dieser psychische Vorgang der „Abwehr" oder „Verdrängung" zu verstehen ist. Ebendaselbst finden sich auch Angaben über die mühselige, aber vollkommen verläßliche Methode der Psychoanalyse, deren ich mich bei diesen Untersuchungen, die gleichzeitig eine Therapie darstellen, bediene.

Meine Erfahrungen in den letzten beiden Arbeitsjahren haben mich nun in der Neigung bestärkt, die Abwehr zum Kernpunkt im psychischen Mechanismus der erwähnten Neurosen zu machen, und haben mir anderseits gestattet, der psychologischen Theorie eine klinische Grundlage zu geben. Ich bin zu meiner eigenen Überraschung auf einige einfache, aber eng umschriebene Lösungen der Neurosenprobleme gestoßen, über die ich auf den nachfolgenden Seiten vorläufig

[1]) „Neurologisches Centralblatt", 1896, Nr. 10.

und in Kürze berichten will. Ich kann es mit dieser Art der Mitteilung nicht vereinen, den Behauptungen die Beweise anzufügen, deren sie bedürfen, hoffe aber, diese Verpflichtung in einer ausführlichen Darstellung einlösen zu können.

I. Die „spezifische" Ätiologie der Hysterie.

Daß die Symptome der Hysterie erst durch Zurückführung auf „traumatisch" wirksame Erlebnisse verständlich werden, und daß diese psychischen Traumen sich auf das Sexualleben beziehen, ist von Breuer und mir bereits in früheren Veröffentlichungen ausgesprochen worden. Was ich heute als einförmiges Ergebnis meiner an 13 Fällen von Hysterie durchgeführten Analysen hinzuzufügen habe, betrifft einerseits die Natur dieser sexuellen Traumen, andererseits die Lebensperiode, in der sie vorfallen. Es reicht für die Verursachung der Hysterie nicht hin, daß zu irgend einer Zeit des Lebens ein Erlebnis auftrete, welches das Sexualleben irgendwie streift und durch die Entbindung und Unterdrückung eines peinlichen Affektes pathogen wird. Es müssen vielmehr diese sexuellen Traumen der frühen Kindheit (der Lebenszeit vor der Pubertät) angehören, und ihr Inhalt muß in wirklicher Irritation der Genitalien (koitusähnlichen Vorgängen) bestehen.

Diese spezifische Bedingung der Hysterie — sexuelle Passivität in vorsexuellen Zeiten — fand ich in allen analysierten Fällen von Hysterie (darunter 2 Männer) erfüllt. Wie sehr die Anforderung an hereditäre Disposition durch solche Bedingtheit der accidentellen ätiologischen Momente verringert wird, bedarf nur der Andeutung; ferner eröffnet sich ein Verständnis für die ungleich größere Häufigkeit der Hysterie beim weiblichen Geschlecht, da dieses auch im Kindesalter eher zu sexuellen Angriffen reizt.

Die nächstliegendsten Einwendungen gegen dieses Resultat dürften lauten, daß sexuelle Angriffe gegen kleine Kinder zu häufig vorfallen, als daß ihrer Konstatierung ein ätiologischer Wert zukäme, oder daß solche Erlebnisse gerade darum wirkungslos bleiben müssen, weil sie ein sexuell unentwickeltes Wesen betreffen; ferner daß man sich hüten müsse, derlei angebliche Reminiszenzen den Kranken durchs Examen aufzudrängen, oder an die Romane, die sie selbst erdichten, zu glauben. Den letzteren Einwendungen ist die Bitte entgegenzuhalten, daß doch niemand allzu sicher auf diesem dunkeln Gebiete urteilen möge, der sich noch nicht der einzigen Methode bedient hat, welche es zu erhellen vermag (der Psychoanalyse zur Bewußtmachung des bisher Unbewußten.[1]) Das Wesentliche an den ersteren Zweifeln erledigt sich durch die Bemerkung, daß ja nicht die Erlebnisse selbst traumatisch wirken, sondern deren Wiederbelebung als Erinnerung, nachdem das Individuum in die sexuelle Reifung eingetreten ist.

Meine 13 Fälle von Hysterie waren durchwegs von schwerer Art, alle mit vieljähriger Krankheitsdauer, einige nach längerer und erfolgloser Anstaltsbehandlung. Die Kindertraumen, welche die Analyse für diese schweren Fälle aufdeckte, mußten sämtlich als schwere sexuelle Schädigungen bezeichnet werden; gelegentlich waren es geradezu abscheuliche Dinge. Unter den Personen, welche sich eines solchen folgenschweren Abusus schuldig machten, stehen obenan Kinderfrauen, Gouvernanten und andere Dienstboten, denen man allzu sorglos die Kinder überläßt, ferner sind in bedauerlicher Häufigkeit lehrende Personen vertreten; in 7 von jenen 13 Fällen handelte es sich aber auch um schuldlose kindliche Attentäter, meist Brüder, die mit ihren um wenig jüngeren Schwestern Jahre hindurch sexuelle Beziehungen unterhalten hatten. Der Hergang war wohl jedesmal ähnlich, wie man ihn in einzelnen Fällen mit Sicherheit verfolgen konnte, daß nämlich der Knabe von einer Person weiblichen Geschlechts mißbraucht worden war, daß dadurch in ihm vorzeitig die Libido geweckt wurde, und daß er dann einige Jahre später in sexueller Aggression gegen seine Schwester genau die nämlichen Prozeduren wiederholte, denen man ihn selbst unterzogen hatte.

[1]) Ich vermute selbst, daß die so häufigen Attentatsdichtungen der Hysterischen Zwangsdichtungen sind, die von der Erinnerungsspur des Kindertraumas ausgehen.

Aktive Masturbation muß ich aus der Liste der für Hysterie pathogenen sexuellen Schädlichkeiten des frühen Kindesalters ausschließen. Wenn diese doch so häufig neben der Hysterie gefunden wird, so rührt dies von dem Umstande her, daß die Masturbation selbst weit häufiger, als man meint, die Folge des Mißbrauches oder der Verführung ist. Gar nicht selten erkranken beide Teile des kindlichen Paares später an Abwehrneurosen, der Bruder an Zwangsvorstellungen, die Schwester an Hysterie, was natürlich den Anschein einer familiären neurotischen Disposition ergibt. Diese Pseudoheredität löst sich aber mitunter auf überraschende Weise; in einer meiner Beobachtungen waren Bruder, Schwester und ein etwas älterer Vetter krank. Aus der Analyse, die ich mit dem Bruder vornahm, erfuhr ich, daß er an Vorwürfen darüber litt, daß er die Krankheit der Schwester verschuldet; ihn selbst hatte der Vetter verführt, und von diesem war in der Familie bekannt, daß er das Opfer seiner Kinderfrau geworden war.

Die obere Altersgrenze, bis zu welcher sexuelle Schädigung in die Ätiologie der Hysterie fällt, kann ich nicht sicher angeben; ich zweifle aber, ob sexuelle Passivität nach dem 8. bis 10. Jahre Verdrängung ermöglichen kann, wenn sie nicht durch vorherige Erlebnisse dazu befähigt wird. Die untere Grenze reicht so weit als das Erinnern überhaupt, also bis ins zarte Alter von $1^1/_2$ oder 2 Jahren! (2 Fälle). In einer Anzahl meiner Fälle ist das sexuelle Trauma (oder die Reihe von Traumen) im 3. und 4. Lebensjahre enthalten. Ich würde diesen sonderbaren Funden selbst nicht Glauben schenken, wenn sie sich nicht durch die Ausbildung der späteren Neurose volle Vertrauenswürdigkeit verschaffen würden. In jedem Falle ist eine Summe von krankhaften Symptomen, Gewohnheiten und Phobien nur durch das Zurückgehen auf jene Kindererlebnisse erklärlich, und das logische Gefüge der neurotischen Äußerungen macht eine Ablehnung jener aus dem Kinderleben auftauchenden, getreu bewahrten Erinnerungen unmöglich. Es wäre freilich vergebens, diese Kindertraumen einem Hysterischen außerhalb der Psychoanalyse abfragen zu wollen; ihre Spur ist niemals im bewußten Erinnern, nur in den Krankheitssymptomen aufzufinden.

Alle die Erlebnisse und Erregungen, welche in der Lebensperiode nach der Pubertät den Ausbruch der Hysterie vorbereiten oder veranlassen, wirken nachweisbar nur dadurch, daß sie die Erinnerungsspur jener Kindheitstraumen erwecken, welche dann nicht bewußt wird, sondern zur Affektentbindung und Verdrängung führt. Es steht mit dieser Rolle der späteren Traumen in gutem Einklange, daß sie nicht der strengen Bedingtheit der Kindertraumen unterliegen, sondern nach Intensität und Beschaffenheit variieren können, von wirklicher sexueller Überwältigung bis zu bloßen sexuellen Annäherungen und zur Sinneswahrnehmung sexueller Akte bei Anderen oder Aufnahme von Mitteilungen über geschlechtliche Vorgänge.[1])

In meiner ersten Mitteilung über die Abwehrneurosen blieb es unaufgeklärt, wieso das Bestreben der bis dahin Gesunden, ein solches traumatisches Erlebnis zu vergessen, den Erfolg haben könne, die beabsichtigte Verdrängung wirklich zu erzielen und damit der Abwehrneurose das Tor zu öffnen. An der Natur des Erlebnisses konnte es nicht liegen, da andere Personen trotz der gleichen Anlässe gesund blieben. Es konnte also die Hysterie nicht aus der Wirkung des Traumas voll erklärt werden; man mußte zugestehen, daß die Fähigkeit zur hysterischen Reaktion schon vor dem Trauma bestanden hatte.

An Stelle dieser unbestimmten hysterischen Disposition kann nun ganz oder teilweise die posthume Wirkung des sexuellen Kindertraumas treten. Die „Verdrängung" der Erinnerung an ein peinliches sexuelles Erlebnis reiferer Jahre

[1]) In einem Aufsatze über die Angstneurose (Neurologisches Centralblatt, 1895, Nr. 2) erwähnte ich, daß „ein erstes Zusammentreffen mit dem sexuellen Problem bei heranreifenden Mädchen eine Angstneurose hervorrufen kann, die in fast typischer Weise mit Hysterie kombiniert ist". Ich weiß heute, daß die Gelegenheit, bei welcher solche virginale Angst ausbricht, eben nicht dem ersten Zusammentreffen mit der Sexualität entspricht, sondern daß bei diesen Personen ein Erlebnis sexueller Passivität in den Kinderjahren vorhergegangen ist, dessen Erinnerung bei dem „ersten Zusammentreffen" geweckt wird.

gelingt nur solchen Personen, bei denen dies Erlebnis die Erinnerungsspur eines Kindertraumas zur Wirkung bringen kann.[1])

Zwangsvorstellungen haben gleichfalls ein sexuelles Kindererlebnis (anderer Natur als bei Hysterie) zur Voraussetzung. Die Ätiologie der beiden Abwehr-Neuropsychosen bietet nun folgende Beziehung zur Ätiologie der beiden einfachen Neurosen, Neurasthenie und Angstneurose. Die beiden letzteren Affektionen sind unmittelbare Wirkungen der sexuellen Noxen selbst, wie ich es in einem Aufsatze über die Angstneurose 1895 dargelegt habe; die beiden Abwehrneurosen sind mittelbare Folgen sexueller Schädlichkeiten, die vor Eintritt der Geschlechtsreife eingewirkt haben, nämlich Folgen der psychischen Erinnerungsspuren an diese Noxen. Die aktuellen Ursachen, welche Neurasthenie und Angstneurose erzeugen, spielen häufig gleichzeitig die Rolle von erweckenden Ursachen für die Abwehrneurosen; anderseits können die spezifischen Ursachen der Abwehrneurose, die Kindertraumen, gleichzeitig den Grund für die später sich entwickelnde

---

[1]) Eine psychologische Theorie der Verdrängung müßte auch Auskunft darüber geben, warum nur Vorstellungen sexuellen Inhaltes verdrängt werden können. Sie darf von folgenden Andeutungen ausgehen: Das Vorstellen sexuellen Inhaltes erzeugt bekanntlich ähnliche Erregungsvorgänge in den Genitalien wie das sexuelle Erleben selbst. Man darf annehmen, daß diese somatische Erregung sich in psychische umsetzt. In der Regel ist die diesbezügliche Wirkung beim Erlebnis viel stärker als bei der Erinnerung daran. Wenn aber das sexuelle Erlebnis in die Zeit sexueller Unreife fällt, die Erinnerung daran während oder nach der Reife erweckt wird, dann wirkt die Erinnerung ungleich stärker erregend als seinerzeit das Erlebnis, denn inzwischen hat die Pubertät die Reaktionsfähigkeit des Sexualapparates in unvergleichbarem Maße gesteigert. Ein solches umgekehrtes Verhältnis zwischen realem Erlebnis und Erinnerung scheint aber die psychologische Bedingung einer Verdrängung zu enthalten. Das Sexualleben bietet — durch die Verspätung der Pubertätsreife gegen die psychischen Funktionen — die einzig vorkommende Möglichkeit für jene Umkehrung der relativen Wirksamkeit. Die Kindertraumen wirken nachträglich wie frische Erlebnisse, dann aber unbewußt. Weitergehende psychologische Erörterungen müßte ich auf ein anderesmal verschieben. — Ich bemerke noch, daß die hier in Betracht kommende Zeit der „sexuellen Reifung" nicht mit der Pubertät zusammenfällt, sondern vor dieselbe (8. bis 10. Jahr).

Neurasthenie legen. Endlich ist auch der Fall nicht selten, daß eine Neurasthenie oder Angstneurose anstatt durch aktuelle sexuelle Schädlichkeiten nur durch fortwirkende Erinnerung an Kindertraumen in ihrem Bestande erhalten wird.

II. Wesen und Mechanismus der Zwangsneurose.

In der Ätiologie der Zwangsneurose haben sexuelle Erlebnisse der frühen Kinderzeit dieselbe Bedeutung wie bei Hysterie, doch handelt es sich hier nicht mehr um sexuelle Passivität, sondern um mit Lust ausgeführte Aggressionen und mit Lust empfundene Teilnahme an sexuellen Akten, also um sexuelle Aktivität. Mit dieser Differenz der ätiologischen Verhältnisse hängt es zusammen, daß bei der Zwangsneurose das männliche Geschlecht bevorzugt erscheint.

Ich habe übrigens in all meinen Fällen von Zwangsneurose einen Untergrund von hysterischen Symptomen gefunden, die sich auf eine der Lusthandlung vorhergehende Szene sexueller Passivität zurückführen ließen. Ich vermute, daß dieses Zusammentreffen ein gesetzmäßiges ist, und daß vorzeitige sexuelle Aggression stets ein Erlebnis von Verführung voraussetzt. Ich kann aber gerade von der Ätiologie der Zwangsneurose noch keine abgeschlossene Darstellung geben; es macht mir nur den Eindruck, als hinge die Entscheidung darüber, ob auf Grund der Kindertraumen Hysterie oder Zwangsneurose entstehen soll, mit den zeitlichen Verhältnissen der Entwicklung von Libido zusammen.

Das Wesen der Zwangsneurose läßt sich in einer einfachen Formel aussprechen: Zwangsvorstellungen sind jedesmal verwandelte, aus der Verdrängung wiederkehrende **Vorwürfe,** die sich immer auf eine sexuelle, mit Lust ausgeführte Aktion der Kinderzeit beziehen. Zur Erläuterung dieses Satzes ist es notwendig, den typischen Verlauf einer Zwangsneurose zu beschreiben.

In einer ersten Periode — Periode der kindlichen Immoralität — fallen die Ereignisse vor, welche den Keim der späteren Neurose enthalten. Zuerst in frühester Kindheit die Erlebnisse sexueller Verführung, welche später die Verdrängung ermöglichen, sodann die Aktionen sexueller Aggression gegen das andere Geschlecht, welche später als Vorwurfshandlungen erscheinen.

Dieser Periode wird ein Ende bereitet durch den — oft selbst verfrühten — Eintritt der sexuellen „Reifung“ Nun knüpft sich an die Erinnerung jener Lustaktionen ein Vorwurf, und der Zusammenhang mit dem initialen Erlebnisse von Passivität ermöglicht es — oft erst nach bewußter und erinnerter Anstrengung — diesen zu verdrängen und durch ein primäres Abwehrsymptom zu ersetzen. Gewissenhaftigkeit, Scham, Selbstmißtrauen sind solche Symptome, mit denen die dritte Periode, die der scheinbaren Gesundheit, eigentlich der gelungenen Abwehr beginnt.

Die nächste Periode, die der Krankheit, ist ausgezeichnet durch die Wiederkehr der verdrängten Erinnerungen, also durch das Mißglücken der Abwehr, wobei es unentschieden bleibt, ob die Erweckung derselben häufiger zufällig und spontan oder infolge aktueller sexueller Störungen gleichsam als Nebenwirkung derselben erfolgt. Die wiederbelebten Erinnerungen und die aus ihnen gebildeten Vorwürfe treten aber niemals unverändert ins Bewußtsein ein, sondern was als Zwangsvorstellung und Zwangsaffekt bewußt wird, die pathogene Erinnerung für das bewußte Leben substituiert, sind Kompromißbildungen zwischen den verdrängten und den verdrängenden Vorstellungen.

Um die Vorgänge der Verdrängung, der Wiederkehr des Verdrängten und der Bildung der pathologischen Kompromißvorstellungen anschaulich und wahrscheinlich zutreffend zu beschreiben, müßte man sich zu ganz bestimmten Annahmen über das Substrat des psychischen Geschehens und des Bewußtseins entschließen. So lange man dies vermeiden will, muß man sich mit folgenden, eher bildlich verstandenen Bemerkungen bescheiden: Es gibt zwei Formen der Zwangsneurose, je nachdem allein der Erinnerungsinhalt der Vorwurfshandlung sich den Eingang ins Bewußtsein erzwingt oder auch der an sie geknüpfte Vorwurfsaffekt. Der erstere Fall ist der der typischen Zwangsvorstellungen, bei denen der Inhalt die Aufmerksamkeit des Kranken auf sich zieht, als Affekt nur eine unbestimmte Unlust empfunden wird, während zum Inhalte der Zwangsvorstellung nur der Affekt des Vorwurfs passen würde. Der Inhalt der Zwangsvorstellung ist gegen den der Zwangshandlung im Kindesalter in zweifacher Weise entstellt: erstens, indem etwas Aktuelles an die Stelle des Vergangenen gesetzt ist, zweitens, indem das Sexuelle durch Analoges, nicht Sexuelles substituiert wird. Diese beiden Abänderungen sind die Wirkung der immer noch in Kraft stehenden Verdrängungsneigung, die wir dem „Ich" zuschreiben wollen. Der Einfluß der wiederbelebten pathogenen Erinnerung zeigt sich darin, daß der Inhalt der Zwangsvorstellung noch stückweise mit dem verdrängten identisch ist oder sich durch korrekte Gedankenfolge von ihm ableitet. Rekonstruiert man mit Hilfe der psychoanalytischen Methode die Entstehung einer einzelnen Zwangsvorstellung, so findet man, daß von einem aktuellen Eindrucke aus zwei verschiedene Gedankengänge angeregt worden sind; der eine davon, der über die verdrängte Erinnerung gegangen ist, erweist sich als ebenso korrekt logisch gebildet wie der andere, obwohl er bewußtseinsunfähig und unkorrigierbar ist. Stimmen die Resultate der beiden psychischen Operationen nicht zusammen, so kommt es nicht etwa zur logischen Ausgleichung des Widerspruches zwischen beiden, sondern neben dem normalen Denkergebnisse tritt als Kompromiß zwischen dem Widerstande und dem pathologischen Denkresultate eine absurd erscheinende Zwangsvorstellung ins Bewußtsein. Wenn die beiden Gedankengänge den gleichen Schluß ergeben, verstärken sie einander, so daß ein normal gewonnenes Denkresultat sich nun psychisch wie eine Zwangsvorstellung verhält. W o i m m e r n e u r o t i s c h e r Z w a n g i m P s y c h i s c h e n a u f t r i t t, r ü h r t e r v o n V e r d r ä n g u n g h e r. Die Zwangsvorstellungen haben sozusagen psychischen Zwangskurs nicht wegen ihrer eigenen Geltung, sondern wegen der Quelle, aus der sie stammen, oder die zu ihrer Geltung einen Beitrag geliefert hat.

Eine zweite Gestaltung der Zwangsneurose ergibt sich, wenn nicht der verdrängte Erinnerungsinhalt, sondern der gleichfalls verdrängte Vorwurf eine Vertretung im bewußten psychischen Leben erzwingt. Der Vorwufsaffekt kann sich durch einen psychischen Zusatz in einen beliebigen anderen Unlustaffekt verwandeln; ist dies geschehen, so steht dem Bewußtwerden des substituierenden Affekts nichts mehr im Wege. So verwandelt sich Vorwurf (die sexuelle Aktion im Kindesalter vollführt zu haben) mit Leichtigkeit in Scham (wenn ein Anderer davon erführe), in hypochondrische Angst (vor den körperlich schädigenden Folgen jener Vorwurfshandlung), in soziale Angst (vor der gesellschaftlichen Ahndung jenes Vergehens), in religiöse Angst, in Beachtungswahn (Furcht, daß man jene Handlung Anderen verrate), in Versuchungsangst (berechtigtes Mißtrauen in die eigene moralische Widerstandskraft) u. dgl. Dabei kann der Erinnerungsinhalt der Vorwurfshandlung im Bewußtsein mitvertreten sein oder gänzlich zurückstehen, was die diagnostische Erkennung sehr erschwert. Viele Fälle, die man bei oberflächlicher Untersuchung für gemeine (neurasthenische) Hypochondrie hält, gehören zu dieser Gruppe der Zwangsaffekte insbesondere die sogenannte „periodische Neurasthenie" oder „periodische Melancholie" scheint in ungeahnter Häufigkeit sich in Zwangsaffekte und Zwangsvorstellungen aufzulösen, eine Erkennung, die therapeutisch nicht gleichgiltig ist.

Neben diesen Kompromißsymptomen, welche die Wiederkehr des Verdrängten und somit ein Scheitern der ursprünglich erzielten Abwehr bedeuten, bildet die Zwangsneurose eine Reihe weiterer Symptome von ganz anderer Herkunft. Das Ich sucht sich nämlich jener Abkömmlinge der initial verdrängten Erinnerung zu erwehren und schafft in diesem Abwehrkampfe Symptome, die man als „sekundäre Abwehr" zusammenfassen könnte. Es sind dies durchwegs „Schutzmaßregeln", die bei der Bekämpfung der Zwangsvorstellungen und Zwangsaffekte gute Dienste geleistet haben. Gelingt es diesen Hilfen im Abwehrkampfe wirklich, die dem Ich aufgedrängten Symptome der Wiederkehr neuerdings zu verdrängen, so überträgt sich der Zwang auf die Schutzmaßregeln selbst und schafft eine dritte Gestaltung der „Zwangsneurose", die Zwangshandlungen. Niemals sind diese primär, niemals enthalten sie etwas anderes als eine Abwehr, nie eine Aggression; die psychische Analyse weist von ihnen nach, daß sie — trotz ihrer Sonderbarkeit — durch Zurückführung auf die Zwangserinnerung, die sie bekämpfen, jedesmal voll aufzuklären sind.[1])

Die sekundäre Abwehr der Zwangsvorstellungen kann erfolgen durch gewaltsame Ablenkung auf andere Gedanken, möglichst konträren Inhalts; daher im Falle des Gelingens der Grübelzwang, regelmäßig über abstrakte, übersinnliche Dinge, weil die verdrängten Vorstellungen immer sich mit der Sinnlichkeit beschäftigten. Oder der Kranke versucht, jeder einzelnen Zwangsidee durch logische Arbeit und Berufung auf seine bewußten Erinnerungen Herr zu werden; dies führt zum Denk- und Prüfungszwang und zur Zweifelsucht. Der Vorzug der Wahrnehmung vor der Erinnerung bei diesen Prüfungen veranlaßt den Kranken zuerst

[1]) Ein Beispiel anstatt vieler: Ein 11jähriger Knabe hatte sich folgendes Zermoniell vor dem Zubettgehen zwangsartig eingerichtet: Er schlief nicht eher ein, als bis er seiner Mutter alle Erlebnisse des Tages haarklein vorerzählt hatte; auf dem Teppich des Schlafzimmers durfte abends kein Papierschnitzelchen und kein anderer Unrat zu finden sein; das Bett mußte ganz an die Wand angerückt werden, drei Stühle davorstehen, die Polster in ganz bestimmter Weise liegen. Er selbst mußte, um einzuschlafen, zuerst eine gewisse Anzahl von Malen mit beiden Beinen stoßen und sich dann auf die Seite legen. — Das klärte sich folgendermaßen auf: Jahre vorher hatte es sich zugetragen, daß ein Dienstmädchen, welches den schönen Knaben zu Bette bringen sollte, die Gelegenheit benützte, um sich dann über ihn zu legen und ihn sexuell zu mißbrauchen. Als dann später einmal diese Erinnerung durch ein rezentes Erlebnis geweckt wurde, gab sie sich dem Bewußtsein durch den Zwang zu obigem Zermoniell kund, dessen Sinn leicht zu erraten war und im einzelnen durch die Psychoanalyse festgestellt wurde: Sessel vor dem Bett und dieses an die Wand gerückt — damit niemand mehr zum Bett Zugang haben könne; Polster in einer gewissen Weise geordnet — damit sie anders geordnet seien als an jenem Abend; die Bewegungen mit den Beinen — Wegstoßen der auf ihm liegenden Person; Schlafen auf der Seite — weil er bei der Szene auf dem Rücken gelegen; die ausführliche Beichte vor der Mutter — weil er diese und andere sexuelle Erlebnisse infolge von Verbot der Verführerin ihr verschwiegen hatte; endlich Reinhaltung des Bodens im Schlafzimmer — weil dies der Hauptvorwurf war, den er bis dahin von der Mutter hatte hinnehmen müssen.

und zwingt ihn später, alle Objekte, mit denen er in Berührung getreten ist, zu sammeln und aufzubewahren. Die sekundäre Abwehr gegen die Zwangsaffekte ergibt eine noch größere Reihe von Schutzmaßregeln, die der Verwandlung in Zwangshandlungen fähig sind. Man kann dieselben nach ihrer Tendenz gruppieren: Maßregeln der Buße (lästiges Zermoniell, Zahlenbeobachtung), der Vorbeugung (allerlei Phobien, Aberglauben, Pedanterie, Steigerung des Primärsymptoms der Gewissenhaftigkeit), der Furcht vor Verrat (Papiersammeln, Menschenscheu), der Betäubung (Dipsomanie). Unter diesen Zwangshandlungen und -impulsen spielen die Phobien als Existenzbeschränkungen des Kranken die größte Rolle.

Es gibt Fälle, in welchen man beobachten kann, wie sich der Zwang von der Vorstellung oder vom Affekt auf die Maßregel überträgt; andere, in denen der Zwang periodisch zwischen dem Wiederkehrsymptome und dem Symptome der sekundären Abwehr oszilliert; aber daneben noch Fälle, in denen überhaupt keine Zwangsvorstellung gebildet, sondern die verdrängte Erinnerung sogleich durch die scheinbar primäre Abwehrmaßregel vertreten wird. Hier wird mit einem Sprunge jenes Stadium erreicht, welches sonst erst nach dem Abwehrkampfe den Verlauf der Zwangsneurose abschließt. Schwere Fälle dieser Affektion enden mit der Fixirung von Zermoniellhandlungen, allgemeiner Zweifelsucht oder einer durch Phobien bedingten Sonderlingsexistenz.

Daß die Zwangsvorstellung und alles von ihr Abgeleitete keinen Glauben findet, rührt wohl daher, daß bei der ersten Verdrängung das Abwehrsymptom der Gewissenhaftigkeit gebildet worden ist, das gleichfalls Zwangsgeltung gewonnen hat. Die Sicherheit, in der ganzen Periode der gelungenen Abwehr moralisch gelebt zu haben, macht es unmöglich, dem Vorwurfe, welchen ja die Zwangsvorstellung involviert, Glauben zu schenken. Nur vorübergehend beim Auftreten einer neuen Zwangsvorstellung und hie und da bei melancholischen Erschöpfungszuständen des Ichs erzwingen die krankhaften Symptome der Wiederkehr auch den Glauben. Der „Zwang“ der hier beschriebenen psychischen Bildungen hat ganz allgemein mit der Anerkennung durch den Glauben nichts zu tun, und ist auch mit jenem Momente, das man als „Stärke“ oder „Intensität“ einer Vorstellung bezeichnet, nicht zu verwechseln. Sein wesentlicher Charakter ist vielmehr die Unauflösbarkeit durch die bewußtseinsfähige psychische Tätigkeit, und dieser Charakter erfährt keine Änderung, ob nun die Vorstellung, an der der Zwang haftet, stärker oder schwächer, intensiver oder geringer „beleuchtet“, „mit Energie besetzt“ u. dgl. wird.

Ursache dieser Unangreifbarkeit der Zwangsvorstellung oder ihrer Derivate ist aber nur ihr Zusammenhang mit der verdrängten Erinnerung aus früher Kindheit, denn wenn es gelungen ist, diesen bewußt zu machen, wofür die psychotherapeutischen Methoden bereits auszureichen scheinen, dann ist auch der Zwang gelöst.

III. Analyse eines Falles von chronischer Paranoia.

Seit längerer Zeit schon hege ich die Vermutung, daß auch die Paranoia — oder Gruppen von Fällen, die zur Paranoia gehören — eine Abwehr-Psychose ist, d. h. daß sie wie Hysterie und Zwangsvorstellungen hervorgeht aus der Verdrängung peinlicher Erinnerungen, und daß ihre Symptome durch den Inhalt des Verdrängten in ihrer Form determiniert werden. Eigentümlich müsse der Paranoia ein besonderer Weg oder Mechanismus der Verdrängung sein, etwa wie die Hysterie die Verdrängung auf dem Wege der Konversion in die Körperinnervation, die Zwangsneurose durch Substitution (Verschiebung längs gewisser assoziativer Kategorien) bewerkstelligt. Ich beobachtete mehrere Fälle, die dieser Deutung günstig waren, hatte aber keinen gefunden, der sie erwies, bis mir durch die Güte des Herrn Dr. J. Breuer vor einigen Monaten ermöglicht wurde, den Fall einer intelligenten 32jährigen Frau, dem man die Bezeichnung als chronische Paranoia nicht wird versagen können, in therapeutischer Absicht einer Psychoanalyse zu unterziehen. Ich berichte schon hier über einige bei dieser Arbeit gewonnene Aufklärungen, weil ich keine Aussicht habe, die Paranoia anders als in sehr vereinzelten Beispielen zu studieren, und weil ich es für möglich halte, daß diese Bemerkungen einen hierin günstiger gestellten Psychiater veranlassen könnten, in der jetzt so regen Diskussion über Natur und psychischen Mechanismus der Paranoia das Moment der „Abwehr" zu seinem Rechte zu bringen. Natürlich liegt es mir fern, mit der nachstehenden einzigen Beobachtung etwas anderes sagen zu wollen, als: dieser Fall ist eine Abwehr-Psychose, und es dürfte in der Gruppe „Paranoia" noch andere geben, die es gleichfalls sind.

Frau P., 32 Jahre alt, seit 3 Jahren verheiratet, Mutter eines 2jährigen Kindes, stammt von nicht nervösen Eltern; ihre beiden Geschwister kenne ich aber als gleichfalls neurotisch. Es ist zweifelhaft, ob sie nicht einmal in der Mitte der 20er Jahre vorübergehend deprimiert und in ihrem Urteile beirrt war; in den letzten Jahren war sie gesund und leistungsfähig, bis sie ½ Jahr nach der Geburt ihres Kindes die ersten Anzeichen der gegenwärtigen Erkrankung erkennen ließ. Sie wurde verschlossen und mißtrauisch, zeigte Abneigung gegen den Verkehr mit den Geschwistern ihres Mannes, und klagte, daß die Nachbarn in der kleinen Stadt sich anders als früher, unhöflich und rücksichtslos gegen sie benähmen. Allmählich steigerten sich diese Klagen an Intensität, wenn auch nicht an Bestimmtheit: man habe etwas gegen sie, obwohl sie keine Ahnung habe, was es sein könne. Aber es sei kein Zweifel, alle — Verwandte wie Freunde — versagten ihr die Achtung, täten alles, sie zu kränken. Sie zerbreche sich den Kopf, woher das komme; wisse es nicht. Einige Zeit später klagte sie, daß sie beobachtet werde, man ihre Gedanken errate, alles wisse, was bei ihr im Hause vorgehe. Eines Nachmittags kam ihr plötzlich der Gedanke, man beobachte sie abends beim Auskleiden. Von nun an wendete sie beim Auskleiden die kompliziertesten Vorsichtsmaßregeln an, schlüpfte im Dunkeln ins Bett und und entkleidete sich erst unter der Decke. Da sie jedem Verkehr auswich, sich schlecht nährte und sehr verstimmt war, wurde sie im Sommer 1895 in eine Wasserheilanstalt geschickt. Dort traten neue Symptome auf und verstärkten sich schon vorhandene. Schon im Frühjahr hatte sie plötzlich eines Tages, als sie mit ihrem Stubenmädchen allein war, eine Empfindung im Schoße bekommen und sich dabei gedacht, das Mädchen habe jetzt einen unanständigen Gedanken. Diese Empfindung wurde im Sommer häufiger, nahezu kontinuierlich, sie spürte ihre Genitalien, „wie man eine schwere Hand spürt". Dann fing sie an, Bilder zu sehen, über die sie sich entsetzte, Halluzinationen von weiblichen Nacktheiten, besonders einen entblößten weiblichen Schoß mit Behaarung; gelegentlich auch männliche Genitalien. Das Bild des behaarten Schoßes und die Organempfindung im Schoße kamen meist gemeinsam. Die Bilder wurden sehr quälend für sie, da sie dieselben regelmäßig bekam, wenn sie in Gesellschaft einer Frau war und daran die Deutung sich anschloß, sie sehe jetzt die Frau in unanständigster Blöße, aber im selben Moment habe die Frau dasselbe Bild von ihr (!). Gleichzeitig mit diesen Gesichtshalluzinationen — die nach ihrem ersten Auftreten in der Heilanstalt für mehrere Monate wieder verschwanden — fingen Stimmen an, sie zu belästigen, die sie nicht erkannte und sich nicht zu erklären wußte. Wenn sie auf der Straße war, hieß es: Das ist die Frau P. — Da geht sie. Wo geht sie hin? — Man kommentierte jede ihrer Bewegungen und Handlungen, gelegentlich hörte sie Drohungen und Vorwürfe. Alle diese Symptome wurden ärger, wenn sie in Gesellschaft oder gar auf der Straße war; sie verweigerte darum auszugehen, erklärte dann, sie habe Ekel vor dem Essen und kam rasch herunter.

Dies erfuhr ich von ihr, als sie im Winter 1895 nach Wien in meine Behandlung kam. Ich habe es ausführlich dargestellt, um den Eindruck zu erwecken, daß es sich hier wirklich um eine recht häufige Form von chronischer Paranoia handle, zu welchem Urteil die noch später anzuführenden Details der Symptome und ihres Verhaltens stimmen werden. Wahnbildungen zur Deutung der Halluzinationen verbarg sie mir damals oder sie waren wirklich noch nicht vorgefallen; ihre Intelligenz war unvermindert; als auffällig wurde mir nur berichtet, daß sie ihrem in der Nachbarschaft lebenden Bruder wiederholt Rendez-vous gegeben, um ihm etwas anzuvertrauen, ihm aber nie etwas mitgeteilt habe. Sie sprach nie über ihre Halluzinationen und zuletzt auch nicht mehr viel über die Kränkungen und Verfolgungen, unter denen sie litt.

Was ich nun von dieser Kranken zu berichten habe, betrifft die Ätiologie des Falles und den Mechanismus der Halluzinationen. Ich fand die Ätiologie, als ich ganz wie bei einer Hysterie die Breuer'sche Methode zunächst zur Erforschung und Beseitigung der Halluzinationen in Anwendung brachte. Ich ging dabei von der Voraussetzung aus, es müsse bei dieser Paranoia, wie bei den zwei anderen mir bekannten Abwehrneurosen unbewußte Gedanken und verdrängte Erinnerungen geben, die auf dieselbe Weise, wie dort, ins Bewußtsein zu bringen seien, unter Überwindung eines gewissen Widerstandes, und die Kranke bestätigte sofort diese Erwartung, indem sie sich bei der Analyse ganz wie zum Beispiel eine Hysterica benahm und unter Aufmerksamkeit auf den Druck meiner Hand (vergleiche die „Studien über Hysterie") Gedanken vorbrachte, die gehabt zu haben sie sich nicht erinnerte, die sie zunächst nicht verstand, und die ihrer Erwartung widersprachen. Es war also das Vorkommen bedeutsamer unbewußter Vorstellungen auch für einen Fall von Paranoia erwiesen, und ich durfte hoffen, auch den Zwang der Paranoia auf Verdrängung zurückzuführen. Eigentümlich war nur, daß sie die aus dem Unbewußten stammenden Angaben zumeist wie ihre Stimmen innerlich hörte oder halluzinierte.

Über die Herkunft der Gesichtshalluzinationen oder wenigstens der lebhaften Bilder erfuhr ich folgendes: Das Bild des weiblichen Schoßes kam fast immer mit der Organempfindung im Schoße zusammen, letztere war aber viel konstanter und sehr oft ohne das Bild.

Die ersten Bilder von weiblichen Schößen waren aufgetreten in der Wasserheilanstalt, wenige Stunden, nachdem sie eine Anzahl von Frauen tatsächlich im Baderaum entblößt gesehen hatte, erwiesen sich also als einfache Reproduktionen eines realen Eindrucks. Man durfte nun voraussetzen, daß diese Eindrücke nur darum wiederholt worden seien, weil sich ein großes Interesse an sie geknüpft habe. Sie gab die Auskunft, sie habe sich damals für jene Frauen geschämt; sie schäme sich selbst, nackt gesehen zu werden, seitdem sie sich erinnere. Da ich nun diese Scham für etwas Zwanghaftes ansehen mußte, schloß ich nach dem Mechanismus der Abwehr, es müsse hier ein Erlebnis verdrängt worden sein, bei dem sie sich n i c h t geschämt, und forderte sie auf, die Erinnerungen auftauchen zu lassen, welche zu dem Thema des Schämens gehörten. Sie reproduzierte mir prompt eine Reihe von Szenen vom 17. Jahre bis zum 8., in denen sie sich im Bade vor der Mutter, der Schwester, dem Arzte ihrer Nacktheit geschämt hatte; die Reihe lief aber in eine Szene mit 6 Jahren aus, wo sie sich im Kinderzimmer zum Schlafengehen entkleidete, ohne sich vor dem anwesenden Bruder zu schämen. Auf mein Befragen kam heraus, daß es solcher Szenen viele gegeben habe, und daß die Geschwister Jahre hindurch die Gewohnheit geübt hätten, sich einander vor dem Schlafengehen nackt zu zeigen. Ich verstand nun, was der plötzliche Einfall bedeutet hatte, man beobachte sie beim

Schlafengehen. Es war ein unverändertes Stück der alten Vorwurfserinnerung, und sie holte jetzt an Schämen nach, was sie als Kind versäumt hatte.

Die Vermutung, daß es sich hier um ein Kinderverhältnis handle, wie auch in der Ätiologie der Hysterie so häufig, wurde durch weitere Fortschritte der Analyse bekräftigt, bei denen sich gleichzeitig Lösungen für einzelne im Bilde der Paranoia häufig wiederkehrende Details ergaben. Der Anfang ihrer Verstimmung fiel zusammen mit einem Zwiste zwischen ihrem Manne und ihrem Bruder, infolgedessen der letztere ihr Haus nicht mehr betrat. Sie hatte diesen Bruder immer sehr geliebt und entbehrte ihn um diese Zeit sehr. Sie sprach aber außerdem von einem Moment ihrer Krankengeschichte, in dem ihr zuerst „alles klar wurde", das heißt in dem sie zur Überzeugung gelangte, daß ihre Vermutung, allgemein mißachtet und mit Absicht gekränkt zu werden, Wahrheit sei. Diese Sicherheit gewann sie durch den Besuch einer Schwägerin, welche im Verlaufe des Gespräches die Worte fallen ließ: „Wenn mir etwas derartiges passiert, nehme ich es auf die leichte Achsel!" Frau P. nahm diese Außerung zunächst arglos hin; nachdem aber ihr Besuch sie verlassen hatte, kam es ihr vor, als sei in diesen Worten ein Vorwurf für sie enthalten gewesen, als ob sie gewohnt sei, ernste Dinge leicht zu nehmen, und von dieser Stunde an war *sie* sicher, daß sie ein Opfer der allgemeinen Nachrede sei. Als ich sie examinierte, wodurch sie sich berechtigt gefühlt, jene Worte auf sich zu beziehen, antwortete sie, der *Ton*, in dem die Schwägerin gesprochen, habe sie — allerdings nachträglich — davon überzeugt, was doch ein für Paranoia charakteristisches Detail ist. Ich zwang sie nun, sich an die Reden der Schwägerin *vor* der angeschuldigten Äußerung zu erinnern, und es ergab sich, daß diese erzählt hatte, im Vaterhause habe es mit den *Brüdern* allerlei Schwierigkeiten gegeben, und daran die weise Bemerkung geknüpft: „In jeder Familie gehe allerlei vor, worüber man gerne eine Decke breite. Wenn ihr aber derartiges passiere, dann nehme sie es leicht." Frau P. mußte nun bekennen, daß an *diese* Sätze vor der letzten Äußerung ihre Verstimmung angeknüpft hatte. Da sie diese beiden Sätze, die eine Erinnerung an ihr Verhältnis zum Bruder wecken konnte, verdrängt hatte und nur den bedeutungslosen letzten Satz behalten, mußte sie die Empfindung, als mache ihr die Schwägerin einen Vorwurf, an diesen knüpfen, und da der Inhalt desselben keine Anlehnung hierfür bot, warf sie sich vom Inhalt auf den Ton, mit dem diese Worte gesprochen worden waren. Ein wahrscheinlich typischer Beleg dafür, daß die Mißdeutungen der Paranoia auf einer Verdrängung beruhen.

In überraschender Weise löste sich auch ihr sonderbares Verfahren, ihren Bruder zu Zusammenkünften zu bestellen, bei denen sie ihm dann nichts zu sagen hatte. Ihre Erklärung lautete, sie habe gemeint, er müsse ihr Leiden verstehen, wenn sie ihn bloß ansehe, da er um die Ursache desselben wisse. Da nun dieser Bruder tatsächlich die einzige Person war, die um die Ätiologie ihrer Krankheit wissen konnte, ergab sich, daß sie nach einem Motiv gehandelt hatte, das sie bewußt zwar selbst nicht verstand, das aber vollkommen gerechtfertigt erschien, sobald man ihm einen Sinn aus dem Unbewußten unterlegte.

Es gelang mir dann, sie zur Reproduktion der verschiedenen Szenen zu veranlassen, in denen der sexuelle Verkehr mit dem Bruder (mindestens vom 6. bis zum 10. Jahre) gegipfelt hatte. Während dieser Reproduktionsarbeit sprach die Organempfindung im Schoße mit, wie es bei der Analyse hysterischer Erinnerungsreste regelmäßig beobachtet wird. Das Bild eines nackten weiblichen Schoßes (jetzt aber auf kindliche Proportionen reduziert und ohne Behaarung) stellte sich dabei gleichfalls ein oder blieb weg, je nachdem die betreffende Szene bei hellem Lichte oder im Dunkeln vorgefallen war. Auch der Eß-Ekel fand in einem abstoßenden Detail dieser Vorgänge seine Erklärung. Nachdem wir die Reihe dieser Szenen durchgemacht hatten, waren die halluzinatorischen Empfindungen und Bilder verschwunden, um (wenigstens bis heute) nicht wiederzukehren.[1])

[1]) Als späterhin eine Exacerbation die ohnehin spärlichen Erfolge der Behandlung aufhob, sah sie die anstößigen Bilder fremder Genitalien nicht wieder, sondern hatte die Idee, die Fremden sähen *ihre* Genitalien, sobald sie sich *hinter* ihr befänden.

Ich hatte also gelernt, daß diese Halluzinationen nichts anderes als Stücke aus dem Inhalte der verdrängten Kindererlebnisse waren, Symptome der Wiederkehr des Verdrängten.

Nun wandte ich mich an die Analyse der Stimmen. Hier war vor allem zu erklären, daß ein so gleichgiltiger Inhalt „Hier geht die Frau P." — „Sie sucht jetzt Wohnung" u. dgl. von ihr so peinlich empfunden werden konnte; sodann, auf welchem Wege gerade diese harmlosen Sätze es dazu brachten, durch halluzinatorische Verstärkung ausgezeichnet zn werden. Von vornherein war klar, daß diese „Stimmen" nicht halluzinatorisch reproduzierte Erinnerungen sein konnten wie die Bilder und Empfindungen, sondern vielmehr „laut gewordene" Gedanken.

Das erstemal, als sie Stimmen hörte, geschah es unter folgenden Umständen. Sie hatte mit großer Spannung die schöne Erzählung von O. Ludwig, Die Heiterethei, gelesen und bemerkt, daß sie bei der Lektüre von aufsteigenden Gedanken in Anspruch genommen wurde. Unmittelbar darauf ging sie auf der Landstraße spazieren, und nun sagten ihr plötzlich die Stimmen, als sie an einem Bauernhäuschen vorüberging: „So hat das Haus der Heiterethei ausgesehen! Da ist der Brunnen, und da der Strauch! Wie glücklich war sie doch bei all ihrer Armut!" Dann wiederholten ihr die Stimmen ganze Abschnitte, die sie eben gelesen hatte; aber es blieb unverständlich, warum Haus, Strauch und Brunnen der Heiterethei und gerade die belang- und beziehungslosesten Stellen der Dichtung sich ihrer Aufmerksamkeit mit pathologischer Stärke aufdrängen mußten. Indes war die Lösung des Rätsels nicht schwer. Die Analyse ergab, daß sie während der Lektüre auch andere Gedanken gehabt hatte und durch ganz andere Stellen des Buches angeregt worden war. Gegen dieses Material — Analogien zwischen dem Paare der Dichtung und ihr und ihrem Manne, Erinnerungen an Intimitäten ihres Ehelebens und an Familiengeheimnisse — gegen dies alles hatte sich ein verdrängender Widerstand erhoben, weil es auf leicht nachweisbaren Gedankenwegen mit ihrer sexuellen Scheu zusammenhing und so in letzter Linie auf die Erweckung der alten Kindererlebnisse hinauskam. Infolge dieser von der Verdrängung geübten Zensur gewannen die harmlosen und idyllischen Stellen, die mit den beanstandeten durch Kontrast und auch durch Vizinität verknüpft waren, die Verstärkung für das Bewußtsein, die ihnen das Lautwerden ermöglichte. Der erste der verdrängten Einfälle bezog sich zum Beispiel auf die Nachrede, der die vereinsamt lebende Heldin von seiten der Nachbarn ausgesetzt war. Die Analogie mit ihrer eigenen Person wurde von ihr leicht gefunden. Auch sie lebte in einem kleinen Orte, verkehrte mit Niemand und glaubte sich von den Nachbarn mißachtet. Dies Mißtrauen gegen ihre Nachbarn hatte seinen wirklichen Grund darin, daß sie anfangs genötigt war, sich mit einer kleinen Wohnung zu begnügen, in welcher die Schlafzimmerwand, an der die Ehebetten des jungen Paares standen, an ein Zimmer der Nachbarn stieß. Mit dem Beginn ihrer Ehe erwachte in ihr — offenbar durch unbewußte Erweckung ihres Kinderverhältnisses, in dem sie Mann und Frau gespielt hatten — eine große sexuelle Scheu; sie besorgte beständig, daß die Nachbarn Worte und Geräusche durch die trennende Wand vernehmen könnten, und diese Scham verwandelte sich bei ihr in Argwohn gegen die Nachbarn.

Die Stimmen verdankten also ihre Entstehung der Verdrängung von Gedanken, die in letzter Auflösung eigentlich Vorwürfe anläßlich eines dem Kindertrauma analogen Erlebnisses bedeuteten; sie waren demnach Symptome der Wiederkehr des Verdrängten, aber gleichzeitig Folgen eines Kompromisses zwischen Widerstand des Ich und Macht des Wiederkehrenden, der in diesem Falle eine Entstellung bis zur Unkenntlichkeit herbeigeführt hatte. In anderen Fällen, in denen ich Stimmen bei Frau P. zu analysieren Gelegenheit hatte, war die Entstellung minder groß; doch hatten die gehörten Worte immer einen Charakter von diplomatischer Unbestimmtheit; die kränkende Anspielung war meist tief versteckt, der Zusammenhang der einzelnen Sätze durch fremdartigen Ausdruck, ungewöhnliche Sprachformen u. dgl. verkleidet: Charaktere, die den Gehörshalluzinationen der Paranoiker allgemein eigen sind, und in denen ich die Spur der Kompromißentstellung erblicke. Die Rede: „Da geht die

Frau P., sie sucht Wohnung in der Straße", bedeutete zum Beispiel die Drohung, daß sie nie genesen werde, denn ich hatte ihr zugesagt, daß sie nach der Behandlung imstande sein werde, in die kleine Stadt, wo ihr Mann beschäftigt war, zurückzukehren; sie hatte für einige Monate in Wien provisorisch Wohnung gemietet.

In einzelnen Fällen vernahm Frau P. auch deutlichere Drohungen, zum Beispiel in betreff der Verwandten ihres Mannes, deren zurückhaltender Ausdruck aber immer noch mit der Qual kontrastierte, welche ihr solche Stimmen bereiteten. Nach dem, was man sonst von Paranoikern weiß, bin ich geneigt, ein allmähliches Erlahmen jenes die Vorwürfe abschwächenden Widerstandes anzunehmen, so daß endlich die Abwehr voll mißlingt, und der ursprüngliche Vorwurf, das Schimpfwort, welches man sich ersparen wollte, in unveränderter Form zurückkehrt. Indes weiß ich nicht, ob dies ein konstanter Ablauf ist, ob die Zensur der Vorwurfsreden nicht von Anfang an ausbleiben oder bis zum Ende ausharren kann.

Es erübrigt mir nur noch, die an diesem Falle von Panaroia gewonnenen Aufklärungen für eine Vergleichung der Paranoia mit der Zwangsneurose zu verwerten. Die Verdrängung als Kern des psychischen Mechanismus ist hier wie dort nachgewiesen, das Verdrängte ist in beiden Fällen ein sexuelles Kindererlebnis. Jeder Zwang rührt auch bei dieser Paranoia von Verdrängung her; die Symptome der Paranoia lassen eine ähnliche Klassifizierung zu, wie sie sich für die Zwangsneurose als berechtigt erwiesen hat. Ein Teil der Symptome entspringt wieder der primären Abwehr, nämlich alle Wahnideen des Mißtrauens, Argwohns, der Verfolgung durch Andere. Bei der Zwangsneurose ist der initiale Vorwurf verdrängt worden durch die Bildung des primären Abwehrsymptoms: Selbstmißtrauen. Dabei ist der Vorwurf als berechtigt anerkannt worden, und zur Ausgleichung schützt nun die Geltung, welche sich die Gewissenhaftigkeit im gesunden Intervall erworben hat, davor, dem als Zwangsvorstellung wiederkehrenden Vorwurf Glauben zu schenken. Bei Paranoia wird der Vorwurf auf einem Wege, den man als Projektion bezeichnen kann, verdrängt, indem das Abwehrsymptom des Mißtrauens gegen Andere errichtet wird; dabei wird dem Vorwurfe die Anerkennung entzogen, und wie zur Vergeltung fehlt es dann an einem Schutze gegen die in den Wahnideen wiederkehrenden Vorwürfe.

Andere Symptome meines Falles von Paranoia sind als Symptome der Wiederkehr des Verdrängten zu bezeichnen und tragen auch, wie die der Zwangsneurose, die Spuren des Kompromisses an sich, der ihnen allein den Eintritt ins Bewußtsein gestattet. So die Wahnidee, beim Auskleiden beobachtet zu werden, die visuellen, die Empfindungshalluzinationen und das Stimmenhören. Nahezu unveränderter, nur durch Auslassung unbestimmt gewordener Erinnerungsinhalt findet sich in der erwähnten Wahnidee vor. Die Wiederkehr des Verdrängten in visuellen Bildern nähert sich eher dem Charakter der Hysterie als dem der Zwangsneurose, doch pflegt die Hysterie ihre Erinnerungssymbole ohne Modifikation zu wiederholen, während die paranoische Erinnerungshalluzination eine Entstellung erfährt, wie sie der Zwangsneurose zukommt; ein analoges modernes Bild setzt sich an die Stelle des verdrängten (Schoß einer erwachsenen Frau anstatt eines Kindes; daran sogar die Behaarung besonders deutlich, weil diese dem ursprünglichen Eindruck fehlte). Ganz der Paranoia eigentümlich und in dieser Vergleichung weiter nicht zu beleuchten ist der Umstand, daß die verdrängten Vorwürfe als lautgewordene Gedanken wiederkehren, wobei sie sich eine zweifache Entstellung gefallen lassen müssen, eine Zensur, die zur Ersetzung durch andere assoziierte Gedanken oder zur Verhüllung durch unbestimmte Ausdrucksweise führt, und die Beziehung auf moderne, den alten bloß analoge Erlebnisse.

Die dritte Gruppe der bei Zwangsneurose gefundenen Symptome, die Symptome der sekundären Abwehr, kann bei der Paranoia nicht als solche vorkanden sein, da sich gegen die wiederkehrenden Symptome, die ja Glauben finden, keine Abwehr geltend macht. Zum Ersatze hierfür findet sich bei Paranoia eine andere Quelle für Symptombildung; die durch das Kompromiß ins Bewußtsein gelangten Wahnideen (Symptome der Wiederkehr) stellen Anforderungen an die Denkarbeit des Ich, bis daß sie widerspruchsfrei angenommen werden können. Da sie selbst unbeeinflußbar wird, muß das Ich sich ihnen anpassen, und somit entspricht den Symptomen der sekundären Abwehr bei der Zwangsneurose hier die kombinatorische Wahnbildung, der *Deutungswahn*, der in die *Ichveränderung* ausläuft. Mein Fall war in dieser Hinsicht unvollständig; er zeigte damals noch nichts von Deutungsversuchen, die sich erst später einstellten. Ich zweifle aber nicht daran, daß man noch ein wichtiges Resultat wird feststellen können, wenn man die Psychoanalyse auch auf dieses Stadium der Paranoia anwendet. Es dürfte sich ergeben, daß auch die sogenannte *Erinnerungsschwäche* der Paranoiker eine *tendenziöse*, das heißt auf Verdrängung beruhende und ihren Absichten dienende ist. Es werden nachträglich jene gar nicht pathogenen Erinnerungen verdrängt und ersetzt, die mit der Ichveränderung in Widerspruch stehen, welche die Symptome der Wiederkehr gebieterisch erfordern.

IX.

L'hérédité et l'étiologie des Névroses [1].

Je m'adresse spécialement aux disciples de J.-M. Charcot pour faire valoir quelques objections contre la théorie étiologique des névroses qui nous a été transmise par notre maître.

On sait quel est le rôle attribué à l'hérédité nerveuse dans cette théorie. Elle est pours les affections névrosiques la seule cause vraie et indispensable, les autres influences étiologiques ne devant aspirer qu'au nom d'agents provocateurs.

Ainsi le maître lui-même et ses élèves, MM. Guinon, Gilles de la Tourette, Janet et d'autres l'ont énoncé pour la grande névrose, l'hystérie et, je crois, la même opinion est soutenue en France et un peu partout pour les autres névroses, bien qu'elle n'ait pas été émise d'une manière aussi solennelle et décidée pour ces états analogues à l'hystérie.

C'est depuis longtemps que j'entretiens quelques soupçons dans cette matière, mais il m'a fallu attendre pour trouver des faits d'appui dans l'expérience journalière du médecin. Maintenant mes objections sont d'un double ordre, arguments de faits et arguments tirés de la spéculation. Je commencerai par les premiers, en les arrangeant selon l'importance que je leur concède.

I. — *a*) On a parfois jugé comme nerveuses et démonstratives d'une tendance névropathique héréditaire, des affections qui assez souvent sont étrangères au domaine de la neuropathologie et ne dépendent pas nécessairement d'une maladie du système nerveux. Ainsi les névralgies vraies de la face et nombre des céphalées, qu'on croyait nerveuses, mais qui dérivent plutôt des altérations pathologiques post-infectieuses et des

---

[1]) Revue neurologique, IV., 1896.

suppurations dans le système cavitaire pharyngo-nasal. Je me tiens persuadé, que les malades en profiteraient si nous abandonnions plus souvent le traitement de ces affections aux chirurgiens rhinologistes.

b) On a accepté comme donnant lieu à la charge de tare nerveuse héréditaire pour le malade en question toutes les affections nerveuses trouvées dans sa famille sans en compter la fréquence et la gravité. N'est-ce pas que cette manière de voir semble contenir une séparation nette entre les familles indemnes de toute prédisposition nerveuse et les familles qui y soient sujettes sans borne ni restriction? Et les faits ne plaident-ils pas plutôt en faveur de l'opinion opposée, savoir qu'il y ait des transitions et des degrés de disposition nerveuse et qu'aucune famille n'y échappe tout à fait?

c) Assurément notre opinion sur le rôle étiologique de l'hérédité dans les maladies nerveuses doit être le résultat d'un examen impartial statistique et non pas d'une *petitio principii*. Tant que cet examen n'aura pas été fait on devrait croire l'existence des névropathies acquises aussi possible que celle des névropathies héréditaires. Mais s'il peut y avoir des névropathies acquises par des hommes non prédisposés, on ne pourra plus nier que les affections nerveuses rencontrées chez les parents de notre malade, ne soient en partie de cette origine. Alors on ne saura plus les invoquer comme preuves concluantes de la disposition héréditaire, qu'on impose au malade à raison de son histoire familiale, puisque le diagnostic rétrospectif des maladies des ascendants ou des membres absents de la famille ne réussit que très rarement.

d) Ceux qui se sont attachés à M. Fournier et à M. Erb concernant le rôle étiologique de la syphilis dans le tabes dorsal et la paralysie progressive, ont appris qu'il faut reconnaître des influences étiologiques puissantes dont la collaboration est indispensable pour la pathogénie de certaines maladies, que l'hérédité à elle seule ne saurait produire. Cependant M. Charcot est demeuré jusqu'à son dernier temps, comme j'ai su par une lettre privée du maître, en stricte opposition contre la théorie de Fournier qui pourtant gagne du terrain de jour en jour.

e) Il n'est pas douteux que certaines névropathies peuvent se développer chez l'homme parfaitement sain et de famille irréprochable. C'est ce qu'on observe tous les jours pour la névrasthénie de Beard; si la névrasthénie se bornait aux gens prédisposés elle n'aurait jamais gagné l'importance et l'étendue que nous lui connaissons.

f) Il y a dans la pathologie nerveuse, h'*hérédité similaire* et l'hérédité dite *dissimilaire*. Pour la première on ne trouvera rien à redire; c'est même très remarquable, que dans les affections qui dépendent de l'hérédité similaire (maladie de Thomsen, de Friedreich; myopathies, chorée de Huntington etc.) on ne rencontre jamais la trace d'une autre influence étiologique accessoire. Mais l'hérédité dissimilaire, beaucoup plus importante que l'autre, laisse des lacunes qu'il faudrait combler pour arriver à une solution satisfaisante des problèmes étiologiques. Elle consiste dans le fait que les membres de la même famille se montrent visités par les névropathies les plus diverses, fonctionnelles et organiques, sans qu'on puisse dévoiler une loi qui dirige la substitution d'une maladie pour une autre ou l'ordre de leur succession à travers les générations. A côté des individus malades il y a dans ces familles des personnes qui restent saines, et la théorie de l'hérédité dissimilaire ne nous dit pas pourquoi cette personne supporte la même charge héréditaire sans y succomber, ni pourquoi une autre personne malade aura choisi, parmi les affections qui constituent la grande famille névropathique, une telle affection nerveuse au lieu d'en avoir choisi une autre, l'hystérie au lieu de l'épilepsie, de la vésanie, etc. Comme il n'y a pas une fortuité, en pathogénie nerveuse pas plus qu'ailleurs, il faut bien concéder que ce n'est pas l'hérédité qui préside au choix de la névropathie qui se développera chez le membre d'une famille prédisposé, mais qu'il y a lieu de soupçonner l'existence d'autres influences étiologiques, d'une nature moins imcompréhensible, qui mériteraient alors le nom d'une *étiologie spécifique* de telle ou telle affection nerveuse. Sauf l'existence de ce facteur étiologique spécial l'hérédité n'aurait pu rien faire; elle se serait prêtée à la production d'une autre névropathie si l'étiologie spécifique en question avait été substituée par une influence quelqu'autre.

II. — On a trop peu recherché ces causes spécifiques et déterminantes des névropathies, l'attention des médecins demeurant éblouie par la grandiose perspective de la condition étiologique héréditaire.

Néanmoins elles méritent bien qu'on les rende l'objet d'une étude assidue; bien que leur puissance pathogénique ne soit en général qu'accessoire à celle de l'hérédité, un grand intérêt pratique se rattache à la connaissance de cette étiologie spécifique qui prêtera un accès à notre travail thérapeutique, tandis que la disposition héréditaire, fixée d'avance pour le malade dès sa naissance, arrête nos efforts en pouvoir inabordable.

Je me suis engagé depuis des années dans la recherche de l'étiologie des *grandes névroses* (états nerveux fonctionnels analogues à l'hystérie) et c'est le résultat de ces études que je raconterai dans les lignes qui vont suivre. Pour éviter tout malentendu possible j'exposerai d'abord deux remarques sur la nosographie des névroses et sur l'étiologie des névroses en général.

Il m'a fallu commencer mon travail par une innovation nosographique. A côté de l'hystérie j'ai trouvé raison de placer la névrose des obsessions (Zwangsneurose) comme affection autonome et indépendante, bien que la plupart des auteurs fassent ranger les obsessions parmi les syndromes constituant la dégénérescence mentale ou les confondent avec la neurasthénie. Moi, j'avais appris par l'examen de leur mécanisme psychique, que les obsessions sont liées à l'hystérie plus étroitement qu'on ne croirait.

Hystérie et névrose d'obsessions forment le premier groupe des grandes névroses, que j'ai étudiées. Le second contient la névrasthénie de Beard que j'ai décomposée en deux états fonctionnels séparés par l'étiologie comme par l'aspect symptomatique, la *névrasthénie* propre et la *névrose d'angoisse* (Angstneurose), dénomination qui, soit dit en passant, ne me convient pas à moi-même. J'ai donné les raisons de cette séparation, que je crois nécessaire, en détail dans un mémoire publié en 1895. (*Neurologisches Centralblatt*, n⁰ 10-11).

Quant à l'étiologie des névroses, je pense qu'on doit reconnaître en théorie que les influences étiologiques différentes entre elles par leur dignité et manière de relation avec l'effet qu'elles produisent, se laissent ranger en trois classes: 1) *Conditions*, qui sont indispensables pour la production de l'affection en question, mais qui sont de nature universelle et se recontrent aussi bien dans l'étiologie de beaucoup d'autres affections; 2) *Causes concurrentes*, qui partagent le caractère des conditions qu'elles fonctionnent dans la causation d'autres affections aussi bien que dans celle de l'affection en question, mais qui ne sont pas indispensables, pour que cette dernière se produise; 3) *Causes spécifiques*, autant indispensables que les conditions, mais de nature étroite et qui n'apparaissent que dans l'étiologie de l'affection, de laquelle elles sont spécifiques.

Eh bien, dans la pathogénèse des grandes névroses l'hérédité remplit le rôle d'une *condition*, puissante dans tous les cas et même indispensable dans la plupart des cas. Elle ne saurait se passer de la collaboration des causes spécifiques, mais l'importance de la disposition héréditaire se trouve démontrée par le fait que les mêmes causes spécifiques agissant sur un individu sain ne produiraient aucun effet pathologique manifeste pendant que chez une personne prédisposée leur action fera éclore la névrose, de laquelle le développement en intensité et étendue sera conforme au degré de cette condition héréditaire.

L'action de l'hérédité est donc comparable à celle du fil multiplicateur dans le circuit électrique, qui exagère la déviation visible de l'aiguille, mais qui ne pourra pas en déterminer la direction.

Dans les relations qui existent entre la condition héréditaire et les causes spécifiques des névroses il y a encore autre chose à noter. L'expérience montre, ce qu'on aurait pu supposer d'avance, qu'on ne devrait pas négliger dans ces questions d'étiologie les quantités relatives pour ainsi dire des influences étiologiques. Mais on n'aurait pas deviné le fait suivant, qui semble découler de mes observations, que l'hérédité et les causes spécifiques peuvent se remplacer par le côté quantitatif, que le même effet pathologique sera produit par la concurrence d'une étiologie spécifique très sérieuse avec une disposition médiocre ou d'une hérédité nerveuse chargée avec une influence spécifique légère. Alors ce n'est qu'un extrême bien plausible de cette série, qu'on rencontre aussi des cas de névroses, où on cherchera en vain un degré appréciable de disposition héréditaire, pourvu que ce manque soit compensé par une puissante influence spécifique.

Comme *causes concurrentes* ou accessoires des névroses, on peut énumérer tous les agents banals rencontrés ailleurs: émotions morales, épuisement somatique, maladies aiguës, intoxications, accidents traumatiques, surmenage intellectuel, etc. Je tiens à la proposition qu'aucun d'eux, ni même le dernier, n'entre régulièrement ou nécessairement dans l'étiologie des névroses, et je sais bien qu'énoncer cette opinion c'est se mettre en opposition directe contre une théorie considérée comme universelle et irréprochable. Depuis que Beard avait déclaré la névrasthénie être le fruit de notre civilisation moderne, il n'a trouvé que des croyants; mais il m'est impossible à moi d'accepter cette opinion. Une étude laborieuse des névroses m'a appris que l'étiologie spécifique des névroses s'est soustraite à la connaissance de Beard.

Je ne veux pas déprécier l'importance étiologique de ces agents banals. Ils sont très variés, d'une occurrence fréquente, et accusés le plus souvent par les malades mêmes, ils se rendent plus évidents que les causes spécifiques des névroses, étiologie ou cachée ou ignorée. Ils remplissent assez souvent la fonction des agents provocateurs qui rendent manifeste la névrose jusque-là latente, et un intérêt pratique se rattache à eux, parce que la considération de ces causes banales peut prêter des points d'appui à une thérapie qui ne vise pas la guérison radicale, et qui se contente de refouler l'affection à son état antérieur de latence.

Mais on n'arrive pas à constater une relation constante et étroite entre une de ces causes banales et telle ou autre affection nerveuse; l'émotion morale, par exemple, se trouve aussi bien dans l'étiologie de l'hystérie, des obsessions, de la névrasthénie, comme dans celle de l'épilepsie, de la maladie de Parkinson, du diabète, et nombre d'autres.

Les causes concurrentes banales pourront aussi remplacer l'étiologie spécifique en rapport de quantité, mais jamais la substituer complètement. Il y a nombre de cas où toutes les influences étiologiques sont représentées par la condition héréditaire et la cause spécifique, les causes banales faisant défaut. Dans les autres cas, les facteurs étiologiques indispensables ne suffisent pas par leur quantité à eux pour faire éclater la névrose, un état de santé apparente peut être maintenu pour longtemps, qui est en vérité un état de prédisposition névrosique; il suffit alors qu'une cause banale surajoute son action, la névrose devient manifeste. Mais il faut bien remarquer, dans de telles conditions, que la nature de l'agent banal survenant est tout à fait indifférente, émotion, traumatisme, maladie infectieuse ou autre; l'effet pathologique ne sera pas modifié selon cette variation, la nature de la névrose sera toujours dominée par la cause specifique préexistante.

Quelles sont donc ces causes spécifiques des névroses? Est-ce une seule ou y en a-t-il plusieurs? Et peut-on constater une relation étiologique constante entre telle cause et tel effet névrosique, de manière que chacune des grandes névroses puisse être ramenée à une étiologie particulière?

Je veux maintenir, appuyé sur un examen laborieux des faits, que cette dernière supposition correspond bien à la réalité, que chacune des grandes névroses énumérées a pour cause immédiate un trouble particulier de l'économie nerveuse, et que ces modifications pathologiques fonctionnelles *reconnaissent comme source commune la vie sexuelle de l'individu, soit désordre de la vie sexuelle actuelle, soit événements importants de la vie passée.*

Ce n'est pas, à vrai dire, une proposition nouvelle, inouïe. On a toujours admis les désordres sexuels parmi les causes de la nervosité, mais on les a subordonnés à l'hérédité, coordonnés aux autres agents provocateurs; on a restreint leur influence étiologique à un nombre limité des cas observés. Les médecins avaient même pris l'habitude de ne pas les rechercher si le malade ne les accusait lui-même. Les caractères distinctifs de ma manière de voir sont que j'élève ces influences sexuelles au rang de causes spécifiques, que je reconnais leur action dans tous les cas de névrose, enfin que je trouve un parallélisme régulier, preuve de relation étiologique particulière entre la nature de l'influence sexuelle et l'espèce morbide de la névrose.

Je suis bien sûr que cette théorie évoquera un orage de contradictions de la part des médecins contemporains. Mais ce n'est pas ici le lieu de donner les documents et les expériences, qui m'ont imposé ma conviction, ni d'expliquer le vrai sens de l'expression un peu vague „désordres de l'économie nerveuse". Ce sera fait, j'espère le plus amplement, dans un ouvrage que je prépare sur la matière. Dans le mémoire présent je me borne à énoncer mes résultats.

La névrasthénie propre, d'un aspect clinique très monotone, si l'on a mis à part la névrose d'angoisse (fatigue, sensation de casque, dyspepsie flatulente, obstipation, paresthésies spinales, faiblesse sexuelle etc.) ne reconnaît comme étiologie spécifique que l'onanisme (immodéré) ou les pollutions spontanées. C'est l'action prolongée et intensive de cette satisfaction sexuelle pernicieuse qui suffit à elle-même pour provoquer la névrose névrasthénique ou qui impose à ce sujet le cachet névrasthénique spécial manifesté plus tard sous l'influence d'une cause occasionelle accessoire. J'ai rencontré aussi des personnes qui présentaient les signes de la constitution névrasthénique chez lesquels je n'ai pas réussi à mettre en évidence l'étiologie nommée, mais j'ai constaté au moins que chez ces malades la fonction sexuelle n'était jamais développée au niveau normal; ils semblaient doués par héritage d'une constitution sexuelle, analogue à celle qui chez le névrasthénique est produite en conséquence de l'onanisme.

La névrose d'angoisse, de laquelle le tableau clinique est beaucoup plus riche (irritabilité, état d'attente anxieuse, phobies, attaques d'angoisse complètes ou rudimentaires, de peur, de vertige, tremblements, sueurs, congestion, dyspnée, tachycardie etc.; diarrhée chronique, vertige chronique de locomotion, hyperesthésie, insomnies etc.)[1]) est facilement

[1]) Voir pour la symptomatologie comme l'étiologie de la névrose d'angoisse, mon mémoire cité plus haut. *Neurologisches Centralblatt,* 1895, nº 10-11.

dévoilée comme l'effet spécifique de divers désordres de la vie sexuelle, qui ne manquent pas d'un caractère commun à eux tous. L'abstinence forcée, l'irritation génitale fruste (qui n'est pas assouvie par l'acte sexuel), le coït imparfait ou interrompu (qui n'aboutit pas à la jouissance), les efforts sexuels, qui surpassent la capacité psychique du sujet etc., tous ces agents, qui sont d'une occurrence trop fréquente dans la vie moderne, semblent convenir en ce qu'ils troublent l'équilibre des fonctions psychiques et somatiques dans les actes sexuels, et qu'ils empêchent la participation psychique nécessaire pour délivrer l'économie nerveuse de la tension génésique.

Ces remarques, qui contiennent peut-être le germe d'une explication théorique du mécanisme fonctionnel de la névrose en question, laissent déjà soupçonner, qu'une exposition complète et vraiment scientifique de la matière ne soit pas possible actuellement et qu'il faudrait avant tout aborder le problème physiologique de la vie sexuelle sous un point de vue nouveau.

Je finis par dire, que la pathogénèse de la névrasthénie et de la névrose d'angoisse peut se passer bien de la concurrence d'une disposition héréditaire. C'est le résultat de l'observation de tous les jours; mais si l'hérédité est présente, le développement de la névrose en subira 'influence formidable.

Pour la deuxième classe des grandes névroses, hystérie et névrose d'obsessions, la solution de la question étiologique est d'une simplicité et uniformité surprenante. Je dois mes résultats à l'emploi d'une nouvelle méthode de psycho-analyse, au procédé explorateur de J. Breuer, un peu subtil, mais qu'on ne saurait remplacer, tant il s'est montré fertile pour éclaircir les voies obscures de l'idéation inconsciente. Au moyen de ce procédé — qu'il ne faut pas décrire à cet endroit[1]) — ou poursuit les symptômes hystériques jusqu'à leur origine qu'on trouve toutes les fois dans un événement de la vie sexuelle du sujet bien approprié pour produire une émotion pénible. Allant en arrière dans le passé du malade, de pas

[1]) Voir: J. Breuer und Sigm. Freud. *Studien über Hysterie.* Wien, 1895.

en pas, et toujours dirigé par l'enchaînement organique des symptômes, des souvenirs et des pensées éveillés, je suis arrivé enfin au point de départ du processus pathologique et il m'a fallu voir, qu'il y avait au fond la même chose dans tous les cas soumis à l'analyse, l'action d'un agent, qu'il faut accepter comme cause spécifique de l'hystérie.

C'est bien un souvenir qui se rapporte à la vie sexuelle, mais qui offre deux caractères de la dernière importance. L'événement duquel le sujet a gardé le souvenir inconscient est une *expérience précoce de rapports sexuels avec irritation véritable des parties génitales, suite d'abus sexuel pratiqué par une autre personne* et la *période de la vie* qui renferme cet événement funeste est la *première jeunesse*, les années jusqu'à l'âge de 8-10 ans, avant que l'enfant soit arrivé à la maturité sexuelle.

Expérience de passivité sexuelle avant la puberté: telle est donc l'étiologie spécifique de l'hystérie.

Je joindrai sans retard quelques détails de faits et quelques remarques commentaires au résultat énoncé, pour combattre la méfiance que j'attends. J'ai pu pratiquer la psychoanalyse complète en 13 cas d'hystérie, 3 de ce nombre combinaisons vraies d'hystérie avec névrose d'obsessions (je ne dis pas: hystérie *avec* obsessions). Dans aucun de ces cas ne manquait l'événement caractérisé là-haut; il était représenté ou par un attentat brutal commis par une personne adulte ou par une séduction moins rapide, et moins repoussante, mais aboutissant à la même fin. Sept fois sur treize il s'agissait d'une liaison infantile des deux côtés, de rapports sexuels entre une petite fille et un garçon un peu plus âgé, le plus souvent son frère, et lui-même victime d'une séduction antérieure. Ces liaisons s'étaient continuées quelquefois pendant des années jusqu'à la puberté des petits coupables, le garçon répétant toujours et sans innovation sur la petite fille les mêmes pratiques, qu'il avait subi lui-même de la part d'une servante ou gouvernante, et qui pour cause de cette origine étaient souvent de nature dégoûtante. Dans quelques cas il y avait concurrence d'attentat et de liaison infantile, ou abus brutal réitéré.

La date de l'expérience précoce était variable: en 2 cas la série commençait dans la deuxième année (?) du petit être; l'âge de préférence est dans mes observations la quatrième ou cinquième année. C'est peut-être un peu par accident, mais j'ai reçu de là l'impression qu'un événement de passivité sexuelle qui n'arrive qu'après l'âge de 8 à 10 ans, ne pourra plus jeter les fondements de la névrose.

Comment peut-on rester convaincu de la réalité de ces confessions d'analyse qui prétendent être des souvenirs conservés depuis la première enfance, et comment se munir contre l'inclination de mentir et la facilité d'invention attribuées aux hystériques? Je m'accuserais de crédulité blâmable moi-même, si je ne disposais de preuves plus concluantes. Mais c'est que les malades ne racontent jamais ces histoires spontenément, ni ne vont jamais dans le cours d'un traitement offrir au médecin tout d'un coup le souvenir complet d'une telle scène. On ne réussit à réveiller la trace psychique de l'événement sexuel précoce que sous la pression la plus énergique du procédé analyseur et contre une résistance énorme, aussi faut-il leur arracher le souvenir morceau par morceau, et pendant qu'il s'éveille dans leur conscience, ils deviennent la proie d'une émotion difficile à contrefaire.

On finira même par se convaincre si l'on n'est pas influencé par la conduite des malades, pourvu qu'on puisse suivre en détail le cours d'une psycho-analyse d'hystérie par référé.

L'événement précoce en question a laissé une empreinte impérissable dans l'histoire du cas, il y est représenté par une foule de symptômes et de traits particuliers, qu'on ne saurait expliquer autrement; il est exigé d'une manière péremptoire par l'enchaînement subtil mais solide de la structure intrinsèque de la névrose; l'effet thérapeutique de l'analyse reste en retard, si l'on n'a pas pénétré aussi loin; alors on n'a pas d'autre choix que de réfuter ou de croire le tout ensemble.

Peut-on comprendre, qu'une telle expérience sexuelle précoce, subie par un individu, duquel le sexe est à peine différencié, devienne la source d'une abnormité psychique persistante comme l'hystérie? Et comment s'accorderait une telle supposition avec nos idées actuelles sur le mécanisme psychique de cette névrose? On peut donner une réponse satisfaisante à la première question: C'est justement parce que le sujet est infantile, que l'irritation sexuelle précoce produit nul ou peu d'effet à sa date, mais la trace psychique en est conservée. Plus tard, quand à la puberté se sera développée la réactivité des organes sexuels à un niveau presque incommensurable avec l'état infantile, il arrive d'une manière ou d'une autre, que cette trace psychique inconsciente se réveille. Grâce au changement dû à la puberté le souvenir déploiera une puissance qui a fait totalement défaut à l'événement lui-même; *le souvenir agira comme s'il était un événement actuel.* Il y a pour ainsi dire *action posthume d'un traumatisme sexuel.*

Autant que je vois, ce réveil du souvenir sexuel après la puberté, l'événement même étant arrivé à un temps reculé avant cette période, constitue la seule éventualité psychologique, pour que l'action immédiate d'un souvenir surpasse celle de l'événement actuel. Mais c'est là une constellation anormale, qui atteint un côté faible du mécanisme psychique et produit nécessairement un effet psychique pathologique.

Je crois comprendre que *cette relation inverse entre l'effet psychique du souvenir et de l'événement* contient la raison pour laquelle *le souvenir reste inconscient.*

On arrive ainsi à un problème psychique très complexe, mais qui dûment apprécié promet de jeter un jour, une lumière vive sur les questions les plus délicates de la vie psychique.

Les idées ici exposées, ayant pour point de départ le résultat de la psycho-analyse, qu'on trouve toujours comme cause spécifique de l'hystérie un souvenir d'expérience sexuelle précoce, ne s'accordent pas avec la théorie psychologique de la névrose de M. Janet, ni avec une autre, mais elles harmonisent parfaitement avec mes propres spéculations développées ailleurs sur les „Abwehrneurosen".

Tous les événements postérieurs à la puberté, auxquels il faut attribuer une influence sur le développement de la névrose hystérique et sur la formation de ses symptômes ne sont vraiment que des causes concurrentes, „agents provocateurs" comme disait Charcot, pour qui l'hérédité nerveuse occupait la place que je réclame pour l'expérience sexuelle précoce. Ces agents accessoires ne sont pas sujets aux conditions strictes, qui pèsent sur les causes spécifiques; l'analyse démontre d'une manière irréfutable qu'ils ne jouissent d'une influence pathogène pour l'hystérie que par leur faculté d'éveiller la trace psychique inconsciente de l'événement infantile. C'est aussi grâce à leur connexion avec l'empreinte pathogène primaire et aspirés par elle, que leurs souvenirs deviendront inconscients à leur tour et pourront aider l'accroissement d'une activité psychique soustraite au pouvoir des fonctions conscientes.

La névrose d'obsessions (Zwangsneurose) relève d'une cause spécifique très analogue à celle de l'hystérie. On y trouve aussi un événement sexuel précoce, arrivé avant l'âge de la puberté, duquel le souvenir devient actif pendant ou après cette époque, et les mêmes remarques et raisonnements exposés à l'occasion de l'hystérie pourront s'appliquer aux observations de l'autre névrose (six cas, dont trois purs). Il n'y a qu'une différence qui semble capitale. Nous avons trouvé au fond de l'étiologie hystérique un événement de passivité sexuelle, une expérience subie avec indifférence ou avec un petit peu de dépit ou d'effroi. Dans la névrose d'obsessions il s'agit au contraire d'un événement, qui a fait plaisir, d'une aggression sexuelle inspirée par le désir (en cas de garçon) ou d'une participation avec jouissance aux rapports sexuels (en cas de petite fille). Les idées obsédantes, reconnues par l'analyse dans leur sens intime, réduites pour ainsi dire à leur expression la plus simple ne sont pas autre chose que des *reproches, que le sujet s'adresse à cause de cette jouissance sexuelle anticipée,* mais des reproches défigurés par un travail psychique inconscient de transformation et de substitution.

Le fait même, que de telles aggressions sexuelles se passent dans un âge aussi tendre, semble dénoncer l'influence d'une séduction antérieure, de laquelle la précocité du désir sexuel soit la conséquence. L'analyse vient confirmer ce soupçon, dans les cas analysés par moi. On s'explique de cette manière un fait intéressant toujours présent dans ces cas d'obsessions, la complication régulière du cadre symptomatique par un certain nombre de symptômes simplement hystériques.

L'importance de l'élément actif de la vie sexuelle pour la cause des obsessions comme de la passivité sexuelle pour la pathogénèse de l'hystérie semble même dévoiler la raison de la connexion plus intime de l'hystérie avec le sexe féminin et de la préférence des hommes pour la névrose d'obsessions. On rencontre parfois des couples de malades névrosés, qui ont été un couple de petits amoureux dans leur première jeunesse, l'homme souffrant d'obsessions, la femme d'hystérie; s'il s'agit d'un frère et de la sœur on pourra méprendre pour un effet de l'hérédité nerveuse, ce qui en vérité dérive d'expériences sexuelles précoces.

Il y a sans doute des cas d'hystérie ou d'obsession purs et isolés, indépendants de névrasthénie ou névrose d'angoisse; mais ce n'est pas la règle. Plus souvent la psycho-névrose se présente comme accessoire aux névroses névrasthéniques, évoquée par eux et suivant leur décours. C'est parce que les causes spécifiques des derniers, les désordres actuels de la vie sexuelle, agissent en même temps comme causes accessoires des psycho-névroses, dont ils éveillent et raniment la cause spécifique, le souvenir de l'expérience sexuelle précoce.

Quant à l'hérédité nerveuse, je suis loin de savoir évaluer au juste son influence dans l'étiologie des psycho-névroses. Je concède que sa présence est indispensable dans les cas graves, je doute qu'elle soit nécessaire pour les cas légers, mais je suis convaincu que l'hérédité nerveuse à elle seule ne peut pas produire les psycho-névroses, si leur étiologie spécifique, l'irritation sexuelle précoce, fait défaut. Je vois même, que la question de savoir laquelle des névroses, hystérie ou obsessions, se développera dans un cas donné, n'est pas jugée par l'hérédité mais par un caractère spécial de cet événement sexuel de la première jeunesse.

X.

Zur Ätiologie der Hysterie.[1]

Meine Herren! Wenn wir daran gehen, uns eine Meinung über die Verursachung eines krankhaften Zustandes wie die Hysterie zu bilden, betreten wir zunächst den Weg der anamnestischen Forschung, indem wir den Kranken oder dessen Umgebung ins Verhör darüber nehmen, auf welche schädlichen Einflüsse sie selbst die Erkrankung an jenen neurotischen Symptomen zurückführen. Was wir so in Erfahrung bringen, ist selbstverständlich durch alle jene Momente verfälscht, die einem Kranken die Erkenntnis des eigenen Zustandes zu verhüllen pflegen, durch seinen Mangel an wissenschaftlichem Verständnis für ätiologische Wirkungen, durch den Fehlschluß des *post hoc, ergo propter hoc*, durch die Unlust, gewisser Noxen und Traumen zu gedenken oder ihrer Erwähnung zu tun. Wir halten darum bei solcher anamnestischer Forschung an dem Vorsatze fest, den Glauben der Kranken nicht ohne eingehende kritische Prüfung zu dem unserigen zu machen, nicht zuzulassen, daß die Patienten uns unsere wissenschaftliche Meinung über die Ätiologie der Neurose zurechtmachen. Wenn wir einerseits gewisse konstant wiederkehrende Angaben anerkennen, wie die, daß der hysterische Zustand eine lang andauernde Nachwirkung einer einmal erfolgten Gemütsbewegung sei, so haben wir anderseits in die Ätiologie der Hysterie ein Moment eingeführt, welches der Kranke selbst niemals vorbringt und nur ungern gelten läßt, die hereditäre Veranlagung von seiten der Erzeuger. Sie wissen, daß nach der Meinung der einflußreichen Schule *Charcot's*

[1]) „Wiener klinische Rundschau", 1896, Nr. 22—26. Ausführung nach einem Vortrage im Verein für Psychiatrie und Neurologie in Wien am 2. Mai 1896.

die Heredität allein als wirkliche Ursache der Hysterie Anerkennung verdient, während alle anderen Schädlichkeiten verschiedenartigster Natur und Intensität nur die Rolle von Gelegenheitsursachen, von „Agents provocateurs“ spielen sollen.

Sie werden mir ohne weiters zugeben, daß es wünschenswert wäre, es gäbe einen zweiten Weg, zur Ätiologie der Hysterie zu gelangen, auf welchem man sich unabhängiger von den Angaben der Kranken wüßte. Der Dermatolog z. B. weiß ein Geschwür als luetisch zu erkennen nach der Beschaffenheit der Ränder, des Belags, des Umrisses, ohne daß ihn der Einspruch des Patienten, der eine Infektionsquelle leugnet, daran irre machte. Der Gerichtsarzt versteht es, die Verursachung einer Verletzung aufzuklären, selbst wenn er auf die Mitteilungen des Verletzten verzichten muß. Es besteht nun eine solche Möglichkeit, von den Symptomen aus zur Kenntnis der Ursachen vorzudringen, auch für die Hysterie. Das Verhältnis der Methode aber, deren man sich hiefür zu bedienen hat, zur älteren Methode der anamnestischen Erhebung möchte ich Ihnen in einem Gleichnisse darstellen, welches einen auf anderem Arbeitsgebiete tatsächlich erfolgten Fortschritt zum Inhalt hat.

Nehmen Sie an, ein reisender Forscher käme in eine wenig bekannte Gegend, in welcher ein Trümmerfeld mit Mauerresten, Bruchstücken von Säulen, von Tafeln mit verwischten und unlesbaren Schriftzeichen sein Interesse erweckte. Er kann sich damit begnügen zu beschauen, was frei zutage liegt, dann die in der Nähe hausenden, etwa halbbarbarischen Einwohner ausfragen, was ihnen die Tradition über die Geschichte und Bedeutung jener monumentalen Reste kundgegeben hat, ihre Auskünfte aufzeichnen und — weiterreisen. Er kann aber auch anders vorgehen; er kann Hacken, Schaufeln und Spaten mitgebracht haben, die Anwohner für die Arbeit mit diesen Werkzeugen bestimmen, mit ihnen das Trümmerfeld in Angriff nehmen, den Schutt wegschaffen und von den sichtbaren Resten aus das Vergrabene aufdecken. Lohnt der Erfolg seine Arbeit, so erläutern die Funde sich selbst; die Mauerreste gehören zur Umwallung eines Palastes oder Schatzhauses, aus den Säulentrümmern ergänzt sich ein

Tempel, die zahlreich gofundenen, im glücklichen Fall bilinguen Inschriften enthüllen ein Alphabet und eine Sprache, und deren Entzifferung und Übersetzung ergibt uugeahnte Aufschlüsse über die Ereignisse der Vorzeit, zu deren Gedächtnis jene Monumente erbaut worden sind. *Saxa loquuntur!*

Will man in annühernd ähnlicher Weise die Symptome einer Hysterie als Zeugen für die Entstehungsgeschichte der Krankheit laut werden lassen, so muß man an die bedeutsame Entdeckung J. *Breuer's* anknüpfen, *daß die Symptome der Hysterie* (die Stigmata beiseite) *ihre Determinierung von gewissen traumatisch wirksamen Erlebnissen des Kranken herleiten, als deren Erinnerungssymbole sie im psychischen Leben desselben reproduziert werden.* Man muß sein Verfahren — oder ein im Wesen gleichartiges — anwenden, um die Aufmerksamkeit des Kranken vom Symptom aus auf die Szene zurückleiten, in welcher und durch welche das Symptom entstanden ist, und man beseitigt nach seiner Anweisung dieses Symptom, indem man bei der Reproduktion der traumatischen Szene eine nachträgliche Korrektur des damaligen psychischen Ablaufes durchsetzt.

Es liegt heute meiner Absicht völlig ferne, die schwierige Technik dieses therapeutischen Verfahrens oder die dabei gewonnenen psychologischen Aufklärungen zu behandeln. Ich mußte nur an dieser Stelle anknüpfen, weil die nach *Breuer* vorgenommenen Analysen gleichzeitig den Zugang zu den Ursachen der Hysterie zu eröffnen scheinen. Wenn wir eine größere Reihe von Symptomen bei zahlreichen Personen dieser Analyse unterziehen, so werden wir ja zur Kenntnis einer entsprechend großen Reihe von traumatisch wirksamen Szenen geleitet werden. In diesen Erlebnissen sind die wirksamen Ursachen der Hysterie zur Geltung gekommen; wir dürfen also hoffen, aus dem Studium der traumatischen Szenen zu erfahren, welche Einflüsse hysterische Symptome erzeugen und auf welche Weise.

Diese Erwartung trifft zu, notwendigerweise, da ja die Sätze von *Breuer* sich bei der Prüfung an zahlreicheren Fällen als richtig erweisen. Aber der Weg von den Symptomen der Hysterie zu deren Ätiologie ist langwieriger und führt über andere Verbindungen, als man sich vorgestellt hätte.

Wir wollen uns nämlich klar machen, daß die Zurückführung eines hysterischen Symptoms auf eine traumatische Szene nur dann einen Gewinn für unser Verständnis mit sich bringt, wenn diese Szene zweien Bedingungen genügt, wenn sie die betreffende determinierende Eignung besitzt, und wenn ihr die nötige traumatische Kraft zuerkannt werden muß. Ein Beispiel anstatt jeder Worterklärung! Es handle sich um das Symptom des hysterischen Erbrechens; dann glauben wir dessen Verursachung (bis auf einen gewissen Rest) durchschauen zu können, wenn die Analyse das Symptom auf ein Erlebnis zurückführt, welches berechtigterweise ein hohes Maß von Ekel erzeugt hat, wie etwa der Anblick eines verwesenden menschlichen Leichnams. Ergibt die Analyse anstatt dessen, daß das Erbrechen von einem großen Schreck, z. B. bei einem Eisenbahnunfall, herrührt, so wird man sich unbefriedigt fragen müssen, wieso denn der Schreck gerade zum Erbrechen geführt hat. Es fehlt dieser Ableitung an der Eignung zur Determinierung. Ein anderer Fall von ungenügender Aufklärung liegt vor, wenn das Erbrechen etwa von dem Genuß einer Frucht herrühren soll, die eine faule Stelle zeigte. Dann ist zwar das Erbrechen durch den Ekel determiniert, aber man versteht nicht, wie der Ekel in diesem Falle so mächtig werden konnte, sich durch ein hysterisches Symptom zu verewigen; es mangelt diesem Erlebnis an traumatischer Kraft.

Sehen wir nun nach, inwieweit die durch die Analyse aufgedeckten traumatischen Szenen der Hysterie bei einer größeren Anzahl von Symptomen und Fällen den beiden erwähnten Ansprüchen genügen. Hier stoßen wir auf die erste große Enttäuschung! Es trifft zwar einige Male zu, daß die traumatische Szene, in welcher das Symptom entstanden ist, wirklich beides, die determinierende Eignung und die traumatische Kraft, besitzt, deren wir zum Verständnis des Symptoms bedürfen. Aber weit häufiger, unvergleichlich häufiger, finden wir eine der drei übrigen Möglichkeiten verwirklicht, die dem Verständnisse so ungünstig sind: die Szene, auf welche wir durch die Analyse geleitet werden, in welcher das Symptom zuerst aufgetreten ist, erscheint uns entweder ungeeignet zur Determinierung des Symptoms, indem ihr Inhalt zur Beschaffenheit des Symptoms keine Beziehung zeigt; oder das angeblich traumatische Erlebnis, dem es an inhaltlicher Beziehung nicht fehlt, erweist sich als ein normalerweise harmloser, für gewöhnlich wirkungsunfähiger Eindruck; oder endlich die „traumatische Szene“ macht uns nach beiden Richtungen irre; sie erscheint ebenso harmlos wie ohne Beziehung zur Eigenart des hysterischen Symptoms.

(Ich bemerke hier nebenbei, daß Breuer's Auffassung von der Entstehung hysterischer Symptome durch die Auffindung traumatischer Szenen, die an sich bedeutungslosen Erlebnissen entsprechen, nicht gestört worden ist. Breuer nahm nämlich — im Anschlusse an Charcot — an, daß auch ein harmloses Erlebnis zum Trauma erhoben werden und determinierende Kraft enfalten kann, wenn es die Person in einer besonderen psychischen Verfassung, im sogenannten hypnoiden Zustand, betrifft. Allein ich finde, daß zur Voraussetzung solcher hypnoider Zustände oftmals jeder Anhalt fehlt. Entscheidend bleibt, daß die Lehre von den hypnoiden Zuständen nichts zur Lösung der anderen Schwierigkeit leistet, daß nämlich den traumatischen Szenen so häufig die determinierende Eignung abgeht.)

Fügen sie hinzu, meine Herren, daß diese erste Enttäuschung beim Verfolg der Breuer'schen Methode unmittelbar durch eine andere eingeholt wird, die man besonders als Arzt schmerzlich empfinden muß. Zurückführungen solcher Art, wie wir sie geschildert haben, die unserem Verständnis betreffs der Determinierung und der traumatischen Wirksamkeit nicht genügen, bringen auch keinen therapeutischen Gewinn; der Kranke hat seine Symptome ungeändert behalten, trotz des ersten Ergebnisses, das uns die Analyse geliefert hat. Sie mögen verstehen, wie groß dann die Versuchung wird, auf eine Fortsetzung der ohnedies mühseligen Arbeit zu verzichten.

Vielleicht aber bedarf es nur eines neuen Einfalles, um uns aus der Klemme zu helfen und zu wertvollen Resultaten zu führen! Der Einfall ist folgender: Wir wissen ja durch Breuer, daß die hysterischen Symptome zu lösen sind, wenn wir von ihnen aus den Weg zur Erinnerung eines traumatischen Erlebnisses finden können. Wenn nun die aufgefundene Erinnerung unseren Erwartungen nicht entspricht, vielleicht ist derselbe Weg ein Stück weiter zu verfolgen, vielleicht verbirgt sich hinter der ersten traumatischen Szene die Erinnerung an eine zweite, die unseren Ansprüchen besser genügt, und deren Reproduktion mehr therapeutische Wirkung entfaltet, so daß die erstgefundene Szene nur die Bedeutung eines Bindegliedes in der Assoziationsverkettung hat? Und vielleicht wiederholt sich dieses Verhältnis, die Einschiebung unwirksamer Szenen als notwendiger Übergänge bei der Reproduktion mehrmals, bis man vom hysterischen Symptom aus endlich zur eigentlich traumatisch wirksamen, in jeder Hinsicht, therapeutisch wie analytisch, befriedigenden Szene gelangt? Nun, meine Herren, diese Vermutung ist richtig. Wo die erstaufgefundene Szene unbefriedigend ist, sagen wir dem Kranken, dieses Erlebnis erkläre nichts, es müsse sich aber hinter ihm ein bedeutsameres, früheres Erlebnis verbergen, und lenken seine Aufmerksamkeit nach derselben Technik auf den Assoziationsfaden, welcher beide Erinnerungen, die aufgefundene und die aufzufindende verknüpft.[1]) Die Fortsetzung der Analyse führt dann jedesmal zur Reproduktion neuer Szenen von den erwarteten Charakteren. Wenn ich z. B. den vorhin ausgewählten Fall von hysterischem Erbrechen wieder aufnehme, den die Analyse zunächst auf einen Schreck bei einem Eisenbahnunfall zurückgeführt hat, welcher der determinierenden Eignung entbehrt, so erfahre ich aus weitergehender Analyse, daß dieser Unfall die Erinnerung an einen anderen, früher vorgekommenen, geweckt hat, den der Kranke

---

[1]) Es bleibt dabei absichtlich außer Erörterung, von welchem Rang die Assoziation der beiden Erinnerungen ist (ob durch Gleichzeitigkeit, kausaler Art, nach inhaltlicher Ähnlichkeit usw.), und auf welche psychologische Charakteristik die einzelnen „Erinnerungen" (bewußte oder unbewußte) Anspruch haben.

zwar nicht selbst erlebte, der ihm aber Gelegenheit zu dem Grauen und Ekel erregenden Anblick eines Leichnams bot. Es ist, als ob das Zusammenwirken beider Szenen die Erfüllung unserer Postulate ermöglichte, indem das eine Erlebnis durch den Schreck die traumatische Kraft, das andere durch seinen Inhalt die determinierende Wirkung beistellt. Der andere Fall, daß das Erbrechen auf den Genuß eines Apfels zurückgeführt wird, an dem sich eine faule Stelle findet, wird durch die Analyse etwa in folgender Weise ergänzt: Der faulende Apfel erinnert an ein früheres Erlebnis, an das Sammeln abgefallener Äpfel in einem Garten, wobei der Kranke zufällig auf einen ekelhaften Tierkadaver stieß.

Ich will auf diese Beispiele nicht mehr zurückkommen, denn ich muß das Geständnis ablegen, daß sie keinem Fall meiner Erfahrung entstammen, daß sie von mir erfunden sind; höchstwahrscheinlich sind sie auch schlecht erfunden; derartige Auflösungen hysterischer Symptome halte ich selbst für unmöglich. Aber der Zwang, Beispiele zu fingieren, erwächst mir aus mehreren Momenten, von denen ich eines unmittelbar anführen kann. Die wirklichen Beispiele sind alle unvergleichlich komplizierter; eine einzige ausführliche Mitteilung würde diese Vortragsstunde ausfüllen. Die Assoziationskette besteht immer aus mehr als zwei Gliedern, die traumatischen Szenen bilden nicht etwa einfache, perlschnurartige Reihen, sondern verzweigte, stammbaumartige Zusammenhänge, indem bei einem neuen Erlebnis zwei und mehr frühere als Erinnerungen zur Wirkung kommen; kurz, die Auflösung eines einzelnen Symptoms mitteilen, fällt eigentlich zusammen mit der Aufgabe, eine Krankengeschichte vollständig darzustellen.

Wir wollen es nun aber nicht versäumen, den einen Satz nachdrücklich hervorzuheben, den die analytische Arbeit längs dieser Erinnerungsketten unerwarteterweise ergeben hat. Wir haben erfahren, daß kein hysterisches Symptom aus einem realen Erlebnis allein hervorgehen kann, sondern daß alle Male die assoziativ geweckte Erinnerung an frühere Erlebnisse zur Verursachung des Symptoms mitwirkt. Wenn dieser Satz — wie ich meine — ohne Ausnahme richtig ist, so bezeichnet er uns aber auch das Fundament, auf dem eine psychologische Theorie der Hysterie aufzubauen ist.

Sie könnten meinen, jene seltenen Fälle, in welchen die Analyse das Symptom sofort auf eine traumatische Szene von guter determinierender Eignung und traumatischer Kraft zurückführt und es durch solche Zurückführung gleichzeitig wegschafft, wie dies in Breuer's Krankengeschichte der Anna O. geschildert wird, seien doch mächtige Einwände gegen die allgemeine Geltung des eben aufgestellten Satzes. Das sieht in der Tat so aus; allein ich muß Sie versichern, ich habe die triftigsten Gründe, anzunehmen, daß selbst in diesen Fällen eine Verkettung wirksamer Erinnerungen vorliegt, die weit hinter die erste traumatische Szene zurückreicht, wenngleich die Reproduktion der letzteren allein die Aufhebung des Symptoms zur Folge haben kann.

Ich meine, es ist wirklich überraschend, daß hysterische Symptome nur unter Mitwirkung von Erinnerungen entstehen können, zumal wenn man erwägt, daß diese Erinnerungen nach allen Aussagen der Kranken ihnen im Moment, da das Symptom zuerst auftrat, nicht zum Bewußtsein gekommen waren. Hier ist Stoff für sehr viel Nachdenken gegeben, aber diese Probleme sollen uns für jetzt nicht verlocken, unsere Richtung nach der Ätiologie der Hysterie zu verlassen. Wir müssen uns vielmehr fragen: Wohin gelangen wir, wenn wir den Ketten assoziierter Erinnerungen folgen, welche die Analyse uns aufdeckt? Wie weit reichen sie? Haben sie irgendwo ein natürliches Ende? Führen sie uns etwa zu Erlebnissen, die irgendwie gleichartig sind, dem Inhalt oder der Lebenszeit nach, so daß wir in diesen überall gleichartigen Faktoren die gesuchte Ätiologie der Hysterie erblicken könnten?

Meine bisherige Erfahrung gestattet mir bereits, diese Fragen zu beantworten. Wenn man von einem Falle ausgeht, der mehrere Symptome bietet, so gelangt man mittelst der Analyse von jedem Symptom aus zu einer Reihe von Erlebnissen, deren Erinnerungen in der Assoziation mit einander verkettet sind. Die einzelnen Erinnerungsketten verlaufen zunächst distinkt von einander nach rückwärts, sind aber, wie bereits erwähnt, verzweigt; von einer Szene aus sind gleichzeitig zwei oder mehr Erinnerungen erreicht, von denen nun Seitenketten ausgehen, deren einzelne Glieder wieder mit Gliedern der Hauptkette assoziativ verknüpft sein mögen. Der Vergleich mit dem Stammbaum einer Familie, deren Mitglieder auch unter einander geheiratet haben, paßt hier wirklich nicht übel. Andere Komplikationen der Verkettung ergeben sich daraus, daß eine einzelne Szene in derselben Kette mehrmals erweckt werden kann, so daß sie zu einer späteren Szene mehrfache Beziehungen hat, eine direkte Verknüpfung mit ihr aufweist und eine durch Mittelglieder hergestellte. Kurz, der Zusammenhang ist keineswegs ein einfacher und die Aufdeckung der Szenen in umgekehrter chronologischer Folge (die eben den Vergleich mit der Aufgrabung eines geschichteten Trümmerfeldes rechtfertigt) trägt zum rascheren Verständnis des Herganges gewiß nichts bei.

Neue Verwicklungen ergeben sich, wenn man die Analyse weiter fortsetzt. Die Assoziationsketten für die einzelnen Symptome beginnen dann in Beziehung zu einander zu treten; die Stammbäume verflechten sich. Bei einem gewissen Erlebnis der Erinnerungskette, z. B. für das Erbrechen, ist außer den rückläufigen Gliedern dieser Kette eine Erinnerung aus einer anderen Kette erweckt worden, die ein anderes Symptom, etwa Kopfschmerz, begründet. Jenes Erlebnis gehört darum beiden Reihen an, es stellt einen Knotenpunkt dar, wie deren in jeder Analyse mehrere aufzufinden sind. Sein klinisches Korrelat mag etwa sein, daß von einer gewissen Zeit an die beiden Symptome zusammen auftreten, symbiotisch, eigentlich ohne innere Abhängigkeit von einander. Knotenpunkte anderer Art findet man noch weiter rückwärts. Dort konvergieren die einzelnen Assoziationsketten; es finden sich Erlebnisse, von denen zwei oder mehrere Symptome ausgegangen sind. An das eine Detail der Szene hat die eine Kette, an ein anderes Detail die zweite Kette angeknüpft.

Das wichtigste Ergebnis aber, auf welches man bei solcher konsequenten Verfolgung der Analyse stößt, ist dieses: Von welchem Fall und von welchem Symptom immer man seinen Ausgang genommen hat, endlich gelangt man unfehlbar auf das Gebiet des sexuellen Erlebens. Hiemit wäre also zuerst eine ätiologische Bedingung hysterischer Symptome aufgedeckt.

Ich kann nach früheren Erfahrungen voraussehen, daß gerade gegen diesen Satz oder gegen die Allgemeingiltigkeit dieses Satzes Ihr Widerspruch, meine Herren, gerichtet sein wird. Ich sage vielleicht besser: Ihre Widerspruchsneigung, denn es stehen wohl noch keinem von Ihnen Untersuchungen zu Gebote, die, mit demselben Verfahren angestellt, ein anderes Resultat ergeben hätten. Zur Streitsache selbst will ich nur bemerken, daß die Auszeichnung des sexuellen Momentes in der Ätiologie der Hysterie bei mir mindestens keiner vorgefaßten Meinung entstammt. Die beiden Forscher, als deren Zögling ich meine Arbeiten über Hysterie begonnen habe, Charcot wie Breuer, standen einer derartigen Voraussetzung ferne, ja brachten ihr eine persönliche Abneigung entgegen, von der ich anfangs meinen Anteil übernahm. Erst die mühseligsten Detailuntersuchungen haben mich, und zwar langsam genug, zu der Meinung bekehrt, die ich heute vertrete. Wenn Sie meine Behauptung, die Ätiologie auch der Hysterie läge im Sexualleben, der strengsten Prüfung unterziehen, so erweist sie sich als vertretbar durch die Angabe, daß ich in etwa 18 Fällen von Hysterie diesen Zusammenhang für jedes einzelne Symptom erkennen und, wo es die Verhältnisse gestatteten, durch den therapeutischen Erfolg bekräftigen konnte. Sie können mir dann freilich einwenden, die 19. und die 20. Analyse werden vielleicht eine Ableitung hysterischer Symptome auch aus anderen Quellen kennen lehren und damit die Giltigkeit der sexuellen Ätiologie von der Allgemeinheit auf 80% einschränken. Wir wollen es gerne abwarten, aber da jene 18 Fälle gleichzeitig alle sind, an denen ich die Arbeit der Analyse unternehmen konnte, und da niemand diese Fälle mir zum Gefallen ausgesucht hat, werden Sie es begreiflich finden, daß ich jene Erwartung nicht teile, sondern bereit bin, mit meinem Glauben über die Beweiskraft meiner bisherigen Erfahrungen hinauszugehen. Dazu bewegt mich übrigens noch ein anderes Motiv von einstweilen bloß subjektiver Geltung. In dem einzigen Erklärungsversuch für den physiologischen und psychischen Mechanismus der Hysterie, den ich mir zur Zusammenfassung meiner Beobachtungen gestalten konnte, ist mir die Einmengung sexueller Triebkräfte zur unentbehrlichen Voraussetzung geworden.

Also man gelangt endlich, nachdem die Erinnerungsketten konvergiert haben, auf sexuelles Gebiet und zu einigen wenigen Erlebnissen, die zumeist in die nämliche Lebensperiode, in das Alter der Pubertät fallen. Aus diesen Erlebnissen soll man die Ätiologie der Hysterie entnehmen und durch sie die Entstehung hysterischer Symptome verstehen lernen. Hier erlebt man aber eine neue und schwerwiegende Enttäuschung! Die mit soviel Mühe aufgefundenen, aus allem Erinnerungsmaterial extrahierten, anscheinend letzten traumatischen Erlebnisse haben zwar die beiden Charaktere: Sexualität und Pubertätszeit gemein, sind aber sonst so sehr disparat und ungleichwertig. In einigen Fällen handelt es sich wohl um Erlebnisse, die wir als schwere Traumen anerkennen müssen, um einen Versuch der Vergewaltigung, der dem unreifen Mädchen mit einem Schlage die ganze Brutalität der Geschlechtslust enthüllt, um eine unfreiwillige Zeugenschaft bei sexuellen Akten der Eltern, die in Einem ungeahntes Häßliches aufdeckt und das kindliche wie das moralische Gefühl verletzt u. dgl. In anderen Fällen sind diese Erlebnisse von erstaunlicher Geringfügigkeit. Eine meiner Patientinnen zeigte zugrunde ihrer Neurose das Erlebnis, daß ein ihr befreundeter Knabe zärtlich ihre Hand streichelte und ein andermal seinen Unterschenkel an ihr Kleid drängte, während sie neben einander bei Tische saßen, wobei noch seine Miene sie erraten ließ, es handle sich um etwas Unerlaubtes. Bei einer anderen jungen Dame hatte gar das Anhören einer Scherzfrage, die eine obszöne Beantwortung ahnen ließ, hingereicht, den ersten Angstanfall hervorzurufen und damit die Erkrankung zu eröffnen. Solche Ergebnisse sind offenbar einem Verständnis für die Verursachung hysterischer Symptome nicht günstig. Wenn es ebensowohl schwere wie geringfügige Erlebnisse, ebensowohl Erfahrungen am eigenen Leib wie visuelle Eindrücke und durch das Gehör empfangene Mitteilungen sind, die sich als die letzten Traumen der

Hysterie erkennen lassen, so kann man etwa die Deutung versuchen, die Hysterischen seien besonders geartete Menschenkinder — wahrscheinlich infolge erblicher Veranlagung oder degenerativer Verkümmerung — bei denen die Scheu vor der Sexualität, die im Pubertätsalter normalerweise eine gewisse Rolle spielt, ins Pathologische gesteigert und dauernd festgehalten wird; gewissermaßen Personen, die den Anforderungen der Sexualität psychisch nicht Genüge leisten können. Man vernachlässigt bei dieser Aufstellung allerdings die Hysterie der Männer; aber auch, wenn es derartige grobe Einwände nicht gäbe, wäre die Versuchung kaum sehr groß, bei dieser Lösung stehen zu bleiben. Man verspürt hier nur zu deutlich die intellektuelle Empfindung des Halbverstandenen, Unklaren und Unzureichenden.

Zum Glück für unsere Aufklärung zeigen einzelne der sexuellen Pubertätserlebnisse eine weitere Unzulänglichkeit, die geeignet ist, zur Fortsetzung der analytischen Arbeit anzuregen. Es kommt nämlich vor, daß auch diese Erlebnisse der determinierenden Eignung entbehren, wenngleich dies hier viel seltener ist als bei den traumatischen Szenen aus späterer Lebenszeit. So z. B. hatten sich bei den beiden Patientinnen, die ich vorhin als Fälle mit eigentlich harmlosen Pubertätserlebnissen angeführt habe, im Gefolge dieser Erlebnisse eigentümliche schmerzhafte Empfindungen in den Genitalien eingestellt, die sich als Hauptsymptome der Neurose fortgesetzt hatten, deren Determinierung weder aus den Pubertätsszenen noch aus späteren abzuleiten war, die aber sicherlich nicht zu den normalen Organempfindungen oder zu den Zeichen sexueller Aufregung gehörten. Wie nahe lag es nun, sich hier zu sagen, man müsse die Determinierung dieser Symptome in noch anderen, noch weiter zurückreichenden Erlebnissen suchen, man müsse hier zum zweiten Male jenem rettenden Einfall folgen, der uns vorhin von den ersten traumatischen Szenen zu den Erinnerungsketten hinter ihnen geleitet? Man kommt damit freilich in die Zeit der ersten Kindheit, die Zeit vor der Entwicklung des sexuellen Lebens, womit ein Verzicht auf die sexuelle Ätiologie verbunden scheint. Aber hat man nicht ein Recht, anzunehmen, daß es auch dem Kindesalter an leisen sexuellen Erregungen nicht gebricht, ja, daß vielleicht die spätere sexuelle Entwicklung durch Kindererlebnisse in entscheidender Weise beeinflußt wird? Schädigungen, die das unausgebildete Organ, die in Entwicklung begriffene Funktion, treffen, verursachen ja so häufig schwerere und nachhaltigere Wirkungen, als sie im reiferen Alter entfalten könnten. Vielleicht liegen der abnormen Reaktion gegen sexuelle Eindrücke, durch welche uns die Hysterischen in der Pubertätszeit überraschen, ganz allgemein solche sexuelle Erlebnisse der Kindheit zugrunde, die dann von gleichförmiger und bedeutsamer Art sein müßten? Man gewänne so eine Aussicht, als frühzeitig erworben aufzuklären, was man bisher einer durch die Heredität doch nicht verständlichen Prädisposition zur Last legen mußte. Und da infantile Erlebnisse sexuellen Inhalts doch nur durch ihre Erinnerungsspuren eine psychische Wirkung äußern könnten, wäre dies nicht eine willkommene Ergänzung zu jenem Ergebnis der Analyse, daß hysterische Symptome immer nur unter der Mitwirkung von Erinnerungen entstehen?

II.

Sie erraten es wohl, meine Herren, daß ich jenen letzten Gedankengang nicht so weit ausgesponnen hätte, wenn ich Sie nicht darauf vorbereiten wollte, daß er allein es ist, der uns nach so vielen Verzögerungen zum Ziele führen wird. Wir stehen nämlich wirklich am Ende unserer langwierigen und beschwerlichen analytischen Arbeit und finden hier alle bisher festgehaltenen Ansprüche und Erwartungen erfüllt. Wenn wir die Ausdauer haben, mit der Analyse bis in die frühe Kindheit vorzudringen, so weit zurück nur das Erinnerungsvermögen eines Menschen reichen kann, so veranlassen wir in allen Fällen den Kranken zur Reproduktion von Erlebnissen, die infolge ihrer Besonderheiten sowie ihrer Beziehungen zu den späteren Krankheitssymptomen als die gesuchte Ätiologie der Neurose betrachtet werden müssen. Diese infantilen Erlebnisse sind wiederum sexuellen Inhalts, aber weit gleichförmigerer Art als die letztgefundenen Pubertätsszenen; es handelt sich bei ihnen nicht mehr um die Erweckung des sexuellen Themas durch einen beliebigen

Sinneseindruck, sondern um sexuelle Erfahrungen am eigenen Leib, um geschlechtlichen Verkehr (im weiteren Sinne). Sie gestehen mir zu, daß die Bedeutsamkeit solcher Szenen keiner weiteren Begründung bedarf; fügen Sie nun noch hinzu, daß Sie in den Details derselben jedesmal die determinierenden Momente auffinden können, die Sie etwa in den anderen, später erfolgten und früher reproduzierten Szenen noch vermißt hätten.

Ich stelle also die Behauptung auf, zugrunde jedes Falles von Hysterie befinden sich — durch die analytische Arbeit reproduzierbar, trotz des Dezennien umfassenden Zeitintervalles — ein oder mehrere Erlebnisse von vorzeitiger sexueller Erfahrung, die der frühesten Jugend angehören. Ich halte dies für eine wichtige Enthüllung, für die Auffindung eines caput Nili der Neuropathologie, aber ich weiß kaum, wo anzuknüpfen, um die Erörterung dieser Verhältnisse fortzuführen. Soll ich mein aus den Analysen gewonnenes tatsächliches Material vor Ihnen ausbreiten, oder soll ich nicht lieber vorerst der Masse von Einwänden und Zweifeln zu begegnen suchen, die jetzt von Ihrer Aufmerksamkeit Besitz ergriffen haben, wie ich wohl mit Recht vermuten darf? Ich wähle das letztere; vielleicht können wir dann um so ruhiger beim Tatsächlichen verweilen:

a) Wer der psychologischen Auffassung der Hysterie überhaupt feindlich entgegensteht, die Hoffnung nicht aufgeben möchte, daß es einst gelingen wird, ihre Symptome auf „feinere anatomische Veränderungen" zurückzuführen, und die Einsicht abgewiesen hat, daß die materiellen Grundlagen der hysterischen Veränderungen nicht anders als gleichartig sein können mit jenen unserer normalen Seelenvorgänge, der wird selbstverständlich für die Ergebnisse unserer Analysen kein Vertrauen übrig haben; die prinzipielle Verschiedenheit seiner Voraussetzungen von den unserigen entbindet uns aber auch der Verpflichtung, ihn in einer Einzelfrage zu überzeugen.

Aber auch ein anderer, der sich minder abweisend gegen die psychologischen Theorien der Hysterie verhält, wird angesichts unserer analytischen Ergebnisse die Frage aufzuwerfen versucht sein, welche Sicherheit die Anwendung der

Psychoanalyse mit sich bringt, ob es denn nicht sehr wohl möglich sei, daß entweder der Arzt solche Szenen als angebliche Erinnerung dem gefälligen Kranken aufdrängt, oder daß der Kranke ihm absichtliche Erfindungen und freie Phantasien vorträgt, die jener für echt annimmt. Nun, ich habe darauf zu erwidern, die allgemeinen Bedenken gegen die Verläßlichkeit des psychoanalytischen Methode können erst gewürdigt und beseitigt werden, wenn eine vollständige Darstellung ihrer Technik und ihrer Resultate vorliegen wird; die Bedenken gegen die Echtheit der infantilen Sexualszenen aber kann man bereits heute durch mehr als ein Argument entkräften. Zunächst ist das Benehmen der Kranken, während sie diese infantilen Erlebnisse reproduzieren, nach allen Richtungen hin unvereinbar mit der Annahme, die Szenen seien etwas anderes als peinlich empfundene und höchst ungern erinnerte Realität. Die Kranken wissen vor Anwendung der Analyse nichts von diesen Szenen, sie pflegen sich zu empören, wenn man ihnen etwa das Auftauchen derselben ankündigt; sie können nur durch den stärksten Zwang der Behandlung bewogen werden, sich in deren Reproduktion einzulassen, sie leiden unter den heftigsten Sensationen, deren sie sich schämen und die sie zu verbergen trachten, während sie sich diese infantilen Erlebnisse ins Bewußtsein rufen, und noch, nachdem sie dieselben in so überzeugender Weise wieder durchgemacht haben, versuchen sie es, ihnen den Glauben zu versagen, indem sie betonen, daß sich hiefür nicht wie bei anderem Vergessenem ein Erinnerungsgefühl eingestellt hat.

Letzteres Verhalten scheint nun absolut beweiskräftig zu sein. Wozu sollten die Kranken mich so entschieden ihres Unglaubens versichern, wenn sie aus irgend einem Motiv die Dinge, die sie entwerten wollen, selbst erfunden haben?

Daß der Arzt dem Kranken derartige Reminiszenzen aufdränge, ihn zu ihrer Vorstellung und Wiedergabe suggeriere, ist weniger bequem zu widerlegen, erscheint mir aber ebenso unhaltbar. Mir ist es noch nie gelungen, einem Kranken eine Szene, die ich erwartete, derart aufzudrängen, daß er sie mit allen zu ihr gehörigen Empfindungen zu durchleben schien; vielleicht treffen es andere besser.

Es gibt aber noch eine ganze Reihe anderer Bürgschaften für die Realität der infantilen Sexualszenen. Zunächst deren Uniformität in gewissen Einzelheiten, wie sie sich aus den gleichartig wiederkehrenden Voraussetzungen dieser Erlebnisse ergeben muß, während man sonst geheime Verabredungen zwischen den einzelnen Kranken für glaubhaft halten müßte. Sodann, daß die Kranken gelegentlich wie harmlos Vorgänge beschreiben, deren Bedeutung sie offenbar nicht verstehen, weil sie sonst entsetzt sein müßten, oder daß sie, ohne Wert darauf zu legen, Einzelheiten berühren, die nur ein Lebenserfahrener kennt und als feine Charakterzüge des Realen zu schätzen versteht.

Verstärken solche Vorkommnisse den Eindruck, daß die Kranken wirklich erlebt haben müssen, was sie unter dem Zwange der Analyse als Szene aus der Kindheit reproduzieren, so entspringt ein anderer und mächtigerer Beweis hiefür aus der Beziehung der Infantilszenen zum Inhalt der ganzen übrigen Krankengeschichte. Wie bei den Zusammenlegbildern der Kinder sich nach mancherlei Probieren schließlich eine absolute Sicherheit herausstellt, welches Stück in die freigelassene Lücke gehört — weil nur dieses eine gleichzeitig das Bild ergänzt und sich mit seinen unregelmäßigen Zacken zwischen die Zacken der anderen so einpassen läßt, daß kein freier Raum bleibt und kein Übereinanderschieben notwendig wird — so erweisen sich die Infantilszenen inhaltlich als unabweisbare Ergänzungen für das assoziative und logische Gefüge der Neurose, nach deren Einfügung erst der Hergang verständlich — man möchte oftmals sagen: selbstverständlich — wird.

Daß auch der therapeutische Beweis für die Echtheit der Infantilszenen in einer Reihe von Fällen zu erbringen ist, füge ich hinzu, ohne diesen in den Vordergrund drängen zu wollen. Es gibt Fälle, in denen ein vollständiger oder partieller Heilerfolg zu erreichen ist, ohne daß man bis zu den Infantilerlebnissen herabsteigen muß; andere, in welchen jeder Erfolg ausbleibt, ehe die Analyse ihr natürliches Ende mit der Aufdeckung der frühesten Traumen gefunden hat. Ich meine, im ersteren Fall sei man vor Rezidiven nicht gesichert;

ich erwarte, daß eine vollständige Psychoanalyse die radikale Heilung einer Hysterie bedeutet. Indes, greifen wir hier den Lehren der Erfahrung nicht vor!

Es gäbe noch einen, einen wirklich unantastbaren Beweis für die Echtheit der sexuellen Kindererlebnisse, wenn nämlich die Angaben der einen Person in der Analyse durch die Mitteilung einer anderen Person in oder außerhalb einer Behandlung bestätigt würden. Diese beiden Personen müßten in ihrer Kindheit an demselben Erlebnis Anteil genommen haben, etwa in einem sexuellen Verhältnis zu einander gestanden sein. Solche Kinderverhältnisse sind, wie Sie gleich hören werden, gar nicht selten; es kommt auch häufig genug vor, daß beide Beteiligte später an Neurosen erkranken, und doch, meine ich, ist es ein Glücksfall, daß mir eine solche objektive Bestätigung unter 18 Fällen zweimal gelungen ist. Einmal war es der gesund gebliebene Bruder, der mir unaufgefordert zwar nicht die frühesten Sexualerlebnisse mit seiner kranken Schwester, aber wenigstens solche Szenen aus ihrer späteren Kindheit und die Tatsache von weiter zurückreichenden sexuellen Beziehungen bekräftigte. Ein andermal traf es sich, daß zwei in Behandlung stehende Frauen als Kinder mit der nämlichen männlichen Person sexuell verkehrt hatten, wobei einzelne Szenen à trois zustande gekommen waren. Ein gewisses Symptom, das sich von diesen Kindererlebnissen ableitete, war, als Zeuge dieser Gemeinschaft, in beiden Fällen zur Ausbildung gelangt.

b) Sexuelle Erfahrungen der Kindheit, die in Reizungen der Genitalien, koitusähnlichen Handlungen usw. bestehen, sollen also in letzter Analyse als jene Traumen anerkannt werden, von denen die hysterische Reaktion gegen Pubertätserlebnisse und die Entwicklung hysterischer Symptome ausgeht. Gegen diesen Ausspruch werden sicherlich von verschiedenen Seiten zwei zu einander gegensätzliche Einwendungen erhoben werden. Die Einen werden sagen, derartige sexuelle Mißbräuche, an Kindern verübt oder von Kindern unter einander, kämen zu selten vor, als daß man mit ihnen die Bedingtheit einer so häufigen Neurose wie der Hysterie decken könnte; andere werden vielleicht geltend machen, dergleichen Erlebnisse seien im Gegenteil sehr häufig, allzu häufig, als daß man ihrer Feststellung eine ätiologische Bedeutung zusprechen könnte. Sie werden ferner anführen, daß es bei einiger Umfrage leicht fällt, Personen aufzufinden, die sich an Szenen von sexueller Verführung und sexuellem Mißbrauch in ihren Kinderjahren erinnern, und die doch niemals hysterisch gewesen sind. Endlich werden wir als schwerwiegendes Argument zu hören bekommen, daß in den niederen Schichten der Bevölkerung die Hysterie gewiß nicht häufiger vorkommt als in den höchsten, während doch alles dafür spricht, daß das Gebot der sexuellen Schonung des Kindesalters an den Proletarierkindern ungleich häufiger übertreten wird.

Beginnen wir unsere Verteidigung mit dem leichteren Teil der Aufgabe. Es scheint mir sicher, daß unsere Kinder weit häufiger sexuellen Angriffen ausgesetzt sind, als man nach der geringen, von den Eltern hierauf verwendeten Fürsorge erwarten sollte. Bei den ersten Erkundigungen, was über dieses Thema bekannt sei, erfuhr ich von Kollegen, daß mehrere Publikationen von Kinderärzten vorliegen, welche die Häufigkeit sexueller Praktiken selbst an Säuglingen von seiten der Ammen und Kinderfrauen anklagen, und aus den letzten Wochen ist mir eine von Dr. Stekel in Wien herrührende Studie in die Hand geraten, welche sich mit dem „Koitus im Kindesalter" beschäftigt (Wiener medizinische Blätter, 18. April 1896). Ich habe nicht Zeit gehabt, andere literarische Zeugnisse zu sammeln, aber selbst wenn diese sich nur vereinzelt fänden, dürfte man erwarten, daß mit der Steigerung der Aufmerksamkeit für dieses Thema sehr bald die große Häufigkeit von sexuellen Erlebnissen und sexueller Betätigung im Kindesalter bestätigt werden wird.

Schließlich sind die Ergebnisse meiner Analyse imstande, für sich selbst zu sprechen. In sämtlichen 18 Fällen (von reiner Hysterie und Hysterie mit Zwangsvorstellungen kombiniert, 6 Männer und 12 Frauen) bin ich, wie erwähnt, zur Kenntnis solcher sexueller Erlebnisse des Kindesalters gelangt. Ich kann meine Fälle in drei Gruppen bringen, je nach der Herkunft der sexuellen Reizung. In der ersten Gruppe handelt es sich um Attentate, einmaligen oder doch vereinzelten Mißbrauch meist weiblicher Kinder von seiten erwachsener, fremder Individuen (die dabei groben, mechanischen Insult zu vermeiden verstanden), wobei die Einwilligung der Kinder nicht in Frage kam und als nächste Folge des Erlebnisses der Schreck überwog. Eine zweite Gruppe bilden jene weit zahlreicheren Fälle, in denen eine das Kind wartende erwachsene Person — Kindermädchen, Kindsfrau, Gouvernante, Lehrer, leider auch allzuhäufig ein naher Verwandter — das Kind in den sexuellen Verkehr einführte und ein — auch nach der seelischen Richtung ausgebildetes — förmliches Liebesverhältnis, oft durch Jahre, mit ihm unterhielt. In die dritte Gruppe endlich gehören die eigentlichen Kinderverhältnisse, sexuelle Beziehungen zwischen zwei Kindern verschiedenen Geschlechts, zumeist zwischen Geschwistern, die oft über die Pubertät hinaus fortgesetzt werden und die nachhaltigsten Folgen für das betreffende Paar mit sich bringen. In den meisten meiner Fälle ergab sich kombinierte Wirkung von zwei oder mehreren solcher Ätiologien; in einzelnen war die Häufung der sexuellen Erlebnisse von verschiedenen Seiten her geradezu erstaunlich. Sie verstehen aber diese Eigentümlichkeit meiner Beobachtungen leicht, wenn Sie in Betracht ziehen, daß ich durchwegs Fälle von schwerer neurotischer Erkrankung, die mit Existenzunfähigkeit drohte, zu behandeln hatte.

Wo ein Verhältnis zwischen zwei Kindern vorlag, gelang nun einige Male der Nachweis, daß der Knabe — der auch hier die aggressive Rolle spielt — vorher von einer erwachsenen weiblichen Person verführt worden war, und daß er dann unter dem Drucke seiner vorzeitig geweckten Libido und infolge des Erinnerungszwanges an dem kleinen Mädchen genau die nämlichen Praktiken zu wiederholen suchte, die er bei der Erwachsenen gelernt hatte, ohne daß er selbständig eine Modifikation in der Art der sexuellen Betätigung vorgenommen hätte.

Ich bin daher geneigt, anzunehmen, daß ohne vorherige Verführung Kinder den Weg zu Akten sexueller Aggression nicht zu finden vermögen. Der Grund zur Neurose würde demnach im Kindesalter immer von seiten Erwachsener gelegt, und die Kinder selbst übertragen einander die Disposition, später an Hysterie zu erkranken. Ich bitte, verweilen Sie noch einen Moment bei der besonderen Häufigkeit sexueller Beziehungen im Kindesalter gerade zwischen Geschwistern und Vettern infolge der Gelegenheit zu häufigem Beisammensein, stellen Sie sich vor, daß 10 oder 15 Jahre später in dieser Familie mehrere Individuen der jungen Generation krank gefunden werden, und fragen Sie sich, ob dieses familiäre Auftreten der Neurose nicht geeignet ist, zur Annahme einer erblichen Disposition zu verleiten, wo doch nur eine Pseudoheredität vorliegt und in Wirklichkeit eine Übertragung, eine Infektion in der Kindheit stattgefunden hat.

Nun wenden wir uns zu dem anderen Einwand, welcher gerade auf der zugestandenen Häufigkeit infantiler Sexualerlebnisse und auf der Erfahrung fußt, daß viele Personen sich an solche Szenen erinnern, die nicht hysterisch geworden sind. Dagegen sagen wir zunächst, daß die übergroße Häufigkeit eines ätiologischen Momentes unmöglich zum Einwurf gegen dessen ätiologische Bedeutung verwendet werden kann. Ist der Tuberkelbazillus nicht allgegenwärtig und wird von weit mehr Menschen eingeatmet, als sich an Tuberkulose erkrankt zeigen? Und wird seine ätiologische Bedeutung durch die Tatsache geschädigt, daß er offenbar der Mitwirkung anderer Faktoren bedarf, um die Tuberkulose, seinen spezifischen Effekt hervorzurufen? Es reicht für seine Würdigung als spezifische Ätiologie aus, daß Tuberkulose nicht möglich ist ohne seine Mitwirkung. Das Gleiche gilt wohl auch für unser Problem. Es stört nicht, wenn viele Menschen infantile Sexualszenen erleben ohne hysterisch zu werden; wenn nur alle, die hysterisch werden, solche Szenen erlebt haben. Der Kreis des Vorkommens eines ätiologischen Faktors darf gerne ausgedehnter sein als der seines Effektes, nur nicht enger. Es erkranken nicht alle an Blattern, die einen Blatternkranken berühren oder ihm nahe kommen, und doch ist Übertragung von einem Blatternkranken fast die einzige uns bekannte Ätiologie der Erkrankung.

Freilich, wenn infantile Betätigung der Sexualität ein fast allgemeines Vorkommnis wäre, dann fiele auf deren Nachweis in allen Fällen kein Gewicht. Aber erstens wäre eine derartige Behauptung sicherlich eine arge Übertreibung, und zweitens ruht der ätiologische Anspruch der infantilen Szenen nicht allein auf der Beständigkeit ihres Vorkommens in der Anamnese der Hysterischen, sondern vor allem auf dem Nachweis der assoziativen und logischen Bande zwischen ihnen und den hysterischen Symptomen, der Ihnen aus einer vollständig mitgeteilten Krankengeschichte sonnenklar einleuchten würde.

Welches mögen die anderen Momente sein, deren die „spezifische Ätiologie" der Hysterie noch bedarf, um die Neurose wirklich zu produzieren? Dies, meine Herren, ist eigentlich ein Thema für sich, das ich zu behandeln nicht vorhabe; ich brauche heute bloß die Kontaktstelle aufzuzeigen, an welcher die beiden Teilstücke des Themas — spezifische und Hilfsätiologie — in einander greifen. Es wird wohl eine ziemliche Anzahl von Faktoren in Betracht kommen, die erbliche und persönliche Konstitution, die innere Bedeutsamkeit der infantilen Sexualerlebnisse, vor allem deren Häufung; ein kurzes Verhältnis mit einem fremden, später gleichgiltigen Knaben wird an Wirksamkeit zurückstehen gegen mehrjährige, innige, sexuelle Beziehungen zum eigenen Bruder. Es sind in der Ätiologie der Neurosen quantitative Bedingungen ebensowohl bedeutsam wie qualitative; es sind Schwellenwerte zu überschreiten, wenn die Krankheit manifest werden soll. Ich halte die obige ätiologische Reihe übrigens selbst nicht für vollzählig und das Rätsel, warum die Hysterie in den niederen Ständen nicht häufiger ist, durch sie noch nicht erledigt. (Erinnern Sie sich übrigens, welche überraschend große Verbreitung Charcot für die männliche Hysterie des Arbeiterstandes behauptete.) Ich darf Sie aber auch daran mahnen, daß ich selbst vor wenigen Jahren auf ein bisher wenig gewürdigtes Moment hingewiesen habe, für welches ich die Hauptrolle in der Hervorrufung der Hysterie nach der Pubertät in Anspruch nehme. Ich habe damals ausgeführt, daß sich der Ausbruch der Hysterie fast regelmäßig auf einen psychischen Konflikt zurückführen läßt, indem eine unverträgliche Vorstellung die Abwehr des Ich rege mache und zur Verdrängung auffordere. Unter welchen Verhältnissen dieses Abwehrbestreben den pathologischen Effekt hat, die dem Ich peinliche Erinnerung wirklich ins Unbewußte zu drängen und an ihrer Statt ein hysterisches Symptom zu schaffen, das konnte ich damals nicht angeben. Ich ergänze es heute: Die Abwehr erreicht dann ihre Absicht, die unverträgliche Vorstellung aus dem Bewußtsein zu drängen, wenn bei der betreffenden, bis dahin gesunden Person infantile Sexualszenen als unbewußte Erinnerungen vorhanden sind, und wenn die zu verdrängende Vorstellung in logischen oder assoziativen Zusammenhang mit einem solchen infantilen Erlebnis gebracht werden kann.

Da das Abwehrbestreben des Ich von der gesamten moralischen und intellektuellen Ausbildung der Person abhängt, sind wir nun nicht mehr ohne jedes Verständnis für die Tatsache, daß die Hysterie beim niederen Volk so viel seltener ist, als ihre spezifische Ätiologie gestatten würde.

Meine Herren, kehren wir noch einmal zurück zu jener letzten Gruppe von Einwänden, deren Beantwortung uns so weit geführt hat. Wir haben gehört und anerkannt, daß es zahlreiche Personen gibt, die infantile Sexualerlebnisse sehr deutlich erinnern, und die doch nicht hysterisch sind. Dieser Einwand ist ganz ohne Gewicht, er wird uns aber Anlaß zu einer wertvollen Bemerkung bieten. Personen dieser Art dürfen nach unserem Verständnis der Neurose gar nicht hysterisch sein, oder wenigstens nicht hysterisch infolge der Szenen, die sie bewußt erinnern. Bei unseren Kranken sind diese Erinnerungen niemals bewußt; wir heilen sie aber von ihrer Hysterie, indem wir ihnen die unbewußten Erinnerungen der Infantilszenen in bewußte verwandeln. An der Tatsache, daß sie solche Erlebnisse gehabt haben, konnten und brauchten wir nichts zu ändern. Sie ersehen daraus, daß es auf die Existenz der infantilen Sexualerlebnisse allein nicht ankommt, sondern, daß eine psychologische Bedingung noch dabei ist.

Diese Szenen müssen als unbewußte Erinnerungen vorhanden sein; nur so lange und insoferne sie unbewußt sind, können sie hysterische Symptome erzeugen und unterhalten. Wovon es aber abhängt, ob diese Erlebnisse bewußte oder unbewußte Erinnerungen ergeben, ob die Bedingung hiefür im Inhalt der Erlebnisse, in der Zeit, zu der sie vorfallen, oder in späteren Einflüssen liegt, dies ist ein neues Problem, dem wir behutsam aus dem Wege gehen wollen. Lassen Sie sich bloß daran mahnen, daß uns die Analyse als erstes Resultat den Satz gebracht hat: Die hysterischen Symptome sind Abkömmlinge unbewußt wirkender Erinnerungen.

c) Wenn wir daran festhalten, infantile Sexualerlebnisse seien die Grundbedingung, sozusagen die Disposition der Hysterie, sie erzeugen die hysterischen Symptome aber nicht unmittelbar, sondern bleiben zunächst wirkungslos und wirken pathogen erst später, wenn sie im Alter nach der Pubertät als unbewußte Erinnerungen geweckt werden, so haben wir uns mit den zahlreichen Beobachtungen auseinanderzusetzen, welche das Auftreten hysterischer Erkrankung bereits im Kindesalter und vor der Pubertät erweisen. Indes löst sich die Schwierigkeit wieder, wenn wir die aus den Analysen gewonnenen Daten über die zeitlichen Umstände der infantilen Sexualerlebnisse näher betrachten. Man erfährt dann, daß in unseren schweren Fällen die Bildung hysterischer Symptome nicht etwa ausnahmsweise, sondern eher regelmäßig mit dem 8. Jahr beginnt, und daß die Sexualerlebnisse, die keine unmittelbare Wirkung äußern, jedesmal weiter zurückreichen, ins 3., 4., selbst ins 2. Lebensjahr. Da in keinem einzigen Fall die Kette der wirksamen Erlebnisse mit dem 8. Jahr abbricht, muß ich annehmen, daß diese Lebensperiode, in welcher der Wachstumsschub der zweiten Dentition erfolgt, für die Hysterie eine Grenze bildet, von welcher an ihre Verursachung unmöglich wird. Wer nicht frühere Sexualerlebnisse hat, kann von da an nicht mehr zur Hysterie disponiert werden; wer solche hat, kann nun bereits hysterische Symptome entwickeln. Das vereinzelte Vorkommen von Hysterie auch jenseits dieser Altersgrenze (vor 8 Jahren) ließe sich noch als Erscheinung der Frühreife deuten. Die Existenz dieser Grenze hängt sehr wahrscheinlich mit Entwicklungsvorgängen im Sexualsystem zusammen. Verfrühung der somatischen Sexualentwicklung kommt häufig zur Beobachtung, und es ist selbst denkbar, daß sie durch vorzeitige sexuelle Reizung befördert werden kann.

Man gewinnt so einen Hinweis darauf, daß ein gewisser infantiler Zustand der psychischen Funktionen wie des Sexualsystems erforderlich ist, damit eine in diese Periode fallende sexuelle Erfahrung später als Erinnerung pathogene Wirkung entfalte. Ich getraue mich indes noch nicht, über die Natur dieses psychischen Infantilismus und über seine zeitliche Begrenzung Näheres auszusagen.

d) Eine weitere Einwendung könnte etwa daran Anstoß nehmen, daß die Erinnerung der infantilen Sexualerlebnisse so großartige pathogene Wirkung äußern soll, während das Erleben derselben selbst wirkungslos geblieben ist. Wir sind ja in der Tat nicht daran gewöhnt, daß von einem Erinnerungsbild Kräfte ausgehen, welche dem realen Eindruck gefehlt haben. Sie bemerken hier übrigens, mit welcher Konsequenz bei der Hysterie der Satz durchgeführt ist, daß Symptome nur aus Erinnerungen hervorgehen können. Alle die späteren Szenen, bei denen die Symptome entstehen, sind nicht die wirksamen, und die eigentlich wirksamen Erlebnisse erzeugen zunächst keinen Effekt. Wir stehen aber hier vor einem Problem, welches wir mit gutem Recht von unserem Thema sondern können. Man fühlt sich freilich zu einer Synthese aufgefordert, wenn man die Reihe von auffälligen Bedingungen überdenkt, zu deren Kenntnis wir gelangt sind: daß, um ein hysterisches Symptom zu bilden, ein Abwehrbestreben gegen eine peinliche Vorstellung vorhanden sein muß; daß diese eine logische oder assoziative Verknüpfung aufweisen muß mit einer unbewußten Erinnerung durch zahlreiche oder wenige Mittelglieder, die in diesem Moment gleichfalls unbewußt bleiben; daß jene unbewußte Erinnerung nur sexuellen Inhalts sein kann; daß sie ein Erlebnis zum Inhalt hat, welches sich in einer gewissen infantilen Lebensperiode zugetragen hat; und man kann nicht umhin, sich zu fragen, wie es zugeht, daß diese Erinnerung an ein seinerzeit harmloses Erlebnis posthum die abnorme Wirkung äußert, einen psychischen Vorgang wie das Abwehren zu einem pathologischen Resultat zu leiten, während sie selbst dabei unbewußt bleibt?

Man wird sich aber sagen müssen, dies sei ein rein psychologisches Problem, dessen Lösung vielleicht bestimmte Annahmen über die normalen psychischen Vorgänge und über die Rolle des Bewußtseins dabei notwendig macht, das aber einstweilen ungelöst bleiben kann, ohne unsere bisher gewonnene Einsicht in die Ätiologie der hysterischen Phänomene zu entwerten.

III.

Meine Herren, das Problem, dessen Ansätze ich soeben formuliert habe, betrifft den Mechanismus der hysterischen Symptombildung. Wir sind aber genötigt, die Verursachung dieser Symptome darzustellen, ohne diesen Mechanismus in Betracht zu ziehen, was eine unvermeidliche Einbuße an Abrundung und Durchsichtigkeit unserer Erörterung mit sich bringt. Kehren wir zur Rolle der infantilen Sexualszenen zurück. Ich fürchte, ich könnte Sie zur Überschätzung von deren symptomenbildender Kraft verleitet haben. Ich betone darum nochmals, daß jeder Fall von Hysterie Symptome aufweist, deren Determinierung nicht aus infantilen, sondern aus späteren, oft aus rezenten Erlebnissen herstammt. Ein anderer Anteil der Symptome geht freilich auf die allerfrühesten Erlebnisse zurück, ist gleichsam vom ältesten Adel. Dahin gehören vor allem die so zahlreichen und mannigfaltigen Sensationen und Parästhesien an den Genitalien und anderen Körperstellen, die einfach dem Empfindungsinhalt der Infantilszenen in halluzinatorischer Reproduktion, oft auch in schmerzhafter Verstärkung, entsprechen.

Eine andere Reihe überaus gemeiner hysterischer Phänomene, der schmerzhafte Harndrang, die Sensation bei der Defäkation, Störungen der Darmtätigkeit, das Würgen und Erbrechen, Magenbeschwerden und Speiseekel, gab sich in meinen Analysen gleichfalls — und zwar mit überraschender Regelmäßigkeit — als Derivat derselben Kindererlebnisse zu erkennen und erklärte sich mühelos aus konstanten Eigentümlichkeiten derselben. Die infantilen Sexualszenen sind nämlich arge Zumutungen für das Gefühl eines sexuell normalen Menschen; sie enthalten alle Ausschreitungen, die von Wüstlingen und Impotenten bekannt sind, bei denen Mundhöhle und Darmausgang mißbräuchlich zu sexueller Verwendung gelangen. Die Verwunderung hierüber weicht beim Arzte alsbald einem völligen Verständnis. Von Personen, die kein Bedenken tragen, ihre sexuellen Bedürfnisse an Kindern zu befriedigen, kann man nicht erwarten, daß sie an Nuancen in der Weise dieser Befriedigung Anstoß nehmen, und die dem Kindesalter anhaftende sexuelle Impotenz drängt unausbleiblich zu denselben Surrogathandlungen, zu denen sich der Erwachsene im Falle erworbener Impotenz erniedrigt. Alle die seltsamen Bedingungen, unter denen das ungleiche Paar sein Liebesverhältnis fortführt: der Erwachsene, der sich seinem Anteil an der gegenseitigen Abhängigkeit nicht entziehen kann, wie sie aus einer sexuellen Beziehung notwendig hervorgeht, der dabei doch mit aller Autorität und dem Rechte der Züchtigung ausgerüstet ist und zur ungehemmten Befriedigung seiner Launen die eine Rolle mit der anderen vertauscht; das Kind, dieser Willkür in seiner Hilflosigkeit preisgegeben, vorzeitig zu allen Empfindlichkeiten erweckt und allen Enttäuschungen ausgesetzt, häufig in der Ausübung der ihm zugewiesenen sexuellen Leistungen durch seine unvollkommene Beherrschung der natürlichen Bedürfnisse unterbrochen — alle diese grotesken und doch tragischen Mißverhältnisse prägen sich in der ferneren Entwicklung des Individuums und seiner Neurose in einer Unzahl von Dauereffekten aus, die der eingehendsten Verfolgung würdig wären. Wo sich das Verhältnis zwischen zwei Kindern abspielt, bleibt der Charakter der Sexualszenen doch der nämliche abstoßende, da ja jedes Kinderverhältnis eine vorausgegangene Verführung des einen Kindes durch einen Erwachsenen postuliert. Die psychischen Folgen eines solchen Kinderverhältnisses sind ganz außerordentlich tiefgreifende; die beiden Personen bleiben für ihre ganze Lebenszeit durch ein unsichtbares Band miteinander verknüpft.

Gelegentlich sind es Nebenumstände dieser infantilen Sexualszenen, welche in späteren Jahren zu determinierender Macht für die Symptome der Neurose gelangen. So hat in einem meiner Fälle der Umstand, daß das Kind abgerichtet wurde, mit seinem Fuß die Genitalien der Erwachsenen zu erregen, hingereicht, um Jahre hindurch die neurotische Aufmerksamkeit auf die Beine und deren Funktion zu fixieren und schließlich eine hysterische Paraplegie zu erzeugen. In einem anderen Falle wäre es rätselhaft geblieben, warum die Kranke in ihren Angstanfällen, die gewisse Tagesstunden bevorzugten, gerade eine einzige von ihren zahlreichen Schwestern zu ihrer Beruhigung nicht von ihrer Seite lassen wollte, wenn die Analyse nicht ergeben hätte, daß der Attentäter seinerzeit sich bei jedem dieser Besuche erkundigt hatte, ob diese Schwester zu Hause sei, von der er eine Störung befürchten mußte.

Es kommt vor, daß die determinierende Kraft der Infantilszenen sich so sehr verbirgt, daß sie bei oberflächlicher Analyse übersehen werden muß. Man vermeint dann, man habe die Erklärung eines gewissen Symptoms im Inhalt einer der späteren Szenen gefunden und stößt im Verlaufe der Arbeit auf denselben Inhalt in einer der Infantilszenen, so daß man sich schließlich sagen muß, die spätere Szene verdanke ihrer Kraft, Symptome zu determinieren, doch nur ihrer Übereinstimmung mit der früheren. Ich will darum die spätere Szene nicht als bedeutungslos hinstellen; wenn ich die Aufgabe hätte, die Regeln der hysterischen Symptombildung vor Ihnen zu erörtern, würde ich als eine dieser Regeln anerkennen müssen, daß zum Symptom jene Vorstellung auserwählt wird, zu deren Hebung mehrere Momente zusammenwirken, die von verschiedenen Seiten her gleichzeitig geweckt wird, was ich an anderer Stelle durch den Satz auszudrücken versucht habe: Die hysterischen Symptome seien überdeterminiert.

Noch eines, meine Herrn; ich habe zwar vorhin das Verhältnis der rezenten Ätiologie zur infantilen als ein besonderes Thema beiseite gerückt; aber ich kann doch den Gegenstand nicht verlassen, ohne diesen Vorsatz durch wenigstens eine Bemerkung zu übertreten. Sie gestehen mir zu, es ist vor allem eine Tatsache, die uns am psychologischen Verständnis der hysterischen Phänomene irre werden läßt, die uns zu warnen scheint, psychische Akte bei Hysterischen und bei Normalen mit gleichem Maß zu messen. Es ist dies das Mißverhältnis zwischen psychisch erregendem Reiz und psychischer Reaktion, das wir bei den Hysterischen antreffen, welches wir durch die Annahme einer allgemeinen abnormen Reizbarkeit zu decken suchen und häufig physiologisch zu erklären bemüht sind, als ob gewisse, der Übertragung dienende Hirnorgane sich bei den Kranken in einem besonderen chemischen Zustande befänden, etwa wie die Spinalzentren des Strychninfrosches, oder sich dem Einflusse höherer hemmender Zentren entzogen hätten, wie im vivisektorischen Tierexperiment. Beide Auffassungen mögen hier und dort zur Erklärung der hysterischen Phänomene vollberechtigt sein; das stelle ich nicht in Abrede. Aber der Hauptanteil des Phänomens, der abnormen, übergroßen, hysterischen Reaktion auf psychische Reize läßt eine andere Erklärung zu, die durch zahllose Beispiele aus den Analysen gestützt wird. Und diese Erklärung lautet: Die Reaktion der Hysterischen ist eine nur scheinbar übertriebene; sie muß uns so erscheinen, weil wir nur einen kleinen Teil der Motive kennen, aus denen sie erfolgt.

In Wirklichkeit ist diese Reaktion proportional dem erregenden Reiz, also normal und psychologisch verständlich. Wir sehen dies sofort ein, wenn die Analyse zu den manifesten, dem Kranken bewußten Motiven jene anderen Motive hinzugefügt hat, die gewirkt haben, ohne daß der Kranke um sie wußte, die er uns also nicht mitteilen konnte.

Ich könnte Stunden damit ausfüllen, Ihnen diesen wichtigen Satz für den ganzen Umfang der psychischen Tätigkeit bei Hysterischen zu erweisen, muß mich aber hier auf wenige Beispiele beschränken. Sie erinnern sich an die so häufige seelische „Empfindlickeit“ der Hysterischen, die sie auf die leiseste Andeutung einer Geringschätzung reagieren läßt, als seien sie tödlich beleidigt worden. Was würden Sie nun denken, wenn Sie eine solche hochgradige Verletzbarkeit bei geringfügigen Anlässen zwischen zwei gesunden Menschen, etwa Ehegatten, beobachten würden? Sie würden gewiß den Schluß ziehen, die eheliche Szene, der Sie beigewohnt, sei nicht allein das Ergebnis des letzten kleinlichen Anlasses, sondern da habe sich durch lange Zeit Zündstoff angehäuft, der nun in seiner ganzen Masse durch den letzten Anstoß zur Explosion gebracht worden sei.

Bitte, übertragen Sie denselben Gedankengang auf die Hysterischen. Nicht die letzte, an sich minimale Kränkung ist es, die den Weinkrampf, den Ausbruch von Verzweiflung, den Selbstmordversuch erzeugt, mit Mißachtung des Satzes von der Proportionalität des Effekts und der Ursache, sondern diese kleine aktuelle Kränkung hat die Erinnerungen so vieler und intensiverer früherer Kränkungen geweckt und zur Wirkung gebracht, hinter denen allen noch die Erinnerung an eine schwere, nie verwundene Kränkung im Kindesalter steckt. Oder: wenn ein junges Mädchen sich die entsetzlichsten Vorwürfe macht, weil sie geduldet, daß ein Knabe zärtlich im Geheimen über ihre Hand gestrichen, und von da ab der Neurose verfällt, so können Sie zwar dem Rätsel mit dem Urteil begegnen, das sei eine abnorme, exzentrisch angelegte, hypersensitive Person; aber Sie werden anders denken, wenn Ihnen die Analyse zeigt, daß jene Berührung an eine andere, ähnliche erinnerte, die in sehr früher Jugend vorfiel und die ein Stück aus einem minder harmlosen Ganzen war, so daß eigentlich die Vorwürfe jenem alten Anlaß gelten. Schließlich ist das Rätsel der hysterogenen Punkte auch kein anderes; wenn Sie die eine ausgezeichnete Stelle berühren, tun Sie etwas, was sie nicht beabsichtigt haben; Sie wecken eine Erinnerung auf, die einen Krampfanfall auszulösen vermag, und da Sie von diesem psychischen Mittelglied nichts wissen, beziehen Sie den Anfall als Wirkung direkt auf Ihre Berührung als Ursache. Die Kranken befinden sich in derselben Unwissenheit und verfallen darum in ähnliche Irrtümer, sie stellen beständig „falsche Verknüpfungen“ her zwischen dem letztbewußten Anlaß und dem von so viel Mittelgliedern abhängigen Effekt. Ist es dem Arzte aber möglich geworden, zur Erklärung einer hysterischen Reaktion die bewußten und die unbewußten Motive zusammenzufassen, so muß er diese scheinbar übermäßige Reaktion fast immer als eine angemessene, nur in der Form abnorme anerkennen.

Sie werden nun gegen diese Rechtfertigung der hysterischen Reaktion auf psychische Reize mit Recht einwenden, sie sei doch keine normale, denn warum benehmen die Gesunden sich anders; warum wirken bei ihnen nicht alle längst verflossenen Erregungen neuerdings mit, wenn eine neue Erregung aktuell ist? Es macht ja den Eindruck, als blieben bei den Hysterischen alle alten Erlebnisse wirkungskräftig, auf die schon so oft, und zwar in stürmischer Weise reagiert wurde, als seien diese Personen unfähig, psychische Reize zu erledigen. Richtig, meine Herren, etwas Derartiges muß man tatsächlich als wahr annehmen. Vergessen Sie nicht, daß die alten Erlebnisse der Hysterischen bei einem aktuellen Anlasse als unbewußte Erinnerungen ihre Wirkung äußern. Es scheint, als ob die Schwierigkeit der Erledigung, die Unmöglichkeit, einen aktuellen Eindruck in eine machtlose Erinnerung zu verwandeln, gerade an dem Charakter des psychisch Unbewußten hinge. Sie sehen, der Rest des Problems ist wiederum Psychologie, und zwar Psychologie von einer Art, für welche uns die Philosophen wenig Vorarbeit geleistet haben.

Auf diese Psychologie, die für unsere Bedürfnisse erst zu erschaffen ist — auf die zukünftige Neurosenpsychologie — muß ich Sie auch verweisen, wenn ich Ihnen zum Schlusse eine Mitteilung mache, von der Sie zunächst eine Störung unseres beginnenden Verständnisses für die Ätiologie der Hysterie besorgen werden. Ich muß es nämlich aussprechen, daß die ätiologische Rolle der infantilen Sexualerlebnisse nicht auf das Gebiet der Hysterie eingeschränkt ist, sondern in gleicher Weise für die merkwürdige Neurose der Zwangsvorstellungen, ja vielleicht auch für die Formen der chronischen Paranoia und andere funktionelle Psychosen Geltung hat. Ich drücke mich hierbei minder bestimmt aus, weil die Anzahl meiner Analysen von Zwangsneurosen noch weit hinter der von Hysterien zurücksteht; von Paranoia habe ich gar nur eine einzige ausreichende und einige fragmentarische Analysen zur Verfügung. Aber was ich da gefunden, schien mir verläßlich und hat mich mit sicheren Erwartungen für andere Fälle erfüllt. Sie erinnern sich vielleicht, daß ich für die Zusammenfassung von Hysterie und Zwangsvorstellungen unter dem Titel „Abwehrneurosen“ bereits früher eingetreten bin, ehe mir noch die Gemeinsamkeit der infantilen Ätiologie bekannt war. Nun muß ich hinzufügen — was man freilich nicht allgemein zu erwarten braucht — daß meine Fälle von Zwangsvorstellung sämtlich einen Untergrund von hysterischen Symptomen, meist Sensationen und Schmerzen, erkennen ließen, die sich gerade auf die ältesten Kindererlebnisse zurückleiteten. Worin liegt nun die Entscheidung, ob aus den unbewußt gebliebenen infantilen Sexualszenen später Hysterie oder Zwangsneurose oder gar Paranoia hervorgehen soll, wenn sich die anderen pathogenen Momente hinzugesellt haben? Diese Vermehrung unserer Erkenntnisse scheint ja dem ätiologischen Wert dieser Szenen Eintrag zu tun, indem sie die Spezifität der ätiologischen Relation aufhebt.

Ich bin noch nicht in der Lage, meine Herren, eine verläßliche Antwort auf diese Frage zu geben. Die Anzahl meiner analysierten Fälle, die Mannigfaltigkeit der Bedingungen in ihnen, ist nicht groß genug hiefür. Ich merke bis jetzt, daß die Zwangsvorstellungen bei der Analyse regelmäßig als verkappte und verwandelte Vorwürfe wegen sexueller Aggressionen im Kindesalter zu entlarven sind, daß sie darum bei Männern häufiger gefunden werden als bei Frauen, und häufiger bei ihnen sich entwickeln als Hysterie. Ich könnte daraus schließen, daß der Charakter der Infantilszenen, ob sie mit Lust oder nur passiv erlebt werden, einen bestimmenden Einfluß auf die Auswahl der späteren Neurose hat, aber ich möchte auch den Einfluß des Alters, in dem diese Kinderaktionen vorfallen, und anderer Momente nicht unterschätzen. Hierüber muß erst die Diskussion weiterer Analysen Aufschluß geben; wenn es aber klar sein wird, welche Momente die Entscheidung zwischen den möglichen Formen der Abwehrneuropsychosen beherrschen, wird es wiederum ein rein psychologisches Problem sein, kraft welches Mechanismus die einzelne Form gestaltet wird.

Ich bin nun zum Ende meiner heutigen Erörterungen gelangt. Auf Widerspruch und Unglauben gefaßt, möchte ich meiner Sache nur noch eine Befürwortung mit auf den Weg geben. Wie immer Sie meine Resultate aufnehmen mögen, ich darf Sie bitten, dieselben nicht für die Frucht wohlfeiler Spekulation zu halten. Sie ruhen auf mühseliger Einzelerforschung der Kranken, die bei den meisten Fällen hundert Arbeitsstunden und darüber verweilt hat. Wichtiger noch als Ihre Würdigung der Ergebnisse ist mir Ihre Aufmerksamkeit für das Verfahren, dessen ich mich bedient habe, das neuartig, schwierig zu handhaben und doch unersetzlich für wissenschaftliche und therapeutische Zwecke ist. Sie sehen wohl ein, man kann den Ergebnissen, zu denen diese modifizierte Breuer'sche Methode führt, nicht gut widersprechen, wenn man die Methode beiseite läßt und sich nur der gewohnten Methode des Krankenexamens bedient. Es wäre ähnlich, als wollte man die Funde der histologischen Technik mit der Berufung auf die makroskopische Untersuchung widerlegen. Indem die neue Forschungsmethode den Zugang zu einem neuen Element des psychischen Geschehens, zu den unbewußt gebliebenen, nach Breuer's Ausdruck „bewußtseinsunfähigen“ Denkvorgängen breit eröffnet, winkt sie uns mit der Hoffnung eines neuen, besseren Verständnisses aller funktionellen psychischen Störungen. Ich kann es nicht glauben, daß die Psychiatrie es noch lange aufschieben wird, sich dieses neuen Weges zur Erkenntnis zu bedienen.

XI.

Die Sexualität in der Ätiologie der Neurosen.[1])

Durch eingehende Untersuchungen bin ich in den letzten Jahren zur Erkenntnis gelangt, daß Momente aus dem Sexualleben die nächsten und praktisch bedeutsamsten Ursachen eines jeden Falles von neurotischer Erkrankung darstellen. Diese Lehre ist nicht völlig neu; eine gewisse Bedeutung ist den sexuellen Momenten in der Ätiologie der Neurosen von jeher und von allen Autoren eingeräumt worden; für manche Unterströmungen in der Medizin ist die Heilung von „Sexualbeschwerden" und von „Nervenschwäche" immer in einem einzigen Versprechen vereint gewesen. Es wird also nicht schwer halten, dieser Lehre die Originalität zu bestreiten, wenn man einmal darauf verzichtet haben wird, ihre Triftigkeit zu leugnen.

In einigen kürzeren Aufsätzen, die in den letzten Jahren im „Neurologischen Centralblatt", in der „Revue neurologique" und in der „Wiener klinischen Rundschau" erschienen sind, habe ich versucht, das Material und die Gesichtspunkte anzudeuten, welche der Lehre von der „sexuellen Ätiologie der Neurosen" eine wissenschaftliche Stütze bieten. Eine ausführliche Darstellung steht noch aus, und zwar wesentlich darum, weil man bei der Bemühung, den als tatsächlich erkannten Zusammenhang aufzuklären, zu immer neuen Problemen gelangt, für deren Lösung es an Vorarbeiten fehlt. Keineswegs verfrüht erscheint mir aber der Versuch, das Interesse des praktischen Arztes auf die von mir behaupteten Verhältnisse zu lenken, damit er sich in Einem von der Richtigkeit dieser Behauptungen und von den Vorteilen überzeuge, welche er für sein ärztliches Handeln aus ihrer Erkenntnis ableiten kann.

---

[1]) Wiener klinische Rundschau, 1898, Nr. 2, 4, 5 und 7.

Ich weiß, daß es an Bemühungen nicht fehlen wird, den Arzt durch ethisch gefärbte Argumente von der Verfolgung dieses Gegenstandes abzuhalten. Wer sich bei seinen Kranken überzeugen will, ob ihre Neurosen wirklich mit ihrem Sexualleben zusammenhängen, der kann es nicht vermeiden, sich bei ihnen nach ihrem Sexualleben zu erkundigen und auf wahrheitsgetreue Aufklärung über dasselbe zu dringen. Darin soll aber die Gefahr für den Einzelnen wie für die Gesellschaft liegen. Der Arzt, höre ich sagen, hat kein Recht, sich in die sexuellen Geheimnisse seiner Patienten einzudrängen, ihre Schamhaftigkeit — besonders der weiblichen Personen — durch solches Examen gröblich zu verletzen. Seine ungeschickte Hand kann nur Familienglück zerstören, bei jugendlichen Personen die Unschuld beleidigen und der Autorität der Eltern vorgreifen; bei Erwachsenen wird er unbequeme Mitwisserschaft erwerben und sein eigenes Verhältnis zu seinen Kranken zerstören. Es sei also seine ethische Pflicht, der ganzen sexuellen Angelegenheit ferne zu bleiben.

Man darf wohl antworten: Das ist die Äußerung einer des Arztes unwürdigen Prüderie, die mit schlechten Argumenten ihre Blöße mangelhaft verdeckt. Wenn Momente aus dem Sexualleben wirklich als Krankheitsursachen zu erkennen sind, so fällt die Ermittlung und Besprechung dieser Momente eben hiedurch ohne weiteres Bedenken in den Pflichtenkreis des Arztes. Die Verletzung der Schamhaftigkeit, die er sich dabei zuschulden kommen läßt, ist keine andere und keine ärgere, sollte man meinen, als wenn er, um eine örtliche Affektion zu heilen, auf der Inspektion der weiblichen Genitalien besteht, zu welcher Forderung ihn die Schule selbst verpflichtet. Von älteren Frauen, die ihre Jugendjahre in der Provinz zugebracht haben, hört man oft noch erzählen, daß sie einst durch übermäßige Genitalblutungen bis zur Erschöpfung heruntergekommen waren, weil sie sich nicht entschließen konnten, einem Arzte den Anblick ihrer Nacktheit zu gestatten. Der erziehliche Einfluß, der von den Ärzten auf das Publikum geübt wird, hat es im Laufe einer Generation dahin gebracht, daß bei unseren jungen Frauen solches Sträuben nur höchst selten vorkommt. Wo es sich träfe, würde es als unverständige

Prüderie, als Scham am unrechten Orte verdammt werden. Leben wir denn in der Türkei, würde der Ehemann fragen, wo die kranke Frau dem Arzte nur den Arm durch ein Loch in der Mauer zeigen darf?!

Es ist nicht richtig, daß das Examen und die Mitwisserschaft in sexuellen Dingen dem Arzte eine gefährliche Machtfülle gegen seine Patienten verschafft. Derselbe Einwand konnte sich mit mehr Berechtigung seinerzeit gegen die Anwendung der Narkose richten, durch welche der Kranke seines Bewußtseins und seiner Willensbestimmung beraubt, und es in die Hand des Arztes gelegt wird, ob und wann er sie wieder erlangen soll. Doch ist uns heute die Narkose unentbehrlich geworden, weil sie dem ärztlichen Bestreben, zu helfen, dienlich ist wie nichts anderes, und der Arzt hat die Verantwortlichkeit für die Narkose unter seine anderen ernsten Verpflichtungen aufgenommen.

Der Arzt kann in allen Fällen Schaden stiften, wenn er ungeschickt oder gewissenlos ist, in anderen Fällen nicht mehr und nicht minder, als bei der Forschung nach dem Sexualleben seiner Patienten. Freilich, wer in einem schätzenswerten Ansatz zur Selbsterkenntnis sich nicht das Taktgefühl, den Ernst und die Verschwiegenheit zutraut, deren er für das Examen der Neurotiker bedarf, wer von sich weiß, daß Enthüllungen aus dem Sexualleben lüsternen Kitzel anstatt wissenschaftlichen Interesses bei ihm hervorrufen werden, der tut recht daran, dem Thema der Ätiologie der Neurosen fernzubleiben. Wir verlangen nur noch, daß er sich auch von der Behandlung der Nervösen fernhalte.

Es ist auch nicht richtig, daß die Kranken einer Erforschung ihres Sexuallebens unüberwindliche Hindernisse entgegensetzen. Erwachsene pflegen sich nach kurzem Zögern mit den Worten zurechtzurücken: Ich bin doch beim Arzte; dem darf man alles sagen. Zahlreiche Frauen, die an der Aufgabe, ihre sexuellen Gefühle zu verbergen, schwer genug durchs Leben zu tragen haben, finden sich erleichtert, wenn sie beim Arzte merken, daß hier keine andere Rücksicht über die ihrer Heilung gesetzt ist, und danken es ihm, daß sie sich auch einmal in sexuellen Dingen rein menschlich geberden dürfen. Eine dunkle Kenntnis der vorwaltenden Bedeutung sexueller Momente für die Entstehung der Nervosität, wie ich sie für die Wissenschaft neu zu gewinnen suche, scheint im Bewußtsein der Laien überhaupt nie untergegangen zu sein. Wie oft erlebt man Szenen wie die folgende: Man hat ein Ehepaar vor sich, von dem ein Teil an Neurose leidet. Nach vielen Einleitungen und Entschuldigungen, daß es für den Arzt, der in solchen Fällen helfen will, konventionelle Schranken nicht geben darf u. dgl., teilt man den Beiden mit, man vermute, der Grund der Krankheit liege in der unnatürlichen und schädlichen Art des sexuellen Verkehres, die sie seit der letzten Entbindung der Frau gewählt haben dürften. Die Ärzte pflegen sich um diese Verhältnisse in der Regel nicht zu kümmern, allein das sei nur verwerflich, wenn auch die Kranken nicht gerne davon hören usw. Dann stößt der eine Teil den anderen an und sagt: Siehst du, ich habe es dir gleich gesagt, das wird mich krank machen. Und der andere antwortet: Ich hab' mir's ja auch gedacht, aber was soll man tun?

Unter gewissen anderen Umständen, etwa bei jungen Mädchen, die ja systematisch zur Verhehlung ihres Sexuallebens erzogen werden, wird man sich mit einem recht bescheidenen Maße von aufrichtigem Entgegenkommen begnügen müssen. Es fällt aber hier ins Gewicht, daß der kundige Arzt seinen Kranken nicht unvorbereitet entgegentritt und in der Regel nicht Aufklärung, sondern bloß Bestätigung seiner Vermutungen von ihnen zu fordern hat. Wer meinen Anweisungen folgen will, wie man sich die Morphologie der Neurosen zurechtzulegen und ins Ätiologische zu übersetzen hat, dem brauchen die Kranken nur wenig Geständnisse mehr zu machen. In der nur allzu bereitwillig gegebenen Schilderung ihrer Krankheitssymptome haben sie ihm meist die Kenntnis der dahinter verborgenen sexuellen Faktoren mitverraten.

Es wäre von großem Vorteil, wenn die Kranken besser wüßten, mit welcher Sicherheit dem Arzte die Deutung ihrer neurotischen Beschwerden und der Rückschluß von ihnen auf die wirksame sexuelle Ätiologie nunmehr möglich ist. Es wäre sicherlich ein Antrieb für sie, auf die Heimlichkeit von dem

Augenblicke an zu verzichten, da sie sich entschlossen haben, für ihr Leiden um Hilfe zu bitten. Wir haben aber alle ein Interesse daran, daß auch in sexuellen Dingen ein höherer Grad von Aufrichtigkeit unter den Menschen Pflicht werde, als er bis jetzt verlangt wird. Die sexuelle Sittlichkeit kann dabei nur gewinnen. Gegenwärtig sind wir in Sachen der Sexualität samt und sonders Heuchler, Kranke wie Gesunde. Es wird uns nur zugute kommen, wenn im Gefolge der allgemeinen Aufrichtigkeit ein gewisses Maß von Duldung in sexuellen Dingen zur Geltung gelangt.

Der Arzt hat gewöhnlich ein sehr geringes Interesse an manchen der Fragen, welche unter den Neuropathologen in betreff der Neurosen diskutiert werden, etwa ob man Hysterie und Neurasthenie strenge zu sondern berechtigt ist, ob man eine Hystero-Neurasthenie daneben unterscheiden darf, ob man das Zwangsvorstellen zur Neurasthenie rechnen oder als besondere Neurose anerkennen soll u. dgl. m. Wirklich dürfen auch solche Distinktionen dem Arzte gleichgiltig sein, so lange sich an die getroffene Entscheidung weiter nichts knüpft, keine tiefere Einsicht und kein Fingerzeig für die Therapie, so lange der Kranke in allen Fällen in die Wasserheilanstalt geschickt wird, oder zu hören bekommt — daß ihm nichts fehlt. Anders aber, wenn man unsere Gesichtspunkte über die ursächlichen Beziehungen zwischen der Sexualität und den Neurosen annimmt. Dann erwacht ein neues Interesse für die Symptomatologie der einzelnen neurotischen Fälle, und es gelangt zur praktischen Wichtigkeit, daß man das komplizierte Bild richtig in seine Komponenten zu zerlegen und diese richtig zu benennen verstehe. Die Morphologie der Neurosen ist nämlich mit geringer Mühe in Ätiologie zu übersetzen, und aus der Erkenntnis dieser leiten sich, wie selbstverständlich, neue therapeutische Anweisungen ab.

Die bedeutsame Entscheidung nun, die jedesmal durch sorgfältige Würdigung der Symptome sicher getroffen werden kann, geht dahin, ob der Fall die Charaktere einer Neurasthenie oder einer Psychoneurose (Hysterie, Zwangsvorstellen) an sich trägt. (Es kommen ungemein häufig Mischfälle vor, in denen Zeichen der Neurasthenie mit denen einer Psychoneurose vereinigt sind; wir wollen aber deren Würdigung für später aufsparen.) Nur bei den Neurasthenien hat das Examen der Kranken den Erfolg, die ätiologischen Momente aus dem Sexualleben aufzudecken; dieselben sind dem Kranken, wie natürlich, bekannt und gehören der Gegenwart, richtiger der Lebenszeit seit der Geschlechtsreife an (wenngleich auch diese Abgrenzung nicht alle Fälle einzuschließen gestattet). Bei den Psychoneurosen leistet ein solches Examen wenig; es verschafft uns etwa die Kenntnis von Momenten, die man als Veranlassungen anerkennen muß, und die mit dem Sexualleben zusammenhängen oder auch nicht; im ersteren Falle zeigen sie sich dann nicht von anderer Art als die ätiologischen Momente der Neurasthenie, lassen also eine spezifische Beziehung zur Verursachung der Psychoneurose durchaus vermissen. Und doch liegt auch die Ätiologie der Psychoneurosen in jedem Falle wiederum im Sexuellen. Auf einem merkwürdigen Umwege, von dem später die Rede sein wird, kann man zur Kenntnis dieser Ätiologie gelangen und begreiflich finden, daß der Kranke uns von ihr nichts zu sagen wußte. Die Ereignisse und Einwirkungen nämlich, welche jeder Psychoneurose zugrunde liegen, gehören nicht der Aktualität an, sondern einer längst vergangenen, sozusagen prähistorischen Lebensepoche, der frühen Kindheit, und darum sind sie auch dem Kranken nicht bekannt. Er hat sie — in einem bestimmten Sinne nur — vergessen.

Sexuelle Ätiologie also in allen Fällen von Neurose; aber bei den Neurasthenien solche von aktueller Art, bei den Psychoneurosen Momente infantiler Natur; dies ist der erste große Gegensatz in der Ätiologie der Neurosen. Ein zweiter ergibt sich, wenn man einem Unterschiede in der Symptomatik der Neurasthenie selbst Rechnung trägt. Hier finden sich einerseits Fälle, in denen sich gewisse für die Neurasthenie charakteristische Beschwerden in den Vordergrund drängen: Der Kopfdruck, die Ermüdbarkeit, die Dyspepsie, die Stuhlverstopfung, die Spinalirritation usf. In anderen Fällen treten diese Zeichen zurück, und das Krankheitsbild setzt sich aus anderen Symptomen zusammen, die sämtlich eine Beziehung zum Kernsymptom, der „Angst“, erkennen lassen (freie

Ängstlichkeit, Unruhe, Erwartungsangst, komplete, rudimentäre und supplementäre Angstanfälle, lokomotorischer Schwindel, Agoraphobie, Schlaflosigkeit, Schmerzsteigerung, usw.) Ich habe dem ersten Typus von Neurasthenie seinen Namen belassen, den zweiten aber als „Angstneurose" ausgezeichnet, und diese Scheidung an anderem Orte begründet, woselbst auch der Tatsache des in der Regel gemeinsamen Vorkommens beider Neurosen Rechnung getragen wird. Für unsere Zwecke genügt die Hervorhebung, daß der symptomatischen Verschiedenheit beider Formen ein Unterschied der Ätiologie parallel geht. Die Neurasthenie läßt sich jedesmal auf einen Zustand des Nervensystems zurückführen, wie er durch exzessive Masturbation erworben wird oder durch gehäufte Pollutionen spontan entsteht; bei der Angstneurose findet man regelmäßig sexuelle Einflüsse, denen das Moment der Zurückhaltung oder der unvollkommenen Befriedigung gemeinsam ist, wie: Coitus interruptus, Abstinenz bei lebhafter Libido, sogenannte frustrane Erregung u. dgl. In dem kleinen Aufsatze, welcher die Angstneurose einzuführen bemüht war, habe ich die Formel ausgesprochen, die Angst sei überhaupt eine von ihrer Verwendung abgelenkte Libido.

Wo in einem Falle Symptome der Neurasthenie und der Angstneurose vereinigt sind, also ein Mischfall vorliegt, da hält man sich an den empirisch gefundenen Satz, daß einer Vermengung von Neurosen ein Zusammenwirken von mehreren ätiologischen Momenten entspricht, und wird seine Erwartung jedesmal bestätigt finden. Wie oft diese ätiologischen Momente durch den Zusammenhang der sexuellen Vorgänge organisch miteinander verknüpft sind, z. B. Coitus interruptus oder ungenügende Potenz des Mannes mit der Masturbation, dies wäre einer Ausführung im einzelnen wohl würdig.

Wenn man den vorliegenden Fall von neurasthenischer Neurose sicher diagnostiziert und dessen Symptome richtig gruppiert hat, so darf man sich die Symptomatik in Ätiologie übersetzen und dann von den Kranken dreist die Bekräftigung seiner Vermutungen verlangen. Anfänglicher Widerspruch darf einen nicht irre machen; man besteht fest auf dem, was man erschlossen hat, und besiegt endlich jeden Widerstand dadurch, daß man die Unerschütterlichkeit seiner Überzeugung betont. Man erfährt dabei allerlei aus dem Sexualleben der Menschen, womit sich ein nützliches und lehrreiches Buch füllen ließe, lernt es auch nach jeder Richtung hin bedauern, daß die Sexualwissenschaft heutzutage noch als unehrlich gilt. Da kleinere Abweichungen von einer normalen vita sexualis viel zu häufig sind, als daß man ihrer Auffindung Wert beilegen dürfte, wird man bei seinen neurotisch Kranken nur schwere und lange Zeit fortgesetzte Abnormität des Sexuallebens als Aufklärung gelten lassen; daß man aber durch sein Drängen einen Kranken, der psychisch normal ist, veranlassen könnte, sich selbst fälschlich sexueller Vergehen zu bezichtigen, das darf man getrost als eine imaginäre Gefahr vernachlässigen.

Verfährt man in dieser Weise mit seinen Kranken, so erwirbt man sich auch die Überzeugung, daß es für die Lehre von der sexuellen Ätiologie der Neurasthenie negative Fälle nicht gibt. Bei mir wenigstens ist diese Überzeugung so sicher geworden, daß ich auch den negativen Ausfall des Examens diagnostisch verwertet habe, nämlich um mir zu sagen, daß solche Fälle keine Neurasthenie sein können. So kam ich mehrmals dazu, eine progressive Paralyse anstatt einer Neurasthenie anzunehmen, weil es mir nicht gelungen war, die nach meiner Lehre erforderliche ausgiebige Masturbation nachzuweisen, und der Verlauf dieser Fälle gab mir nachträglich Recht. Ein andermal, wo der Kranke, bei Abwesenheit deutlicher organischer Veränderungen, über Kopfdruck, Kopfschmerzen und Dyspepsie klagte und meinen sexuellen Verdächtigungen mit Aufrichtigkeit und überlegener Sicherheit begegnete, fiel es mir ein, eine latente Eiterung in einer der Nebenhöhlen der Nase zu vermuten, und ein spezialistisch geschulter Kollege bestätigte diesen aus dem sexuell negativen Examen gezogenen Schluß, indem er den Kranken durch Entleerung von foetidem Eiter aus einer Highmorshöhle von seinen Beschwerden befreite.

Der Anschein, als ob es dennoch „negative Fälle" gäbe, kann auch auf andere Weise entstehen. Das Examen weist mitunter ein normales Sexualleben bei Personen nach, deren Neurose einer Neurasthenie oder einer Angstneurose für oberflächliche Beobachtung wirklich genug ähnlich sieht. Tiefer eindringende Untersuchung deckt aber dann regelmäßig den wahren Sachverhalt auf. Hinter solchen Fällen, die man für Neurasthenie gehalten hat, steckt eine Psychoneurose, eine Hysterie oder Zwangsneurose. Die Hysterie insbesondere, die so viele organische Affektionen nachahmt, kann mit Leichtigkeit eine der aktuellen Neurosen vortäuschen, indem sie deren Symptome zu hysterischen erhebt. Solche Hysterien in der Form der Neurasthenie sind nicht einmal sehr selten. Es ist aber keine wohlfeile Auskunft, wenn man für die Neurasthenien mit sexuell negativer Auskunft auf die Psychoneurosen rekurriert; man kann den Nachweis hiefür führen auf jenem Wege, der allein eine Hysterie untrüglich entlarvt, auf dem Wege der später zu erwähnenden Psychoanalyse.

Vielleicht wird nun Mancher, der gerne bereit ist, der sexuellen Ätiologie bei seinen neurasthenisch Kranken Rechnung zu tragen, es doch als eine Einseitigkeit rügen, wenn er nicht aufgefordert wird, auch den anderen Momenten, die als Ursachen der Neurasthenie bei den Autoren allgemein erwähnt sind, seine Aufmerksamkeit zu schenken. Es fällt mir nun nicht ein, die sexuelle Ätiologie bei den Neurosen jeder anderen zu substituieren, so daß ich deren Wirksamkeit für aufgehoben erklären würde. Das wäre ein Mißverständnis. Ich meine vielmehr, zu all den bekannten und wahrscheinlich mit Recht anerkannten ätiologischen Momenten der Autoren für die Entstehung der Neurasthenie kommen die sexuellen, die bisher nicht hinreichend gewürdigt worden sind, noch hinzu. Diese verdienen aber, nach meiner Schätzung, daß man ihnen in der ätiologischen Reihe eine besondere Stellung anweise. Denn sie allein werden in keinem Falle von Neurasthenie vermißt, sie allein vermögen es, die Neurose ohne weitere Beihilfe zu erzeugen, so daß diese anderen Momente zur Rolle einer Hilfs- und Supplementärätiologie herabgedrückt scheinen; sie allein gestatten dem Arzte, sichere Beziehungen zwischen ihrer Mannigfaltigkeit und der Vielheit der Krankheitsbilder zu erkennen. Wenn ich dagegen die Fälle zusammenstelle, die angeblich durch Überarbeitung, Gemütsaufregung, nach einem Typhus u. dgl. neurasthenisch geworden sind, so zeigen sie mir in den Symptomen nichts Gemeinsames, ich wüßte aus der Art der Ätiologie keine Erwartung in betreff der Symptome zu bilden, wie umgekehrt aus dem Krankheitsbilde nicht auf die einwirkende Ätiologie zu schließen.

Die sexuellen Ursachen sind auch jene, welche dem Arzte am ehesten einen Anhalt für sein therapeutisches Wirken bieten. Die Heredität ist unzweifelhaft ein bedeutsamer Faktor, wo sie sich findet; sie gestattet, daß ein großer Krankheitseffekt zustande kommt, wo sich sonst nur ein sehr geringer ergeben hätte. Allein die Heredität ist der Beeinflussung des Arztes unzugänglich; ein jeder bringt seine hereditären Krankheitsneigungen mit sich; wir können nichts mehr daran ändern. Auch dürfen wir nicht vergessen, daß wir gerade in der Ätiologie der Neurasthenien der Heredität den ersten Rang notwendig versagen müssen. Die Neurasthenie (in beiden Formen) gehört zu den Affektionen, die jeder erblich Unbelastete bequem erwerben kann. Wäre es anders, so wäre ja die riesige Zunahme der Neurasthenie undenkbar, über welche alle Autoren klagen. Was die Zivilisation betrifft, zu deren Sündenregister man oft die Verursachung der Neurasthenie zu schreiben pflegt, so mögen auch hierin die Autoren Recht haben (wiewohl wahrscheinlich auf ganz anderen Wegen, als sie vermeinen); aber der Zustand unserer Zivilisation ist gleichfalls für den Einzelnen etwas Unabänderliches; übrigens erklärt dieses Moment bei seiner Allgemeingiltigkeit für die Mitglieder derselben Gesellschaft niemals die Tatsache der Auswahl bei der Erkrankung. Der nicht neurasthenische Arzt steht ja unter demselben Einflusse der angeblich unheilvollen Zivilisation wie der neurasthenische Kranke, den er behandeln soll. — Die Bedeutung erschöpfender Einflüsse bleibt mit der oben gegebenen Einschränkung bestehen. Aber mit dem Momente der „Überarbeitung", das die Ärzte so gerne ihren Patienten als Ursache ihrer Neurose gelten lassen, wird übermäßig viel Mißbrauch getrieben. Es ist ganz richtig, daß jeder, der sich durch sexuelle Schädlichkeiten zur Neurasthenie disponiert hat, die intellektuelle Arbeit und die psychischen Mühen des Lebens schlecht verträgt, aber niemals wird jemand durch Arbeit oder durch Aufregung allein neurotisch. Geistige Arbeit ist eher ein Schutzmittel gegen neurasthenische Erkrankung; gerade die ausdauerndsten intellektuellen Arbeiter bleiben von der Neurasthenie verschont, und was die Neurastheniker als „krankmachende Überarbeitung" anklagen, das verdient in der Regel weder der Qualität noch dem Ausmaße nach als „geistige Arbeit" anerkannt zu werden. Die Ärzte werden sich wohl gewöhnen müssen, dem Beamten, der sich in seinem Bureau „überangestrengt", oder der Hausfrau, der ihr Hauswesen zu schwer geworden ist, die Aufklärung zu geben, daß sie nicht erkrankt sind, weil sie versucht haben, ihre für ein zivilisiertes Gehirn eigentlich leichten Pflichten zu erfüllen, sondern weil sie während dessen ihr Sexualleben gröblich vernachlässigt und verdorben haben.

Nur die sexuelle Ätiologie ermöglicht uns ferner das Verständnis aller Einzelheiten der Krankengeschichten bei Neurasthenikern, der rätselhaften Besserungen mitten im Krankheitsverlaufe und der ebenso unbegreiflichen Verschlimmerungen, die von Ärzten und Kranken dann gewöhnlich mit der eingeschlagenen Therapie in Beziehung gebracht werden. In meiner mehr als 200 Fälle umfassenden Sammlung ist z. B. die Geschichte eines Mannes verzeichnet, der, nachdem ihm die hausärztliche Behandlung nichts genützt hatte, zu Pfarrer Kneipp ging und von dieser Kur an ein Jahr von außerordentlicher Besserung mitten in seinen Leiden zu verzeichnen hatte. Als aber ein Jahr später die Beschwerden sich wieder verstärkten und er neuerdings Hilfe in Wörishofen suchte, blieb der Erfolg dieser zweiten Kur aus. Ein Blick in die Familienchronik dieses Patienten löst das zweifache Rätsel auf: $6^1/_2$ Monate nach der ersten Rückkehr aus Wörishofen wurde dem Kranken von seiner Frau ein Kind geboren; er hatte sie also zu Beginn einer noch unerkannten Gravidität verlassen und durfte nach seiner Wiederkunft natürlichen Verkehr mit ihr pflegen. Als nach Ablauf dieser für ihn heilsamen Zeit seine Neurose durch neuerlichen Coitus interruptus wieder angefacht war, mußte sich die zweite Kur erfolglos erweisen, da jene oben erwähnte Gravidität die letzte blieb.

Ein ähnlicher Fall, in dem gleichfalls eine unerwartete Einwirkung der Therapie zu erklären war, gestaltete sich noch lehrreicher, indem er eine rätselhafte Abwechslung in den Symptomen der Neurose enthielt. Ein jugendlicher Nervöser war von seinem Arzte in eine wohlgeleitete Wasserheilanstalt wegen typischer Neurasthenie geschickt worden. Dort besserte sich sein Zustand anfänglich immer mehr, so daß alle Aussicht vorhanden war, den Patienten als dankbaren Anhänger der Hydrotherapie zu entlassen. Da trat in der sechsten Woche ein Umschlag ein; der Kranke „vertrug das Wasser nicht mehr", wurde immer nervöser und verließ endlich nach zwei weiteren Wochen ungeheilt und unzufrieden die Anstalt. Als er sich bei mir über diesen Trug der Therapie beklagte, erkundigte ich mich ein wenig nach den Symptomen, die ihn mitten in der Kur befallen hatten. Merkwürdigerweise hatte sich darin ein Wandel vollzogen. Er war mit Kopfdruck, Müdigkeit und Dyspepsie in die Anstalt gegangen; was ihn in der Behandlung gestört hatte, waren: Aufgeregtheit, Anfälle von Beklemmung, Schwindel im Gehen und Schlafstörung gewesen. Nun konnte ich den Kranken sagen: „Sie tun der Hydrotherapie Unrecht. Sie sind, wie Sie selbst sehr wohl gewußt haben, infolge von lange fortgesetzter Masturbation erkrankt. In der Anstalt haben Sie die Art der Befriedigung aufgegeben und sich darum rasch erholt. Als Sie sich aber wohl fühlten, haben Sie unklugerweise Beziehungen zu einer Dame, nehmen wir an, einer Mitpatientin, gesucht, die nur zur Aufregung ohne normale Befriedigung führen konnten. Die schönen Spaziergänge in der Nähe der Anstalt gaben Ihnen gute Gelegenheit dazu. An diesem Verhältnisse sind Sie von neuem erkrankt, nicht an einer plötzlich aufgetretenen Intoleranz gegen die Hydrotherapie. Aus Ihrem gegenwärtigen Befinden schließe ich übrigens, daß Sie dasselbe Verhältnis auch in der Stadt fortsetzen." Ich kann versichern, daß der Kranke mich dann Punkt für Punkt bestätigt hat.

Die gegenwärtige Therapie der Neurasthenie, wie sie wohl am günstigsten in den Wasserheilanstalten geübt wird, setzt sich das Ziel, die Besserung des nervösen Zustandes durch zwei Momente: Schonung und Stärkung des Patienten zu erreichen. Ich wüßte nichts anderes gegen diese Therapie vorzubringen, als daß sie den sexuellen Bedingungen des Falles keine Rechnung trägt. Nach meiner Erfahrung ist es höchst wünschenswert, daß die ärztlichen Leiter solcher Anstalten sich genügend klar machen, daß sie es nicht mit Opfern der Zivilisation oder der Heredität, sondern — sit venia verbo — mit Sexualitätskrüppeln zu tun haben. Sie würden sich dann einerseits ihre Erfolge wie ihre Mißerfolge leichter erklären, andererseits aber neue Erfolge erzielen, die bis jetzt dem Zufalle oder dem unbeeinflußten Verhalten des Kranken anheimgegeben sind. Wenn man eine ängstlich-neurasthenische Frau von ihrem Hause weg in die Wasserheilanstalt schickt, sie dort, aller Pflichten ledig, baden, turnen und sich reichlich ernähren läßt, so wird man gewiß geneigt sein, die oft glänzende Besserung, die so in einigen Wochen oder Monaten erreicht wird, auf Rechnung der Ruhe, welche die Kranke genossen hat, und der Stärkung, die ihr die Hydrotherapie gebracht hat, zu setzen. Das mag so sein; man übersieht aber dabei, daß mit der Entfernung vom Hause für die Patientin auch eine Unterbrechung des ehelichen Verkehres gegeben ist, und daß erst diese zeitweilige Ausschaltung der krankmachenden Ursache ihr die Möglichkeit gibt, sich bei zweckmäßiger Therapie zu erholen. Die Vernachlässigung dieses ätiologischen Gesichtspunktes rächt sich nachträglich, indem der scheinbar so befriedigende Heilerfolg sich als sehr flüchtig erweist. Kurze Zeit, nachdem der Patient in seine Lebensverhältnisse zurückgekehrt ist, stellen sich die Symptome des Leidens wieder ein und nötigen ihn, entweder immer von Zeit zu Zeit einen Teil seiner Existenz unproduktiv in solchen Anstalten zu verbringen, oder veranlassen ihn, seine Hoffnungen auf Heilung anderswohin zu richten. Es ist also klar, daß die therapeutischen Aufgaben bei der Neurasthenie nicht in den Wasserheilanstalten, sondern innerhalb der Lebensverhältnisse der Kranken in Angriff zu nehmen sind.

Bei anderen Fällen kann unsere ätiologische Lehre dem Anstaltsarzte Aufklärung über die Quelle von Mißerfolgen geben, die sich noch in der Anstalt selbst ereignen, und ihm nahe legen, wie solche zu vermeiden sind. Die Masturbation ist bei erwachsenen Mädchen und reifen Männern weit häufiger, als man anzunehmen pflegt, und wirkt als Schädlichkeit nicht nur durch die Erzeugung der neurasthenischen Symptome, sondern auch, indem sie die Kranken unter dem Drucke eines als schändlich empfundenen Geheimnisses erhält. Der Arzt, der nicht gewohnt ist, Neurasthenie in Masturbation zu übersetzen, gibt sich für den Krankheitszustand Rechenschaft, indem er sich auf ein Schlagwort, wie Anämie, Unterernährung, Überarbeitung etc. bezieht, und erwartet nun bei Anwendung der dagegen ausgearbeiteten Therapie die Heilung seines Kranken. Zu seinem Erstaunen wechseln aber beim Kranken Zeiten von Besserung mit anderen ab, in denen unter schwerer Verstimmung alle Symptome sich verschlimmern. Der Ausgang einer solchen Behandlung ist im allgemeinen zweifelhaft. Wüßte der Arzt, daß der Kranke die ganze Zeit über mit seiner sexuellen Angewöhnung kämpft, daß er in Verzweiflung verfallen ist, weil er ihr wieder einmal unterliegen mußte, verstünde er, dem Kranken sein Geheimnis abzunehmen, dessen Schwere in seinen Augen zu entwerten, und ihn bei seinem Abgewöhnungskampfe zu unterstützen, so würde der Erfolg der therapeutischen Bemühung hiedurch wohl gesichert.

Die Abgewöhnung der Masturbation ist nur eine der neuen therapeutischen Aufgaben, welche dem Arzte aus der Berücksichtigung der sexuellen Ätiologie erwachsen, und diese Aufgabe gerade scheint wie jede andere Abgewöhnung nur in einer Krankenanstalt und unter beständiger Aufsicht des Arztes lösbar. Sich selbst überlassen, pflegt der Masturbant bei jeder verstimmenden Einwirkung auf die ihm bequeme Befriedigung zurückzugreifen. Die ärztliche Behandlung kann sich hier kein anderes Ziel stecken, als den wieder gekräftigten Neurastheniker dem normalen Geschlechtsverkehre zuzuführen, denn das einmal geweckte und durch eine geraume Zeit befriedigte Sexualbedürfnis läßt sich nicht mehr zum Schweigen bringen, sondern bloß auf ein anderes Objekt verschieben. Eine ganz analoge Bemerkung gilt übrigens auch für alle anderen Abstinenzkuren, die so lange nur scheinbar gelingen werden, so lange sich der Arzt damit begnügt, dem Kranken das narkotische Mittel zu entziehen, ohne sich um die Quelle zu kümmern, aus welcher das imperative Bedürfnis nach einem solchen entspringt. „Gewöhnung" ist eine bloße Redensart, ohne aufklärenden Wert; nicht jedermann, der eine Zeitlang Morphin, Kokaïn, Chloralhydrat u. dgl. zu nehmen Gelegenheit hat, erwirbt hiedurch die „Sucht" nach diesen Dingen. Genauere Untersuchung weist in der Regel nach, daß diese Narcotica zum Ersatze — direkt oder auf Umwegen — des mangelnden Sexualgenusses bestimmt sind, und wo sich normales Sexualleben nicht mehr herstellen läßt, da darf man den Rückfall des Entwöhnten mit Sicherheit erwarten.

Die andere Aufgabe wird dem Arzte durch die Ätiologie der Angstneurose gestellt und besteht darin, den Kranken zum Verlassen aller schädlichen Arten des Sexualverkehres und zur Aufnahme normaler sexueller Beziehungen zu veranlassen. Wie begreiflich, fällt diese Pflicht vor allem dem ärztlichen Vertrauensmanne des Kranken, dem Hausarzte, zu, der seine Klienten schwer schädigt, wenn er sich zu vornehm hält, um in diese Sphäre einzugreifen.

Da es sich hiebei zumeist um Ehepaare handelt, stößt das Bemühen des Arztes alsbald mit den malthusianischen Tendenzen, die Anzahl der Konzeptionen in der Ehe einzuschränken, zusammen. Es scheint mir unzweifelhaft, daß diese Vorsätze in unserem Mittelstande immer mehr an Ausbreitung gewinnen; ich bin Ehepaaren begegnet, die schon nach dem ersten Kinde die Verhütung der Konzeption durchzuführen begannen, und anderen, deren sexueller Verkehr von der Hochzeitsnacht an diesem Vorsatze Rechnung tragen wollte. Das Problem des Malthusianismus ist weitläufig und kompliziert; ich habe nicht die Absicht, es hier erschöpfend zu behandeln, wie es für die Therapie der Neurosen eigentlich erforderlich wäre. Ich gedenke nur zu erörtern, welche Stellung der Arzt, der die sexuelle Ätiologie der Neurosen anerkennt, zu diesem Problem am besten einnehmen kann.

Das Verkehrteste ist es offenbar, wenn er dasselbe — unter welchen Vorwänden immer — ignorieren will. Was notwendig ist, kann nicht unter meiner ärztlichen Würde sein, und es ist notwendig, einem Ehepaare, das an die Einschränkung der Kinderzeugung denkt, mit ärztlichem Rate beizustehen, wenn man nicht einen Teil oder Beide der Neurose aussetzen will. Es läßt sich nicht bestreiten, daß malthusianische Vorkehrungen irgend einmal in einer Ehe zur Notwendigkeit werden, und theoretisch wäre es einer der größten Triumphe der Menschheit, eine der fühlbarsten Befreiungen vom Naturzwange, dem unser Geschlecht unterworfen ist, wenn es gelänge, den verantwortlichen Akt der Kindererzeugung zu einer willkürlichen und beabsichtigten Handlung zu erheben, und ihn von der Verquickung mit der notwendigen Befriedigung eines natürlichen Bedürfnisses loszulösen.

Der einsichtsvolle Arzt wird es also auf sich nehmen, zu entscheiden, unter welchen Verhältnissen die Anwendung von Maßregeln zur Verhütung der Konzeption gerechtfertigt ist, und wird die schädlichen unter diesen Hilfsmitteln von den harmlosen zu sondern haben. Schädlich ist alles, was das Zustandekommen der Befriedigung hindert; bekanntlich besitzen wir aber derzeit kein Schutzmittel gegen die Konzeption, welches allen berechtigten Anforderungen genügen würde, d. h. sicher, bequem ist, der Lustempfindung beim Koitus nicht Eintrag tut und das Feingefühl der Frau nicht verletzt. Hier ist den Ärzten eine praktische Aufgabe gestellt, an deren Lösung sie ihre Kräfte dankbringend setzen können. Wer jene Lücke in unserer ärztlichen Technik ausfüllt, der hat Unzähligen den Lebensgenuß erhalten und die Gesundheit bewahrt, freilich dabei auch eine tief einschneidende Veränderung in unseren gesellschaftlichen Zuständen angebahnt.

Hiemit sind die Anregungen nicht erschöpft, die aus der Erkenntnis einer sexuellen Ätiologie der Neurosen fließen. Die Hauptleistung, die uns zugunsten der Neurastheniker möglich ist, fällt in die Prophylaxis. Wenn die Masturbation die Ursache der Neurasthenie in der Jugend ist und späterhin durch die von ihr geschaffene Verminderung der Potenz auch zur ätiologischen Bedeutung für die Angstneurose gelangt, so ist die Verhütung der Masturbation bei beiden Geschlechtern eine Aufgabe, die mehr Beachtung verdient, als sie bis jetzt gefunden hat. Überdenkt man alle die feineren und gröberen Schädigungen, die von der angeblich immer mehr um sich greifenden Neurasthenie ausgehen, so erkennt man geradezu ein Volksinteresse darin, daß die Männer mit voller Potenz in den Sexualverkehr eintreten. In Sachen der Prophylaxis aber ist der einzelne ziemlich ohnmächtig. Die Gesamtheit muß ein Interesse an dem Gegenstande gewinnen und ihre Zustimmung zur Schöpfung von gemeingiltigen Einrichtungen geben. Vorläufig sind wir von einem solchen Zustande, der Abhilfe versprechen würde, noch weit entfernt, und darum kann man mit Recht auch unsere Zivilisation für die Verbreitung der Neurasthenie verantwortlich machen. Es müßte sich vieles ändern. Der Widerstand einer Generation von Ärzten muß gebrochen werden, die sich nicht mehr an ihre eigene Jugend erinnern können; der Hochmut der Väter ist zu überwinden, die vor ihren Kindern nicht gerne auf das Niveau der Menschlichkeit herabsteigen wollen, die unverständige Verschämtheit der Mütter zu bekämpfen, denen es jetzt regelmäßig als unerforschliche, aber unverdiente Schicksalsfügung erscheint, daß „gerade ihre Kinder nervös geworden sind". Vor allem aber muß in der öffentlichen Meinung Raum geschaffen werden für die Diskussion der Probleme des Sexuallebens; man muß von diesen reden können, ohne für einen Ruhestörer oder für einen Spekulanten auf niedrige Instinkte erklärt zu werden. Und somit verbliebe auch hier genügend Arbeit für ein nächstes Jahrhundert, in dem unsere Zivilisation es verstehen soll, sich mit den Ansprüchen unserer Sexualität zu vertragen!

Der Wert einer richtigen diagnostischen Scheidung der Psychoneurosen von der Neurasthenie bezeigt sich auch darin, daß die ersteren eine andere praktische Würdigung und besondere therapeutische Maßnahmen erfordern. Die Psychoneurosen treten unter zweierlei Bedingungen auf, entweder selbständig oder im Gefolge der Aktualneurosen (Neurasthenie und Angstneurose). Im letzteren Falle hat man es mit einem neuen, übrigens sehr häufigen Typus von gemischten Neurosen zu tun. Die Ätiologie der Aktualneurose ist zur Hilfsätiologie der Psychoneurose geworden; es ergibt sich ein Krankheitsbild, in dem etwa die Angstneurose vorherrscht, das aber sonst Züge der echten Neurasthenie, der Hysterie und der Zwangsneurose enthält. Man tut nicht gut, angesichts einer solchen Vermengung etwa auf eine Sonderung der einzelnen neurotischen Krankheitsbilder zu verzichten, da es doch nicht schwer ist, sich den Fall in folgender Weise zurechtzulegen: Wie die vorwiegende Ausbildung der Angstneurose beweist, ist hier die Erkrankung unter dem ätiologischen Einflusse einer aktuellen sexuellen Schädlichkeit entstanden. Das betreffende Individuum war aber außerdem zu einer oder mehreren Psychoneurosen durch eine besondere Ätiologie disponiert und wäre irgend einmal spontan oder bei Hinzutritt eines anderen schwächenden Momentes an Psychoneurose erkrankt. Nun ist die noch fehlende Hilfsätiologie für die Psychoneurose durch die aktuelle Ätiologie der Angstneurose hinzugefügt worden.

Für solche Fälle hat sich mit Recht die therapeutische Übung eingebürgert, von der psychoneurotischen Komponente im Krankheitsbilde abzusehen und ausschießlich die Aktualneurose zu behandeln. Es gelingt in sehr vielen Fällen, auch der mitgerissenen Neurose Herr zu werden, wenn man der Neurasthenie zweckmäßig entgegentritt. Eine andere Beurteilung erfordern aber jene Fälle von Psychoneurose, die, sei es spontan auftreten, oder nach dem Ablaufe einer aus Neurasthenie und Psychoneurose gemengten Erkrankung als selbständig übrig bleiben. Wenn ich von „spontanem" Auftreten einer Psychoneurose gesprochen habe, so meine ich damit nicht etwa, daß man bei anamnestischer Nachforschung jedes ätiologische Moment vermißt. Dies kann wohl der Fall sein, man kann aber auch auf ein indifferentes Moment, eine Gemütsbewegung, Schwächung durch somatische Erkrankung u. dgl. hingewiesen werden. Doch muß man für alle diese Fälle festhalten, daß die eigentliche Ätiologie der Psychoneurosen nicht in diesen Veranlassungen liegt, sondern der gewöhnlichen Weise anamnestischer Erhebung unfaßbar bleibt.

Wie bekannt, ist es diese Lücke, welche man versucht hat, durch die Annahme einer besonderen neuropathischen

Disposition auszufüllen, deren Existenz einer Therapie solcher Krankheitszustände freilich nicht viel Aussicht auf Erfolg übrig ließe. Die neuropathische Disposition selbst wird als Zeichen einer allgemeinen Degeneration aufgefaßt, und somit gelangt dieses bequeme Kunstwort zu einer überreichlichen Verwendung gegen die armen Kranken, denen zu helfen die Ärzte recht ohnmächtig sind. Zum Glück steht es anders. Die neuropathische Disposition existiert wohl, aber ich muß bestreiten, daß sie zur Erzeugung der Psychoneurose hinreicht. Ich muß ferner bestreiten, daß das Zusammentreffen von neuropathischer Disposition und veranlassenden Ursachen des späteren Lebens eine ausreichende Ätiologie der Psychoneurosen darstellt. Man ist in der Zurückführung der Krankheitsschicksale des Einzelnen auf die Erlebnisse seiner Ahnen zu weit gegangen und hat daran vergessen, daß zwischen der Empfängnis und der Reife des Individuums ein langer und bedeutsamer Lebensabschnitt liegt, die Kindheit, in welcher die Keime zu späterer Erkrankung erworben werden können. So ist es tatsächlich bei der Psychoneurose. Ihre wirkliche Ätiologie ist zu finden in Erlebnissen der Kindheit, und zwar wiederum — und ausschließlich — in Eindrücken, die das sexuelle Leben betreffen. Man tut Unrecht daran, das Sexualleben der Kinder völlig zu vernachlässigen; sie sind, so viel ich erfahren habe, aller psychischen und vieler somatischen Sexualleistungen fähig. So wenig die äußeren Genitalien und die beiden Keimdrüsen den ganzen Geschlechtsapparat des Menschen darstellen, ebensowenig beginnt sein Geschlechtsleben erst mit der Pubertät, wie es der groben Beobachtung erscheinen mag. Es ist aber richtig, daß die Organisation und Entwicklung der Spezies Mensch eine ausgiebigere sexuelle Betätigung im Kindesalter zu vermeiden strebt; es scheint, daß die sexuellen Triebkräfte beim Menschen aufgespeichert werden sollen, um dann bei ihrer Entfesselung zur Zeit der Pubertät großen kulturellen Zwecken zu dienen. (Wilh. Fließ.) Aus einem derartigen Zusammenhange läßt sich etwa verstehen, warum sexuelle Erlebnisse des Kindesalters pathogen wirken müssen. Sie entfalten ihre Wirkung aber nur zum geringsten Maße zur Zeit, da sie vorfallen;

weit bedeutsamer ist ihre nachträgliche Wirkung, die erst in späteren Perioden der Reifung eintreten kann. Diese nachträgliche Wirkung geht, wie nicht anders möglich, von den psychischen Spuren aus, welche die infantilen Sexualerlebnisse zurückgelassen haben. In dem Intervall zwischen dem Erleben dieser Eindrücke und deren Reproduktion (vielmehr dem Erstarken der von ihnen ausgehenden libidinösen Impulse) hat nicht nur der somatische Sexualapparat, sondern auch der psychische Apparat eine bedeutsame Ausgestaltung erfahren, und darum erfolgt auf die Einwirkung jener frühen sexuellen Erlebnisse nun eine abnorme psychische Reaktion, es entstehen psychopathologische Bildungen.

In diesen Anleitungen konnte ich nur die Hauptmomente anführen, auf welche sich die Theorie der Psychoneurosen stützt: die Nachträglichkeit, den infantilen Zustand des Geschlechtsapparates und des Seeleninstrumentes. Um ein wirkliches Verständnis des Entstehungsmechanismus der Psychoneurosen zu erzielen, brauchte es breiterer Ausführungen; vor allem wäre es unvermeidlich, gewisse Annahmen über die Zusammensetzung und die Arbeitsweise des psychischen Apparates, die mir neu scheinen, als glaubwürdig hinzustellen. In einem Buche über „Traumdeutung“, das ich gegenwärtig vorbereite, werde ich die Gelegenheit finden, jene Fundamente einer Neurosenpsychologie zu berühren. Der Traum gehört nämlich in dieselbe Reihe psychopathologischer Bildungen, wie die hysterische fixe Idee, die Zwangsvorstellung und die Wahnidee.

Da die Erscheinungen der Psychoneurosen vermittelst der Nachträglichkeit von unbewußten psychischen Spuren aus entstehen, werden sie der Psychotherapie zugänglich, die allerdings hier andere Wege einschlagen muß als den bis jetzt einzig begangenen der Suggestion mit oder ohne Hypnose. Auf der von J. Breuer angegebenen „kathartischen“ Methode fußend, habe ich in den letzten Jahren ein therapeutisches Verfahren nahezu ausgearbeitet, welches ich das „psychoanalytische“ heißen will, und dem ich zahlreiche Erfolge verdanke, während ich hoffen darf, seine Wirksamkeit noch erheblich zu steigern. In den 1895 veröffentlichten Studien über

Hysterie (mit J. Breuer) sind die ersten Mitteilungen über Technik und Tragweite der Methode gegeben worden. Seither hat sich Manches, wie ich behaupten darf, zum Besseren daran geändert. Während wir damals bescheiden aussagten, daß wir nur die Beseitigung von hysterischen Symptomen, nicht die Heilung der Hysterie selbst in Angriff nehmen könnten, hat sich mir seither diese Unterscheidung als inhaltslos herausgestellt, also die Aussicht auf wirkliche Heilung der Hysterie und Zwangsvorstellungen ergeben. Es hat mich darum recht lebhaft interessiert, in den Publikationen von Fachgenossen zu lesen: In diesem Falle habe das sinnreiche, von Breuer und Freud ersonnene Verfahren versagt, oder: Die Methode habe nicht gehalten, was sie zu versprechen schien. Ich hatte dabei etwa die Empfindungen eines Menschen, der in der Zeitung seine Todesanzeige findet, sich aber dabei in seinem Besserwissen beruhigt fühlen darf. Das Verfahren ist nämlich so schwierig, daß es durchaus erlernt werden muß, und ich kann mich nicht besinnen, daß es einer meiner Kritiker von mir hätte erlernen wollen, glaube auch nicht, daß sie sich, ähnlich wie ich, genug intensiv damit beschäftigt haben, um es selbständig auffinden zu können. Die Bemerkungen in den Studien über Hysterie sind vollkommen unzureichend, um einem Leser die Beherrschung dieser Technik zu ermöglichen, streben solche vollständige Unterweisung auch keineswegs an.

Die psychoanalytische Therapie ist derzeit nicht allgemein anwendbar; ich kenne für sie folgende Einschränkungen: Sie erfordert ein gewisses Maß von Reife und Einsicht beim Kranken, taugt daher nicht für kindliche Personen oder für erwachsene Schwachsinnige und Ungebildete. Sie scheitert bei allzu betagten Personen daran, daß sie bei ihnen, dem angehäuften Materiale entsprechend, allzuviel Zeit in Anspruch nehmen würde, so daß man bis zur Beendigung der Kur in einen Lebensabschnitt geraten würde, für welchen auf nervöse Gesundheit nicht mehr Wert gelegt wird. Endlich ist sie nur dann möglich, wenn der Kranke einen psychischen Normalzustand hat, von dem aus sich das pathologische Material bewältigen läßt. Während einer hysterischen Verworrenheit, einer eingeschalteten Manie oder Melancholie ist mit den Mitteln der Psychoanalyse nichts zu leisten. Man kann solche Fälle dem Verfahren noch unterziehen, nachdem man mit den gewöhnlichen Maßregeln die Beruhigung der stürmischen Erscheinungen herbeigeführt hat. In der Praxis werden überhaupt die chronischen Fälle von Psychoneurosen besser der Methode Stand halten, als die Fälle mit akuten Krisen, bei denen das Hauptgewicht naturgemäß auf die Raschheit der Erledigung fällt. Daher geben auch die hysterischen Phobien und die verschiedenen Formen der Zwangsneurose das günstigste Arbeitsgebiet für diese neue Therapie.

Daß die Methode in diese Schranken gebannt ist, erklärt sich zum guten Teile aus den Verhältnissen, unter denen ich sie ausarbeiten mußte. Mein Material sind eben chronisch Nervöse der gebildeteren Stände. Ich halte es für sehr wohl möglich, daß sich ergänzende Verfahren für kindliche Personen und für das Publikum, welches in den Spitälern Hilfe sucht, ausbilden lassen. Ich muß auch anführen, daß ich meine Therapie bisher ausschließlich an schweren Fällen von Hysterie und Zwangsneurose erprobt habe; wie es sich bei jenen leichten Erkrankungsfällen gestalten würde, die man bei einer indifferenten Behandlung von wenigen Monaten in wenigstens scheinbare Genesung ausgehen sieht, weiß ich nicht anzugeben. Wie begreiflich, durfte eine neue Therapie, die vielfache Opfer erfordert, nur auf solche Kranke rechnen, die bereits die anerkannten Heilmethoden ohne Erfolg versucht hatten, oder deren Zustände den Schluß berechtigten, sie hätten von diesen angeblich bequemeren und kürzeren Heilverfahren nichts zu erwarten. So mußte ich mit einem unvollkommenen Instrumente sogleich die schwersten Aufgaben in Angriff nehmen; die Probe ist um so beweiskräftiger ausgefallen.

Die wesentlichen Schwierigkeiten, die sich jetzt noch der psychoanalytischen Heilmethode entgegensetzen, liegen nicht an ihr selbst, sondern in dem Mangel an Verständnis für das Wesen der Psychoneurosen bei Ärzten und Laien. Es ist nur das notwendige Korrelat zu dieser vollen Unwissenheit, wenn sich die Ärzte für berechtigt halten, den Kranken durch die unzutreffendsten Versicherungen zu trösten oder zu therapeutischen Maßnahmen zu veranlassen. „Kommen Sie für sechs Wochen in meine Anstalt und Sie werden Ihre Symptome (Reiseangst, Zwangsvorstellungen etc.) verloren haben.“ Tatsächlich ist die Anstalt unentbehrlich für die Beruhigung akuter Zufälle im Verlaufe einer Psychoneurose durch Ablenkung, Pflege und Schonung; zur Beseitigung chronischer Zustände leistet sie — nichts, und zwar die vornehmen, angeblich wissenschaftlich geleiteten Sanatorien ebensowenig wie die gemeinen Wasserheilanstalten.

Es wäre würdiger und dem Kranken, der sich doch schließlich mit seinen Beschwerden abfinden muß, zuträglicher, wenn der Arzt die Wahrheit sprechen würde, wie er sie alle Tage kennen lernt: Die Psychoneurosen sind als Genus keineswegs leichte Erkrankungen. Wenn eine Hysterie anfängt, kann niemand vorher wissen, wann sie ein Ende nehmen wird. Man tröstet sich meist vergeblich mit der Prophezeiung: Eines Tages wird sie plötzlich vorüber sein. Die Heilung erweist sich häufig genug als ein bloßes Übereinkommen zur gegenseitigen Duldung zwischen dem Gesunden und dem Kranken im Patienten oder erfolgt auf dem Wege der Umwandlung eines Symptomes in eine Phobie. Die mühsam beschwichtigte Hysterie des Mädchens lebt nach kurzer Unterbrechung durch das junge Eheglück in der Hysterie der Ehefrau wieder auf, nur daß jetzt eine andere Person als früher, der Ehemann, durch sein Interesse veranlaßt wird, über den Erkrankungsfall zu schweigen. Wo es nicht zu manifester Existenzunfähigkeit infolge von Krankheit kommt, da fehlt doch fast nie die Einbuße an aller freien Entfaltung der Seelenkräfte. Zwangsvorstellungen kehren das ganze Leben hindurch wieder; Phobien und andere Willenseinschränkungen sind für jede Therapie bisher unbeeinflußbar gewesen. Das alles wird dem Laien vorenthalten, und darum ist der Vater einer hysterischen Tochter entsetzt, wenn er z. B. einer einjährigen Behandlung seines Kindes zustimmen soll, wo doch die Krankheit etwa erst einige Monate gedauert hat. Der Laie ist sozusagen von der Überflüssigkeit all dieser Psychoneurosen tief innerlich überzeugt, er bringt darum dem

Krankheitsverlaufe keine Geduld und der Therapie keine Opferbereitschaft entgegen. Wenn er sich angesichts eines Typhus, der drei Wochen anhält, eines Beinbruches, der zur Heilung sechs Monate beansprucht, verständiger benimmt, wenn ihm die Fortsetzung orthopädischer Maßnahmen durch mehrere Jahre einsichtlich erscheint, sobald sich die ersten Spuren einer Rückgratsverkrümmung bei seinem Kinde zeigen, so rührt dieser Unterschied von dem besseren Verständnisse der Ärzte her, die ihr Wissen in ehrlicher Mitteilung dem Laien übertragen. Die Aufrichtigkeit der Ärzte und die Gefügigkeit der Laien wird sich auch für die Psychoneurosen herstellen, wenn erst die Einsicht in das Wesen dieser Affektionen ärztliches Gemeingut geworden ist. Die psychotherapeutische Radikalbehandlung derselben wird wohl immer eine besondere Schulung erfordern und mit der Ausübung anderer ärztlicher Tätigkeit unverträglich sein. Dafür winkt dieser, in der Zukunft wohl zahlreichen Klasse von Ärzten Gelegenheit zu rühmlichen Leistungen und eine befriedigende Einsicht in das Seelenleben der Menschen.

XII.

Über Psychotherapie.[1])

Meine Herren! Es sind ungefähr acht Jahre her, seitdem ich über Aufforderung Ihres betrauerten Vorsitzenden Professor v. Reder in Ihrem Kreise über das Thema der Hysterie sprechen durfte. Ich hatte kurz zuvor (1895) in Gemeinschaft mit Dr. Josef Breuer die „Studien über Hysterie“ veröffentlicht und den Versuch unternommen, auf Grund der neuen Erkenntnis, welche wir diesem Forscher verdanken, eine neuartige Behandlungsweise der Neurose einzuführen. Erfreulicherweise, darf ich sagen, haben die Bemühungen unserer „Studien“ Erfolg gehabt; die in ihnen vertretenen Ideen von der Wirkungsweise psychischer Traumen durch Zurückhaltung von Affekt und die Auffassung der hysterischen Symptome als Erfolge einer aus dem Seelischen ins Körperliche versetzten Erregung, Ideen, für welche wir die Termini „Abreagieren“ und „Konversion“ geschaffen hatten, sind heute allgemein bekannt und verstanden. Es gibt — wenigstens in deutschen Landen — keine Darstellung der Hysterie, die ihnen nicht bis zu einem gewissen Grade Rechnung tragen würde, und keinen Fachgenossen, der nicht zum mindesten ein Stück weit mit dieser Lehre ginge. Und doch mögen diese Sätze und diese Termini, solange sie noch frisch waren, befremdend genug geklungen haben!

Ich kann nicht dasselbe von dem therapeutischen Verfahren sagen, das gleichzeitig mit unserer Lehre den Fachgenossen vorgeschlagen wurde. Dasselbe kämpft noch heute um seine Anerkennung. Man mag spezielle Gründe dafür anrufen. Die Technik des Verfahrens war damals noch un-

[1]) Wiener Medizinische Presse, 1905, Nr. 1. (Vortrag, gehalten im Wiener mediz. Doktorenkollegium am 12. Dezember 1904.)

ausgebildet; ich vermochte es nicht, dem ärztlichen Leser des Buches jene Anweisungen zu geben, welche ihn befähigt hätten, eine derartige Behandlung vollständig durchzuführen. Aber gewiß wirken auch Gründe allgemeiner Natur mit. Vielen Ärzten erscheint noch heute die Psychotherapie als ein Produkt des modernen Mystizismus und im Vergleiche mit unseren physikalisch-chemischen Heilmitteln, deren Anwendung auf physiologische Einsichten gegründet ist, als geradezu unwissenschaftlich, des Interesses eines Naturforschers unwürdig. Gestatten Sie mir nun, vor Ihnen die Sache der Psychotherapie zu führen und hervorzuheben, was an dieser Verurteilung als Unrecht oder Irrtum bezeichnet werden kann.

Lassen Sie mich also fürs erste daran mahnen, daß die Psychotherapie kein modernes Heilverfahren ist. Im Gegenteile, sie ist die älteste Therapie, deren sich die Medizin bedient hat. In dem lehrreichen Werke von Löwenfeld (Lehrbuch der gesamten Psychotherapie) können Sie nachlesen, welches die Methoden der primitiven und der antiken Medizin waren. Sie werden dieselben zum größten Teile der Psychotherapie zuordnen müssen; man versetzte die Kranken zum Zwecke der Heilung in den Zustand der „gläubigen Erwartung", der uns heute noch das nämliche leistet. Auch nachdem die Ärzte andere Heilmittel aufgefunden haben, sind psychotherapeutische Bestrebungen der einen oder der anderen Art in der Medizin niemals untergegangen.

Fürs zweite mache ich Sie darauf aufmerksam, daß wir Ärzte auf die Psychotherapie schon darum nicht verzichten können, weil eine andere beim Heilungsvorgang sehr in Betracht kommende Partei — nämlich die Kranken — nicht die Absicht hat, auf sie zu verzichten. Sie wissen, welche Aufklärungen wir hierüber der Schule von Nancy (Liébault, Bernheim) verdanken. Ein von der psychischen Disposition der Kranken abhängiger Faktor tritt, ohne daß wir es beabsichtigen, zur Wirkung eines jeden vom Arzte eingeleiteten Heilverfahrens hinzu, meist im begünstigenden, oft auch im hemmenden Sinne. Wir haben für diese Tatsache das Wort „Suggestion" anzuwenden gelernt, und Moebius hat uns belehrt, daß die Unverläßlichkeit, die wir an so manchen unserer Heilmethoden beklagen, gerade auf die störende Einwirkung dieses übermächtigen Momentes zurückzuführen ist. Wir Ärzte, Sie alle, treiben also beständig Psychotherapie, auch wo Sie es nicht wissen und nicht beabsichtigen; nur hat es einen Nachteil, daß Sie den psychischen Faktor in Ihrer Einwirkung auf den Kranken so ganz dem Kranken überlassen. Er wird auf diese Weise unkontrollierbar, undosierbar, der Steigerung unfähig. Ist es dann nicht ein berechtigtes Streben des Arztes, sich dieses Faktors zu bemächtigen, sich seiner mit Absicht zu bedienen, ihn zu lenken und zu verstärken? Nichts anderes als dies ist es, was die wissenschaftliche Psychotherapie Ihnen zumutet.

Zu dritt, meine Herren Kollegen, will ich Sie auf die altbekannte Erfahrung verweisen, daß gewisse Leiden und ganz besonders die Psychoneurosen, seelischen Einflüssen weit zugänglicher sind als jeder anderen Medikation. Es ist keine moderne Rede, sondern ein Ausspruch alter Ärzte, daß diese Krankheiten nicht das Medikament heilt, sondern der Arzt, d. h. wohl die Persönlichkeit des Arztes, insofern er psychischen Einfluß durch sie ausübt. Ich weiß wohl, meine Herren Kollegen, daß bei Ihnen jene Anschauung sehr beliebt ist, welcher der Ästhetiker Vischer in seiner Faustparodie (Faust, der Tragödie III. Teil) klassischen Ausdruck geliehen hat:

»Ich weiß, das Physikalische
Wirkt öfters aufs Moralische.«

Aber sollte es nicht adäquater sein und häufiger zutreffen, daß man aufs Moralische eines Menschen mit moralischen, d. h. psychischen Mitteln einwirken kann?

Es gibt viele Arten und Wege der Psychotherapie. Alle sind gut, die zum Ziele der Heilung führen. Unsere gewöhnliche Tröstung: Es wird schon wieder gut werden! mit der wir den Kranken gegenüber so freigebig sind, entspricht einer der psychotherapeutischen Methoden; nur sind wir bei tieferer Einsicht in das Wesen der Neurosen nicht genötigt gewesen, uns auf die Tröstung einzuschränken. Wir haben die Technik der hypnotischen Suggestion, der Psychotherapie durch Ablenkung, durch Übung, durch Hervorrufung zweckdienlicher Affekte entwickelt. Ich verachte keine derselben und würde sie alle unter geeigneten Bedingungen ausüben. Wenn ich in Wirklichkeit mich auf ein einziges Heilverfahren beschränkt habe, auf die von Breuer „kathartisch" genannte Methode, die ich lieber die „analytische" heiße, so sind bloß subjektive Motive für mich maßgebend gewesen. Infolge meines Anteils an der Aufstellung dieser Therapie fühle ich die persönliche Verpflichtung, mich ihrer Erforschung und dem Ausbau ihrer Technik zu widmen. Ich darf behaupten, die analytische Methode der Psychotherapie ist diejenige, welche am eindringlichsten wirkt, am weitesten trägt, durch welche man die ausgiebigste Veränderung des Kranken erzielt. Wenn ich für einen Moment den therapeutischen Standpunkt verlasse, kann ich für sie geltend machen, daß sie die interessanteste ist, uns allein etwas über die Entstehung und den Zusammenhang der Krankheitserscheinungen lehrt. Infolge der Einsichten in den Mechanismus des seelischen Krankseins, die sie uns eröffnet, könnte sie allein imstande sein, über sich selbst hinaus zu führen und uns den Weg zu noch anderen Arten therapeutischer Beeinflussung zu weisen.

In bezug auf diese kathartische oder analytische Methode der Psychotherapie gestatten Sie mir nun, einige Irrtümer zu verbessern und einige Aufklärungen zu geben.

a) Ich merke, daß diese Methode sehr häufig mit der hypnotischen Suggestivbehandlung verwechselt wird, merke es daran, daß verhältnismäßig häufig auch Kollegen, deren Vertrauensmann ich sonst nicht bin, Kranke zu mir schicken, refraktäre Kranke natürlich, mit dem Auftrage, ich solle sie hypnotisieren. Nun habe ich seit etwa 8 Jahren keine Hypnose mehr zu Zwecken der Therapie ausgeübt (vereinzelte Versuche ausgenommen) und pflege solche Sendungen mit dem Rate, wer auf die Hypnose baut, möge sie selbst machen, zu retournieren. In Wahrheit besteht zwischen der suggestiven Technik und der analytischen der größtmögliche Gegensatz, jener Gegensatz, den der große Leonardo da Vinci für die Künste in die Formeln per via di porre und per via di levare gefaßt hat. Die Malerei, sagt Leonardo, arbeitet per via di porre; sie setzt nämlich Farbenhäufchen hin, wo sie früher nicht waren, auf die nicht farbige Leinwand; die Skulptur dagegen geht per via di levare vor, sie nimmt nämlich vom Stein so viel weg, als die Oberfläche der in ihm enthaltenen Statue noch bedeckt. Ganz ähnlich, meine Herren, sucht die Suggestivtechnik per via di porre zu wirken, sie kümmert sich nicht um Herkunft, Kraft und Bedeutung der Krankheitssymptome, sondern legt etwas auf, die Suggestion nämlich, wovon sie erwartet, daß es stark genug sein wird, die pathogene Idee an der Äußerung zu hindern. Die analytische Therapie dagegen will nicht auflegen, nichts Neues einführen, sondern wegnehmen, herausschaffen, und zu diesem Zwecke bekümmert sie sich um die Genese der krankhaften Symptome und den psychischen Zusammenhang der pathogenen Idee, deren Wegschaffung ihr Ziel ist. Auf diesem Wege der Forschung hat sie unserem Verständnis so bedeutende Förderung gebracht. Ich habe die Suggestionstechnik und mit ihr die Hypnose so frühzeitig aufgegeben, weil ich daran verzweifelte, die Suggestion so stark und so haltbar zu machen, wie es für die dauernde Heilung notwendig wäre. In allen schweren Fällen sah ich die darauf gelegte Suggestion wieder abbröckeln, und dann war das Kranksein oder ein dasselbe Ersetzendes wieder da. Außerdem mache ich dieser Technik den Vorwurf, daß sie uns die Einsicht in das psychische Kräftespiel verhüllt, z. B. uns den Widerstand nicht erkennen läßt, mit dem die Kranken an ihrer Krankheit festhalten, mit dem sie sich also auch gegen die Genesung sträuben, und der doch allein das Verständnis ihres Benehmens im Leben ermöglicht.

b) Es scheint mir der Irrtum unter den Kollegen weit verbreitet zu sein, daß die Technik der Forschung nach den Krankheitsanlässen und die Beseitigung der Erscheinungen durch diese Erforschung leicht und selbstverständlich sei. Ich schließe dies daraus, daß noch keiner von den vielen, die sich für meine Therapie interessieren und sichere Urteile über dieselbe von sich geben, mich je gefragt hat, wie ich es eigentlich mache. Das kann doch nur den einzigen Grund haben, daß sie meinen, es sei nichts zu fragen, es verstehe sich ganz von selbst. Auch höre ich mitunter mit

Erstaunen, daß auf dieser oder jener Abteilung eines Spitals ein junger Arzt von seinem Chef den Auftrag erhalten hat, bei einer Hysterischen eine „Psychoanalyse“ zu unternehmen. Ich bin überzeugt, man würde ihm nicht einen exstirpierten Tumor zur Untersuchung überlassen, ohne sich vorher versichert zu haben, daß er mit der histologischen Technik vertraut ist. Ebenso erreicht mich die Nachricht, dieser oder jener Kollege richte sich Sprechstunden mit einem Patienten ein, um eine psychische Kur mit ihm zu machen, während ich sicher bin, daß er die Technik einer solchen Kur nicht kennt. Er muß also erwarten, daß ihm der Kranke seine Geheimnisse entgegenbringen wird, oder sucht das Heil in irgend einer Art von Beichte oder Anvertrauen. Es würde mich nicht wundern, wenn der so behandelte Kranke dabei eher zu Schaden als zum Vorteil käme. Das seelische Instrument ist nämlich nicht gar leicht zu spielen. Ich muß bei solchen Anlässen an die Rede eines weltberühmten Neurotikers denken, der freilich nie in der Behandlung eines Arztes gestanden, der nur in der Phantasie eines Dichters gelebt hat. Ich meine den Prinzen Hamlet von Dänemark. Der König hat die beiden Höflinge Rosenkranz und Güldenstern über ihn geschickt, um ihn auszuforschen, ihm das Geheimnis seiner Verstimmung zu entreißen. Er wehrt sie ab; da werden Flöten auf die Bühne gebracht. Hamlet nimmt eine Flöte und bittet den einen seiner Quäler, auf ihr zu spielen, es sei so leicht wie lügen. Der Höfling weigert sich, denn er kennt keinen Griff, und da er zu dem Versuch des Flötenspiels nicht zu bewegen ist, bricht Hamlet endlich los: „Nun seht ihr, welch ein nichtswürdiges Ding ihr aus mir macht? Ihr wollt auf mir spielen; ihr wollt in das Herz meines Geheimnisses dringen; ihr wollt mich von meiner tiefsten Note bis zum Gipfel meiner Stimme hinauf prüfen, und in diesem kleinen Instrument hier ist viel Musik, eine vortreffliche Stimme, dennoch könnt ihr es nicht zum Sprechen bringen. Wetter, denkt ihr, daß ich leichter zu spielen bin als eine Flöte? Nennt mich was für ein Instrument ihr wollt, ihr könnt mich zwar verstimmen, aber nicht auf mir spielen“ (III. Akt, 2.).

c) Sie werden aus gewissen meiner Bemerkungen erraten haben, daß der analytischen Kur manche Eigenschaften anhaften, die sie von dem Ideal einer Therapie ferne halten. Tuto, cito, iucunde; das Forschen und Suchen deutet nicht eben auf Raschheit des Erfolges, und die Erwähnung des Widerstandes bereitet Sie auf die Erwartung von Unannehmlichkeiten vor. Gewiß, die psychoanalytische Behandlung stellt an den Kranken wie an den Arzt hohe Ansprüche; von ersterem verlangt sie das Opfer voller Aufrichtigkeit, gestaltet sich für ihn zeitraubend und daher auch kostspielig; für den Arzt ist sie gleichfalls zeitraubend und wegen der Technik, die er zu erlernen und auszuüben hat, ziemlich mühselig. Ich finde es auch selbst ganz berechtigt, daß man bequemere Heilmethoden in Anwendung bringt, solange man eben die Aussicht hat, mit diesen letzteren etwas zu erreichen. Auf diesen Punkt kommt es allein an; erzielt man mit dem mühevolleren und langwierigeren Verfahren erheblich mehr als mit dem kurzen und leichten, so ist das erstere trotz alledem gerechtfertigt. Denken Sie, meine Herren, um wieviel die Finsentherapie des Lupus unbequemer und kostspieliger ist als das früher gebräuchliche Ätzen und Schaben, und doch bedeutet es einen großen Fortschritt, bloß weil es mehr leistet; es heilt nämlich den Lupus radikal. Nun will ich den Vergleich nicht gerade durchsetzen; aber ein ähnliches Vorrecht darf doch die psychoanalytische Methode für sich in Anspruch nehmen. In Wirklichkeit habe ich meine therapeutische Methode nur an schweren und schwersten Fällen ausarbeiten und versuchen können; mein Material waren zuerst nur Kranke, die alles erfolglos versucht und durch Jahre in Anstalten geweilt hatten. Ich habe kaum Erfahrung genug gesammelt, um Ihnen sagen zu können, wie sich meine Therapie bei jenen leichteren, episodisch auftretenden Erkrankungen verhält, die wir unter den verschiedenartigsten Einflüssen und auch spontan abheilen sehen. Die psychoanalytische Therapie ist an dauernd existenzunfähigen Kranken und für solche geschaffen worden, und ihr Triumph ist es, daß sie eine befriedigende Anzahl von solchen dauernd existenzfähig macht. Gegen diesen Erfolg erscheint dann aller Aufwand geringfügig. Wir können uns nicht verhehlen, was wir vor den Kranken zu verleugnen pflegen, daß eine schwere Neurose in ihrer Bedeutung für das ihr unterworfene Individuum hinter keiner Kachexie, keinem der gefürchteten Allgemeinleiden zurücksteht.

d) Die Indikationen und Gegenanzeigen dieser Behandlung sind infolge der vielen praktischen Beschränkungen, die meine Tätigkeit betroffen haben, kaum endgiltig anzugeben. Indes will ich versuchen, einige Punkte mit Ihnen zu erörtern:

1. Man übersehe nicht über die Krankheit den sonstigen Wert einer Person und weise Kranke zurück, welche nicht einen gewissen Bildungsgrad und einen einigermaßen verläßlichen Charakter besitzen. Man darf nicht vergessen, daß es auch Gesunde gibt, die nichts taugen, und daß man nur allzu leicht geneigt ist, bei solchen minderwertigen Personen alles, was sie existenzunfähig macht, auf die Krankheit zu schieben, wenn sie irgend einen Anflug von Neurose zeigen. Ich stehe auf dem Standpunkt, daß die Neurose ihren Träger keineswegs zum Dégéneré stempelt, daß sie sich aber häufig genug mit den Erscheinungen der Degeneration vergesellschaftet an demselben Individuum findet. Die analytische Psychotherapie ist nun kein Verfahren zur Behandlung der neuropathischen Degeneration, sie findet im Gegenteile an derselben ihre Schranke. Sie ist auch bei Personen nicht anwendbar, die sich nicht selbst durch ihre Leiden zur Therapie gedrängt fühlen, sondern sich einer solchen nur infolge des Machtgebotes ihrer Angehörigen unterziehen. Die Eigenschaft, auf die es für die Brauchbarkeit zur psychoanalytischen Behandlung ankommt, die Erziehbarkeit, werden wir noch von einem anderen Gesichtspunkte würdigen müssen.

2. Wenn man sicher gehen will, beschränke man seine Auswahl auf Personen, die einen Normalzustand haben, da man sich im psychoanalytischen Verfahren von diesem aus des Krankhaften bemächtigt. Psychosen, Zustände von Verworrenheit und tiefgreifender (ich möchte sagen: toxischer) Verstimmung sind also für die Psychoanalyse, wenigstens wie sie bis jetzt ausgeübt wird, ungeeignet. Ich halte es für durchaus nicht ausgeschlossen, daß man bei geeigneter Ab-

änderung des Verfahrens sich über diese Gegenindikation hinaussetzen und so eine Psychotherapie der Psychosen in Angriff nehmen könne.

3. Das Alter der Kranken spielt bei der Auswahl zur psychoanalytischen Behandlung insoferne eine Rolle, als bei Personen nahe an oder über 50 Jahre einerseits die Plastizität der seelischen Vorgänge zu fehlen pflegt, auf welche die Therapie rechnet — alte Leute sind nicht mehr erziehbar — und als anderseits das Material, welches durchzuarbeiten ist, die Behandlungsdauer ins Unabsehbare verlängert. Die Altersgrenze nach unten ist nur individuell zu bestimmen; jugendliche Personen noch vor der Pubertät sind oft ausgezeichnet zu beeinflussen.

4. Man wird nicht zur Psychoanalyse greifen, wenn es sich um die rasche Beseitigung drohender Erscheinungen handelt, also z. B. bei einer hysterischen Anorexie.

Sie werden nun den Eindruck gewonnen haben, daß das Anwendungsgebiet der analytischen Psychotherapie ein sehr beschränktes ist, da Sie eigentlich nichts anders als Gegenanzeigen von mir gehört haben. Nichtsdestoweniger bleiben Fälle und Krankheitsformen genug übrig, an denen diese Therapie sich erproben kann, alle chronischen Formen von Hysterie mit Resterscheinungen, das große Gebiet der Zwangszustände und Abulien u. dgl.

Erfreulich ist es, daß man gerade den wertvollsten und sonst höchstentwickelten Personen auf solche Weise am ehesten Hilfe bringen kann. Wo aber mit der analytischen Psychotherapie nur wenig auszurichten war, da, darf man getrost behaupten, hätte irgend welche andere Behandlung sicherlich gar nichts zustande gebracht.

e) Sie werden mich gewiß fragen wollen, wie es bei Anwendung der Psychoanalyse mit der Möglichkeit, Schaden zu stiften, bestellt ist. Ich kann Ihnen darauf erwidern, wenn Sie nur billig urteilen wollen, diesem Verfahren dasselbe kritische Wohlwollen entgegenbringen, das Sie für unsere anderen therapeutischen Methoden bereit haben, so werden Sie meiner Meinung zustimmen müssen, daß bei einer mit Verständnis geleiteten analytischen Kur ein Schaden für den

Kranken nicht zu befürchten ist. Anders wird vielleicht urteilen, wer als Laie gewohnt ist, alles, was sich in einem Krankheitsfalle begibt, der Behandlung zur Last zu legen. Es ist ja nicht lange her, daß unseren Wasserheilanstalten ein ähnliches Vorurteil entgegenstand. So mancher, dem man riet, eine solche Anstalt aufzusuchen, wurde bedenklich, weil er einen Bekannten gehabt hatte, der als Nervöser in die Anstalt kam und dort verrückt wurde. Es handelte sich, wie Sie erraten, um Fälle von beginnender allgemeiner Paralyse, die man im Anfangsstadium noch in einer Wasserheilanstalt unterbringen konnte, und die dort ihren unaufhaltsamen Verlauf bis zur manifesten Geistesstörung genommen hatten; für die Laien war das Wasser Schuld und Urheber dieser traurigen Veränderung. Wo es sich um neuartige Beeinflussungen handelt, halten sich auch Ärzte nicht immer von solchen Urteilsfehlern frei. Ich erinnere mich, einmal bei einer Frau den Versuch mit Psychotherapie gemacht zu haben, bei der ein gutes Stück ihrer Existenz in der Abwechslung von Manie und Melancholie verflossen war. Ich übernahm sie zu Ende einer Melancholie; es schien zwei Wochen lang gut zu gehen; in der dritten standen wir bereits zu Beginn der neuen Manie. Es war dies sicherlich eine spontane Veränderung des Krankheitsbildes, denn zwei Wochen sind keine Zeit, in welcher die analytische Psychotherapie irgend etwas zu leisten unternehmen kann, aber der hervorragende — jetzt schon verstorbene — Arzt, der mit mir die Kranke zu sehen bekam, konnte sich doch nicht der Bemerkung enthalten, daß an dieser „Verschlechterung“ die Psychotherapie Schuld sein dürfte. Ich bin ganz überzeugt, daß er sich unter anderen Bedingungen kritischer erwiesen hätte.

f) Zum Schlusse, meine Herren Kollegen, muß ich mir sagen, es geht doch nicht an, Ihre Aufmerksamkeit so lange zugunsten der analytischen Psychotherapie in Anspruch zu nehmen, ohne Ihnen zu sagen, worin diese Behandlung besteht, und worauf sie sich gründet. Ich kann es zwar, da ich kurz sein muß, nur mit einer Andeutung tun. Diese Therapie ist also auf die Einsicht gegründet, daß unbewußte Vorstellungen — besser: die Unbewußtheit gewisser seelischer

Vorgänge — die nächste Ursache der krankhaften Symptome ist. Eine solche Überzeugung vertreten wir gemeinsam mit der französischen Schule (Janet), die übrigens in arger Schematisierung das hysterische Symptom auf die unbewußte idée fixe zurückführt. Fürchten Sie nun nicht, daß wir dabei zu tief in die dunkelste Philosophie hineingeraten werden. Unser Unbewußtes ist nicht ganz dasselbe wie das der Philosophen, und überdies wollen die meisten Philosophen vom „unbewußten Psychischen" nichts wissen. Stellen Sie sich aber auf unseren Standpunkt, so werden Sie einsehen, daß die Übersetzung dieses Unbewußten im Seelenleben der Kranken in ein Bewußtes den Erfolg haben muß, deren Abweichung vom Normalen zu korrigieren und den Zwang aufzuheben, unter dem ihr Seelenleben steht. Denn der bewußte Wille reicht so weit als die bewußten psychischen Vorgänge, und jeder psychische Zwang ist durch das Unbewußte begründet. Sie brauchen auch niemals zu fürchten, daß der Kranke unter der Erschütterung Schaden nehme, welche der Eintritt des Unbewußten in sein Bewußtsein mit sich bringt, denn Sie können es sich theoretisch zurechtlegen, daß die somatische und affektive Wirkung der bewußt gewordenen Regung niemals so groß werden kann wie die der unbewußten. Wir beherrschen alle unsere Regungen doch nur dadurch, daß wir unsere höchsten, mit Bewußtsein verbundenen Seelenleistungen auf sie wenden.

Sie können aber auch einen anderen Gesichtspunkt für das Verständnis der psychoanalytischen Behandlung wählen. Die Aufdeckung und Übersetzung des Unbewußten geht unter beständigem Widerstand von seiten der Kranken vor sich. Das Auftauchen dieses Unbewußten ist mit Unlust verbunden, und wegen dieser Unlust wird es von ihm immer wieder zurückgewiesen. In diesen Konflikt im Seelenleben des Kranken greifen Sie nun ein; gelingt es Ihnen, den Kranken dazu zu bringen, daß er aus Motiven besserer Einsicht etwas akzeptiert, was er zufolge der automatischen Unlustregulierung bisher zurückgewiesen (verdrängt) hat, so haben Sie ein Stück Erziehungsarbeit an ihm geleistet. Es ist ja schon Erziehung, wenn Sie einen Menschen, der nicht gern früh morgens das Bett verläßt, dazu bewegen, es doch zu tun. Als eine solche Nacherziehung zur Überwindung innerer Widerstände können Sie nun die psychoanalytische Behandlung ganz allgemein auffassen. In keinem Punkte aber ist solche Nacherziehung bei den Nervösen mehr vonnöten als betreffs des seelischen Elementes in ihrem Sexualleben. Nirgends haben ja Kultur und Erziehung so großen Schaden gestiftet wie gerade hier, und hier sind auch, wie Ihnen die Erfahrung zeigen wird, die beherrschbaren Ätiologien der Neurosen zu finden; das andere ätiologische Element, der konstitutionelle Beitrag, ist uns ja als etwas Unabänderliches gegeben. Hieraus erwächst aber eine wichtige an den Arzt zu stellende Anforderung. Er muß nicht nur selbst ein integrer Charakter sein — „das Moralische versteht sich ja von selbst", wie die Hauptperson in Th. Vischer's „Auch Einer" zu sagen pflegt —; er muß auch für seine eigene Person die Mischung von Lüsternheit und Prüderie überwunden haben, mit welcher leider so viele andere den sexuellen Problemen entgegenzutreten gewohnt sind.

Hier ist vielleicht der Platz für eine weitere Bemerkung. Ich weiß, daß meine Betonung der Rolle des Sexuellen für die Entstehung der Psychoneurosen in weiteren Kreisen bekannt geworden ist. Ich weiß aber auch, daß Einschränkungen und nähere Bestimmungen beim großen Publikum wenig nützen; die Menge hat für Wenig Raum in ihrem Gedächtnis und behält von einer Behauptung doch nur den rohen Kern, schafft sich ein leicht zu merkendes Extrem. Es mag auch manchen Ärzten so ergangen sein, daß ihnen als Inhalt meiner Lehre vorschwebt, ich führe die Neurosen in letzter Linie auf sexuelle Entbehrung zurück. An dieser fehlt es nicht unter den Lebensbedingungen unserer Gesellschaft. Wie nahe mag es nun bei solcher Voraussetzung liegen, den mühseligen Umweg über die psychische Kur zu vermeiden und direkt die Heilung anzustreben, indem man die sexuelle Betätigung als Heilmittel empfiehlt? Ich weiß nun nicht, was mich bewegen könnte, diese Folgerung zu unterdrücken, wenn sie berechtigt wäre. Die Sache liegt aber anders. Die sexuelle Bedürftigkeit und Entbehrung, das ist bloß der eine Faktor, der beim Mechanismus der Neurose ins Spiel tritt; bestünde er allein, so würde nicht Krankheit, sondern Ausschweifung die Folge sein. Der andere, ebenso unerläßliche Faktor, an den man allzu bereitwillig vergißt, ist die Sexualabneigung der Neurotiker, ihre Unfähigkeit zum Lieben, jener psychische Zug, den ich „Verdrängung“ genannt habe. Erst aus dem Konflikt zwischen beiden Strebungen geht die neurotische Erkrankung hervor, und darum kann der Rat der sexuellen Betätigung bei den Psychoneurosen eigentlich nur selten als guter Rat bezeichnet werden.

Lassen Sie mich mit dieser abwehrenden Bemerkung schließen. Wir wollen hoffen, daß Ihr von jedem feindseligen Vorurteil gereinigtes Interesse für die Psychotherapie uns darin unterstützen wird, auch in der Behandlung der schweren Fälle von Psychoneurosen Erfreuliches zu leisten.

XIII.

Die Freud'sche psychoanalytische Methode.[1])

„Die eigentümliche Methode der Psychotherapie, die Freud ausübt und als Psychoanalyse bezeichnet, ist aus dem sogenannten kathartischen Verfahren hervorgegangen, über welches er seinerzeit in den „Studien über Hysterie" 1895 in Gemeinschaft mit J. Breuer berichtet hat. Die kathartische Therapie war eine Erfindung Breuer's, der mit ihrer Hilfe zuerst etwa ein Dezennium vorher eine hysterische Kranke hergestellt und dabei Einsicht in die Pathogenese ihrer Symptome gewonnen hatte. Infolge einer persönlichen Anregung Breuer's nahm dann Freud das Verfahren wieder auf und erprobte es an einer größeren Anzahl von Kranken.

Das kathartische Verfahren setzte voraus, daß der Patient hypnotisierbar sei und beruhte auf der Erweiterung des Bewußtseins, die in der Hypnose eintritt. Es setzte sich die Beseitigung der Krankheitssymptome zum Ziele und erreichte dies, indem es den Patienten sich in den psychischen Zustand zurückversetzen ließ, in welchem das Symptom zum ersten Male aufgetreten war. Es tauchten dann bei dem hypnotisierten Kranken Erinnerungen, Gedanken und Impulse auf, die in seinem Bewußtsein bisher ausgefallen waren, und wenn er diese seine seelischen Vorgänge unter intensiven Affektäußerungen dem Arzte mitgeteilt hatte, war das Symptom überwunden, die Wiederkehr desselben aufgehoben. Diese regelmäßig zu wiederholende Erfahrung erläuterten die beiden Autoren in ihrer gemeinsamen Arbeit dahin, daß das Symptom an Stelle von unterdrückten und nicht zum Bewußtsein gelangten psychischen Vorgängen stehe, also eine Umwandlung („Konversion") der letzteren darstelle. Die therapeutische

[1]) Aus: Löwenfeld, Psychische Zwangserscheinungen, 1904.

Wirksamkeit ihres Verfahrens erklärten sie sich aus der Abfuhr des bis dahin gleichsam „eingeklemmten“ Affektes, der an den unterdrückten seelischen Aktionen gehaftet hatte („Abreagieren“). Das einfache Schema des therapeutischen Eingriffs komplizierte sich aber nahezu alle Male, indem sich zeigte, daß nicht ein einzelner („traumatischer“) Eindruck, sondern meist eine schwer zu übersehende Reihe von solchen an der Entstehung des Symptoms beteiligt sei.

Der Hauptcharakter der kathartischen Methode, der sie in Gegensatz zu allen anderen Verfahren der Psychotherapie setzt, liegt also darin, daß bei ihr die therapeutische Wirksamkeit nicht einem suggestiven Verbot des Arztes übertragen wird. Sie erwartet vielmehr, daß die Symptome von selbst verschwinden werden, wenn es dem Eingriff, der sich auf gewisse Voraussetzungen über den psychischen Mechanismus beruft, gelungen ist, seelische Vorgänge zu einem anderen als dem bisherigen Verlauf zu bringen, der in die Symptombildung eingemündet hat.

Die Abänderungen, welche Freud an dem kathartischen Verfahren Breuer's vornahm, waren zunächst Änderungen der Technik; diese brachten aber neue Ergebnisse und haben in weiterer Folge zu einer andersartigen, wiewohl der früheren nicht widersprechenden, Auffassung der therapeutischen Arbeit genötigt.

Hatte die kathartische Methode bereits auf die Suggestion verzichtet, so unternahm Freud den weiteren Schritt, auch die Hypnose aufzugeben. Er behandelt gegenwärtig seine Kranken, indem er sie ohne andersartige Beeinflussung eine bequeme Rückenlage auf einem Ruhebett einnehmen läßt, während er selbst ihrem Anblick entzogen auf einem Stuhle hinter ihnen sitzt. Auch den Verschluß der Augen fordert er von ihnen nicht und vermeidet jede Berührung sowie jede andere Prozedur, die an Hypnose mahnen könnte. Eine solche Sitzung verläuft also wie ein Gespräch zwischen zwei gleich wachen Personen, von denen die eine sich jede Muskelanstrengung und jeden ablenkenden Sinneseindruck erspart, die sie in der Konzentration ihrer Aufmerksamkeit auf ihre eigene seelische Tätigkeit stören könnten.

Da das Hypnotisiertwerden, trotz aller Geschicklichkeit des Arztes, bekanntlich in der Willkür des Patienten liegt, und eine große Anzahl neurotischer Personen durch kein Verfahren in Hypnose zu versetzen ist, so war durch den Verzicht auf die Hypnose die Anwendbarkeit des Verfahrens auf eine uneingeschränkte Anzahl von Kranken gesichert. Andererseits fiel die Erweiterung des Bewußtseins weg, welche dem Arzt gerade jenes psychische Material an Erinnerungen und Vorstellungen geliefert hatte, mit dessen Hilfe sich die Umsetzung der Symptome und die Befreiung der Affekte vollziehen ließ. Wenn für diesen Ausfall kein Ersatz zu schaffen war, konnte auch von einer therapeutischen Einwirkung keine Rede sein.

Einen solchen völlig ausreichenden Ersatz fand nun Freud in den Einfällen der Kranken, d. h. in den ungewollten, meist als störend empfundenen und darum unter gewöhnlichen Verhältnissen beseitigten Gedanken, die den Zusammenhang einer beabsichtigten Darstellung zu durchkreuzen pflegen. Um sich dieser Einfälle zu bemächtigen, fordert er die Kranken auf, sich in ihren Mitteilungen gehen zu lassen, „wie man es etwa in einem Gespräch tut, bei welchem man aus dem Hundertsten in das Tausendste gerät". Er schärft ihnen, ehe er sie zur detaillierten Erzählung ihrer Krankengeschichte auffordert, ein, alles mit zu sagen, was ihnen dabei durch den Kopf geht, auch wenn sie meinen, es sei unwichtig, oder es gehöre nicht dazu, oder es sei unsinnig. Mit besonderem Nachdruck aber wird von ihnen verlangt, daß sie keinen Gedanken oder Einfall darum von der Mitteilung ausschließen, weil ihnen diese Mitteilung beschämend oder peinlich ist. Bei den Bemühungen, dieses Material an sonst vernachlässigten Einfällen zu sammeln, machte nun Freud die Beobachtungen, die für seine ganze Auffassung bestimmend geworden sind. Schon bei der Erzählung der Krankengeschichte stellen sich bei den Kranken Lücken der Erinnerung heraus, sei es, daß tatsächliche Vorgänge vergessen worden, sei es, daß zeitliche Beziehungen verwirrt oder Kausalzusammenhänge zerrissen worden sind, so daß sich unbegreifliche Effekte ergeben. Ohne Amnesie irgend einer Art gibt es keine neurotische Krankengeschichte.

Drängt man den Erzählenden, diese Lücken seines Gedächtnisses durch angestrengte Arbeit der Aufmerksamkeit auszufüllen, so merkt man, daß die hierzu sich einstellenden Einfälle von ihm mit allen Mitteln der Kritik zurückgedrängt werden, bis er endlich das direkte Unbehagen verspürt, wenn sich die Erinnerung wirklich eingesellt hat. Aus dieser Erfahrung schließt Freud, daß die Amnesien das Ergebnis eines Vorgangs sind, den er Verdrängung heißt, und als dessen Motiv er Unlustgefühle erkennt. Die psychischen Kräfte, welche diese Verdrängung herbeigeführt haben, meint er in dem Widerstand, der sich gegen die Wiederherstellung erhebt, zu verspüren.

Das Moment des Widerstandes ist eines der Fundamente seiner Theorie geworden. Die sonst unter allerlei Vorwänden (wie sie die obige Formel aufzählt) beseitigten Einfälle betrachtet er aber als Abkömmlinge der verdrängten psychischen Gebilde (Gedanken und Regungen), als Entstellungen derselben infolge des gegen ihre Reproduktion bestehenden Widerstandes.

Je größer der Widerstand, desto ausgiebiger diese Entstellung. In dieser Beziehung der unbeabsichtigten Einfälle zum verdrängten psychischen Material ruht nun ihr Wert für die therapeutische Technik. Wenn man ein Verfahren besitzt, welches ermöglicht, von den Einfällen aus zu dem Verdrängten, von den Entstellungen zum Entstellten zu gelangen, so kann man auch ohne Hypnose das früher Unbewußte im Seelenlebeu dem Bewußtsein zugänglich machen.

Freud hat darauf eine Deutungskunst ausgebildet, welcher diese Leistung zufällt, die gleichsam aus den Erzen der unbeabsichtigteu Einfälle den Metallgehalt an verdrängten Gedanken darstellen soll. Objekt dieser Deutungsarbeit sind nicht allein die Einfälle der Kranken, sondern auch seine Träume, die den direktesten Zugang zur Kenntnis des Unbewußten eröffnen, seine unbeabsichtigten, wie planlosen Handlungen (Symptomhandlungen) und die Irrungen seiner Leistungen im Alltagsleben (Versprechen, Vergreifen u. dgl.). Die Details dieser Deutungs- oder Übersetzungstechnik sind von Freud noch nicht veröffentlicht worden. Es sind nach seinen Andeutungen eine Reihe von empirisch gewonnenen Regeln, wie aus den Einfällen das unbewußte Material zu konstruieren ist, Anweisungen, wie man es zu verstehen habe, wenn die Einfälle des Patienten versagen, und Erfahrungen über die wichtigsten typischen Widerstände, die sich im Laufe einer solchen Behandlung einstellen. Ein umfangreiches Buch über „Traumdeutung", 1900 von Freud publiziert, ist als Vorläufer einer solchen Einführung in die Technik anzusehen.

Man könnte aus diesen Andeutungen über die Technik der psychoanalytischen Methode schließen, daß deren Erfinder sich überflüssige Mühe verursacht und Unrecht getan hat, das wenig komplizierte hypnotische Verfahren zu verlassen. Aber einerseits ist die Technik der Psychoanalyse viel leichter auszuüben, wenn man sie einmal erlernt hat, als es bei einer Beschreibung den Anschein hat, anderseits führt kein anderer Weg zum Ziele, und darum ist der mühselige Weg noch der kürzeste. Der Hypnose ist vorzuwerfen, daß sie den Widerstand verdeckt und dadurch dem Arzt den Einblick in das Spiel der psychischen Kräfte verwehrt hat. Sie räumt aber mit dem Widerstande nicht auf, sondern weicht ihm nur aus und ergibt dagegen nur unvollständige Auskünfte und nur vorübergehende Erfolge.

Die Aufgabe, welche die psychoanalytische Methode zu lösen bestrebt ist, läßt sich in verschiedenen Formeln ausdrücken, die aber ihrem Wesen nach äquivalent sind. Man kann sagen: Aufgabe der Kur sei, die Amnesien aufzuheben. Wenn alle Erinnerungslücken ausgefüllt, alle rätselhaften Effekte des psychischen Lebens aufgeklärt sind, ist der Fortbestand, ja eine Neubildung des Leidens unmöglich gemacht. Man kann die Bedingung anders fassen: es seien alle Verdrängungen rückgängig zu machen; der psychische Zustand ist dann derselbe, in dem alle Amnesien ausgefüllt sind. Weittragender ist eine andere Fassung: es handle sich darum, das Unbewußte dem Bewußtsein zugänglich zu machen, was durch Überwindung der Widerstände geschieht. Man darf aber dabei nicht vergessen, daß ein solcher Idealzustand auch beim normalen Menschen nicht besteht, und daß man nur selten in die Lage kommen kann, die Behandlung annähernd so weit zu treiben. So wie Gesundheit und Krankheit nicht prinzipiell geschieden, sondern nur durch eine praktisch bestimmbare Summationsgrenze gesondert sind, so wird man sich auch nie etwas anderes zum Ziel der Behandlung setzen als die praktische Genesung des Kranken, die Herstellung seiner Leistungs- und Genußfähigheit. Bei unvollständiger Kur oder unvollkommenem Erfolge derselben erreicht man vor allem eine bedeutende Hebung des psychischen Allgemeinzustandes, während die Symptome, aber mit geminderter Bedeutung für den Kranken, fortbestehen können, ohne ihn zu einem Kranken zu stempeln.

Das therapeutische Verfahren bleibt, von geringen Modifikationen abgesehen, das nämliche für alle Symptombilder der vielgestaltigen Hysterie und ebenso für alle Ausbildungen der Zwangsneurose. Von einer unbeschränkten Anwendbarkeit desselben ist aber keine Rede. Die Natur der psychoanalytischen Methode schafft Indikationen und Gegenanzeigen sowohl von seiten der zu behandelnden Personen, als auch mit Rücksicht auf das Krankheitsbild. Am günstigsten für die Psychoanalyse sind die chronischen Fälle von Psychoneurosen mit wenig stürmischen oder gefahrdrohenden Symptomen, also zunächst alle Arten der Zwangsneurose, Zwangsdenken und Zwangshandeln, und Fälle von Hysterie, in denen Phobien und Abulien die Hauptrolle spielen, weiterhin aber auch alle somatischen Ausprägungen der Hysterie, insoferne nicht, wie bei der Anorexie, rasche Beseitigung der Symptome zur Hauptaufgabe des Arztes wird. Bei akuten Fällen von Hysterie wird man den Eintritt eines ruhigeren Stadiums abzuwarten haben; in allen Fällen, bei denen die nervöse Erschöpfung obenan steht, wird man ein Verfahren vermeiden, welches selbst Anstrengung erfordert, nur langsame Fortschritte zeitigt und auf die Fortdauer der Symptome eine Zeitlang keine Rücksicht nehmen kann.

An die Person, die man mit Vorteil der Psychoanalyse unterziehen soll, sind mehrfache Forderungen zu stellen. Sie muß erstens eines psychischen Normalzustandes fähig sein; in Zeiten der Verworrenheit oder melancholischer Depression ist auch bei einer Hysterie nichts auszurichten. Man darf ferner ein gewisses Maß natürlicher Intelligenz und ethischer Entwicklung fordern; bei wertlosen Personen läßt den Arzt bald das Interesse im Stiche, welches ihn zur Vertiefung in das Seelenleben des Kranken befähigt. Ausgeprägte Charakterverbildungen, Züge von wirklich degenerativer Konstitution äußern sich bei der Kur als Quelle von kaum zu überwindenden Widerständen. Insoweit setzt überhaupt die Konstitution eine Grenze für die Heilbarkeit durch Psychotherapie. Auch eine Altersstufe in der Nähe des fünften Dezenniums schafft ungünstige Bedingungen für die Psychoanalyse. Die Masse des psychischen Materials ist dann nicht mehr zu bewältigen, die zur Herstellung erforderliche Zeit wird zu lang, und die Fähigkeit, psychische Vorgänge rückgängig zu machen, beginnt zu erlahmen.

Trotz aller dieser Einschränkungen ist die Anzahl der für die Psychoanalyse geeigneten Personen eine außerordentlich große, und die Erweiterung unseres therapeutischen Könnens durch dieses Verfahren nach den Behauptungen Freuds eine sehr beträchtliche. Freud beansprucht lange Zeiträume, $^1/_2$ Jahr bis 3 Jahre für eine wirksame Behandlung; er gibt aber die Auskunft, daß er bisher infolge verschiedener leicht zu erratender Umstände meist nur in die Lage gekommen ist, seine Behandlung an sehr schweren Fällen zu erproben, Personen mit vieljähriger Krankheitsdauer und völliger Leistungsunfähigkeit, die, durch alle Behandlungen getäuscht, gleichsam eine letzte Zuflucht bei seinem neuen und viel angezweifelten Verfahren gesucht haben. In Fällen leichterer Erkrankung dürfte sich die Behandlungsdauer sehr verkürzen und ein außerordentlicher Gewinn an Vorbeugung für die Zukunft erzielen lassen."

XIV.

Meine Ansichten über die Rolle der Sexualität in der Ätiologie der Neurosen[1]).

„Ich bin der Meinung, daß man meine Theorie über die ätiologische Bedeutung des sexuellen Momentes für die Neurosen am besten würdigt, wenn man ihrer Entwicklung nachgeht. Ich habe nämlich keineswegs das Bestreben, abzuleugnen, daß sie eine Entwicklung durchgemacht und sich während derselben verändert hat. Die Fachgenossen könnten in diesem Zugeständnis die Gewähr finden, daß diese Theorie nichts anderes ist, als der Niederschlag fortgesetzter und vertiefter Erfahrungen. Was im Gegensatze hierzu der Spekulation entsprungen ist, das kann allerdings leicht mit einem Schlage vollständig und dann unveränderlich auftreten.

Die Theorie bezog sich ursprünglich bloß auf die als „Neurasthenie“ zusammengefaßten Krankheitsbilder, unter denen mir zwei, gelegentlich auch rein auftretende Typen, auffielen, die ich als „eigentliche Neurasthenie“ und als „Angstneurose“ beschrieben habe. Es war ja immer bekannt, daß sexuelle Momente in der Verursachung dieser Formen eine Rolle spielen können, aber man fand dieselben weder regelmäßig wirksam, noch dachte man daran, ihnen einen Vorrang vor anderen ätiologischen Einflüssen einzuräumen. Ich wurde zunächst von der Häufigkeit grober Störungen in der Vita sexualis der Nervösen überrascht; je mehr ich darauf ausging, solche Störungen zu suchen, wobei ich mir vorhielt, daß die Menschen alle in sexuellen Dingen die Wahrheit verhehlen, und je geschickter ich wurde, das Examen trotz einer anfänglichen Verneinung fortzusetzen,

---

[1]) Aus: Löwenfeld, „Sexualleben und Nervenleiden“, IV. Aufl., 1906.

desto regelmäßiger ließen sich solche krankmachende Momente aus dem Sexualleben auffinden, bis mir zu deren Allgemeinheit wenig zu fehlen schien. Man mußte aber von vornherein auf ein ähnlich häufiges Vorkommen sexueller Unregelmäßigkeiten unter dem Drucke der sozialen Verhältnisse in unserer Gesellschaft gefaßt sein, und konnte im Zweifel bleiben, welches Maß von Abweichung von der normalen Sexualfunktion als Krankheitsursache betrachtet werden dürfe. Ich konnte daher auf den regelmäßigen Nachweis sexueller Noxen nur weniger Wert legen als auf eine zweite Erfahrung, die mir eindeutiger erschien. Es ergab sich, daß die Form der Erkrankung, ob Neurasthenie oder Angstneurose, eine konstante Beziehung zur Art der sexuellen Schädlichkeit zeige. In den typischen Fällen der Neurasthenie war regelmäßig Masturbation oder gehäufte Pollutionen, bei der Angstneurose waren Faktoren wie der Coitus interruptus, die „frustrane Erregung“ u. a. nachweisbar, an denen das Moment der ungenügenden Abfuhr der erzeugten Libido das Gemeinsame schien. Erst seit dieser leicht zu machenden und beliebig oft zu bestätigenden Erfahrung hatte ich den Mut, für die sexuellen Einflüsse eine bevorzugte Stellung in der Ätiologie der Neurosen zu beanspruchen. Es kam hinzu, daß bei den so häufigen Mischformen von Neurasthenie und Angstneurose auch die Vermengung der für die beiden Formen angenommenen Ätiologien aufzuzeigen war und daß eine solche Zweiteilung in der Erscheinungsform der Neurose zu dem polaren Charakter der Sexualität (männlich und weiblich) gut zu stimmen schien.

Zur gleichen Zeit, während ich der Sexualität diese Bedeutung für die Entstehung der einfachen Neurosen zuwies [1]), huldigte ich noch in betreff der Psychoneurosen (Hysterie und Zwangsvorstellungen) einer rein psychologischen Theorie, in welcher das sexuelle Moment nicht anders als andere emotionelle Quellen in Betracht kam. Ich hatte im Verein mit J. Breuer und im Anschluß an Beobachtungen, die er

[1]) Über die Berechtigung, von der Neurasthenie einen bestimmten Symptomenkomplex als „Angstneurose“ abzutrennen. Neurol. Centralblatt, 1895.

gut ein Dezennium vorher an einer hysterischen Kranken gemacht hatte, den Mechanismus der Entstehung hysterischer Symptome mittels des Erweckens von Erinnerungen im hypnotischen Zustande studiert, und wir waren zu Aufschlüssen gelangt, welche gestatteten, die Brücke von der traumatischen Hysterie Charcot's zur gemeinen, nicht traumatischen, zu schlagen[1]). Wir waren zur Auffassung gelangt, daß die hysterischen Symptome Dauerwirkungen von psychischen Traumen sind, deren zugehörige Affektgröße durch besondere Bedingungen von bewußter Bearbeitung abgedrängt worden ist und sich darum einen abnormen Weg in die Körperinnervation gebahnt hat. Die Termini „eingeklemmter Affekt", „Konversion" und „Abreagieren" fassen das Kennzeichnende dieser Anschauung zusammen.

Bei den nahen Beziehungen der Psychoneurosen zu den einfachen Neurosen, die ja so weit gehen, daß dem Ungeübten die diagnostische Unterscheidung nicht immer leicht fällt, konnte es aber nicht ausbleiben, daß die für das eine Gebiet gewonnene Erkenntnis auch für das andere Platz griff. Überdies führte, von solcher Beeinflussung abgesehen, auch die Vertiefung in den psychischen Mechanismus der hysterischen Symptome zu dem gleichen Ergebnis. Wenn man nämlich bei dem von Breuer und mir eingesetzten „kathartischen" Verfahren den psychischen Traumen, von denen sich die hysterischen Symptome ableiteten, immer weiter nachspürte, gelangte man endlich zu Erlebnissen, welche der Kindheit des Kranken angehörten und sein Sexualleben betrafen, und zwar auch in solchen Fällen, in denen eine banale Emotion nicht sexueller Natur den Ausbruch der Krankheit veranlaßt hatte. Ohne diese sexuellen Traumen der Kinderzeit in Betracht zu ziehen, konnte man weder die Symptome aufklären, deren Determinierung verständlich finden, noch deren Wiederkehr verhüten. Somit schien die unvergleichliche Bedeutung sexueller Erlebnisse für die Ätiologie der Psychoneurosen als unzweifelhaft festgestellt, und diese Tatsache ist auch bis heute einer der Grundpfeiler der Theorie geblieben.

---

[1]) Studien über Hysterie, 1905.

Wenn man diese Theorie so darstellt, die Ursache der lebenslangen hysterischen Neurose liege in den meist an sich geringfügigen sexuellen Erlebnissen der frühen Kinderzeit, so mag sie allerdings befremdend genug klingen. Nimmt man aber auf die historische Entwicklung der Lehre Rücksicht, verlegt den Hauptinhalt derselben in den Satz, die Hysterie sei der Ausdruck eines besonderen Verhaltens der Sexualfunktion des Individuums, und dies Verhalten werde bereits durch die ersten in der Kindheit einwirkenden Einflüsse und Erlebnisse maßgebend bestimmt, so sind wir zwar um ein Paradoxon ärmer, aber um ein Motiv bereichert worden, den bisher arg vernachlässigten, höchst bedeutsamen Nachwirkungen der Kindheitseindrücke überhaupt unsere Aufmerksamkeit zu schenken.

Indem ich mir vorbehalte, die Frage, ob man in den sexuellen Kindererlebnissen die Ätiologie der Hysterie (und Zwangsneurose) sehen dürfe, weiter unten gründlicher zu behandeln, kehre ich zu der Gestaltung der Theorie zurück, welche diese in einigen kleinen, vorläufigen Publikationen der Jahre 1895 und 1896 angenommen hat[1]). Die Hervorhebung der angenommenen ätiologischen Momente gestattete damals, die gemeinen Neurosen als Erkrankungen mit aktueller Ätiologie den Psychoneurosen gegenüberzustellen, deren Ätiologie vor allem in den sexuellen Erlebnissen der Vorzeit zu suchen war. Die Lehre gipfelte in dem Satze: Bei normaler Vita sexualis ist eine Neurose unmöglich.

Wenn ich auch diese Sätze noch heute nicht für unrichtig halte, so ist es doch nicht zu verwundern, daß ich in zehn Jahren fortgesetzter Bemühung um die Erkenntnis dieser Verhältnisse über meinen damaligen Standpunkt ein gutes Stück weit hinausgekommen bin und mich heute in der Lage glaube, die Unvollständigkeit, die Verschiebungen und die Mißverständnisse, an denen die Lehre damals litt, durch eingehendere Erfahrung zu korrigieren. Ein Zufall des damals noch spärlichen Materials hatte mir eine unverhältnismäßig

[1]) Weitere Bemerkungen über die Abwehr, Neuropsychosen, Neurol. Centralblatt, 1896. — Zur Ätiologie der Hysterie, Wiener klinische Rundschau, 1896.

große Anzahl von Fällen zugeführt, in deren Kindergeschichte die sexuelle Verführung durch Erwachsene oder andere ältere Kinder die Hauptrolle spielte. Ich überschätzte die Häufigkeit dieser (sonst nicht anzuzweifelnden) Vorkommnisse, überdies da ich zu jener Zeit nicht imstande war, die Erinnerungstäuschungen der Hysterischen über ihre Kindheit von den Spuren der wirklichen Vorgänge sicher zu unterscheiden, während ich seitdem gelernt habe, so manche Verführungsphantasie als Abwehrversuch gegen die Erinnerung der eigenen sexuellen Betätigung (Kindermasturbation) aufzulösen. Mit dieser Aufklärung entfiel die Betonung des „traumatischen“ Elementes an den sexuellen Kindererlebnissen, und es blieb die Einsicht übrig, daß die infantile Sexualbetätigung (ob spontan oder provoziert) dem späteren Sexualleben nach der Reife die Richtung vorschreibt. Dieselbe Aufklärung, die ja den bedeutsamsten meiner anfänglichen Irrtümer korrigierte, mußte auch die Auffassung von Mechanismus der hysterischen Symptome verändern. Dieselben erschienen nun nicht mehr als direkte Abkömmlinge der verdrängten Erinnerungen an sexuelle Kindheitserlebnisse, sondern zwischen die Symptome und die infantilen Eindrücke schoben sich nun die (meist in den Pubertätsjahren produzierten) Phantasien (Erinnerungsdichtungen) der Kranken ein, die auf der einen Seite sich aus und über den Kindheitserinnerungen aufbauten, auf der anderen sich unmittelbar in die Symptome umsetzten. Erst mit der Einführung des Elementes der hysterischen Phantasien wurde das Gefüge der Neurose und deren Beziehung zum Leben der Kranken durchsichtig; auch ergab sich eine wirklich überraschende Analogie zwischen diesen unbewußten Phantasien der Hysteriker und den als Wahn bewußt gewordenen Dichtungen bei der Paranoia.

Nach dieser Korrektur waren die „infantilen Sexualtraumen“ in gewissem Sinne durch den „Infantilismus der Sexualität“ ersetzt. Eine zweite Abänderung der ursprünglichen Theorie lag nicht ferne. Mit der angenommenen Häufigkeit der Verführung in der Kindheit entfiel auch die übergroße Betonung der accidentellen Beeinflussung der Sexualität, welcher ich bei der Verursachung des Krankseins die Hauptrolle zuschieben wollte, ohne darum konstitutionelle und hereditäre Momente zu leugnen. Ich hatte sogar gehofft, das Problem der Neurosenwahl, die Entscheidung darüber, welcher Form von Psychoneurose der Kranke verfallen solle, durch die Einzelheiten der sexuellen Kindererlebnisse zu lösen, und damals — wenn auch mit Zurückhaltung — gemeint, daß passives Verhalten bei diesen Szenen die spezifische Disposition zur Hysterie, aktives dagegen die für die Zwangsneurose ergebe. Auf diese Auffassung mußte ich später völlig Verzicht leisten, wenngleich manches Tatsächliche den geahnten Zusammenhang zwischen Passivität und Hysterie, Aktivität und Zwangsneurose in irgend einer Weise aufrecht zu halten gebietet. Mit dem Rücktritt der accidentellen Einflüsse des Erlebens mußten die Momente der Konstitution und Heredität wieder die Oberhand behaupten, aber mit dem Unterschiede gegen die sonst herrschende Anschauung, daß bei mir die „sexuelle Konstitution" an die Stelle der allgemeinen neuropathischen Disposition trat. In meinen jüngst erschienen „Drei Abhandlungen zur Sexualtheorie" (1905) habe ich den Versuch gemacht, die Mannigfaltigkeiten dieser sexuellen Konstitution sowie die Zusammengesetztheit des Sexualtriebs überhaupt und dessen Herkunft aus verschiedenen Beitragsquellen im Organismus zu schildern.

Immer noch im Zusammenhange mit der veränderten Auffassung der „sexuellen Kindertraumen" entwickelte sich nun die Theorie nach einer Richtung weiter, die schon in den Veröffentlichungen der Jahre 1894—96 angezeigt worden war. Ich hatte bereits damals, und noch ehe die Sexualität in die ihr gebührende Stellung in der Ätiologie eingesetzt war, als Bedingung für die pathogene Wirksamkeit eines Erlebnisses angegeben, daß dieses dem Ich unerträglich erscheinen und ein Bestreben zur Abwehr hervorrufen müsse[1]). Auf diese Abwehr hatte ich die psychische Spaltung — oder wie man damals sagte: die Bewußtseinsspaltung — der Hysterie

[1]) Die Abwehr-Neuropsychosen. Versuch einer psychologischen Theorie der acquierierten Hysterie, vieler Phobien und Zwangsvorstellungen und gewisser halluzinatorischer Psychosen. Neurol. Centralblatt, 1894.

zurückgeführt. Gelang die Abwehr, so war das unerträgliche Erlebnis mit seinen Affektfolgen aus dem Bewußtsein und der Erinnerung des Ichs vertrieben; unter gewissen Verhältnissen entfaltete aber das Vertriebene als ein nun Unbewußtes seine Wirksamkeit und kehrte mittels der Symptome und der an ihnen haftenden Affekte ins Bewußtsein zurück, so daß die Erkrankung einem Mißglücken der Abwehr entsprach. Diese Auffassung hatte das Verdienst, auf das Spiel der psychischen Kräfte einzugehen und somit die seelischen Vorgänge der Hysterie den normalen anzunähern, anstatt die Charakteristik der Neurose in eine rätselhafte und weiter nicht analysierbare Störung zu verlegen.

Als nun weitere Erkundigungen bei normal gebliebenen Personen das unerwartete Ergebnis lieferten, daß deren sexuelle Kindergeschichte sich nicht wesentlich von dem Kinderleben der Neurotiker zu unterscheiden brauche, daß speziell die Rolle der Verführung bei ersteren die gleiche sei, traten die accidentelleu Einflüsse noch mehr gegen den der „Verdrängung" (wie ich anstatt „Abwehr" zu sagen begann) zurück. Es kam also nicht darauf an, was ein Individuum in seiner Kindheit an sexuellen Erregungen erfahren hatte, sondern vor allem auf seine Reaktion gegen diese Erlebnisse, ob es diese Eindrücke mit der „Verdrängung" beantwortet habe oder nicht. Bei spontaner infantiler Sexualbetätigung ließ sich zeigen, daß dieselbe häufig im Laufe der Entwicklung durch einen Akt der Verdrängung abgebrochen wurde. Das geschlechtsreife neurotische Individuum brachte so ein Stück „Sexualverdrängung" regelmäßig aus seiner Kindheit mit, das bei den Anforderungen des realen Lebens zur Äußerung kam, und die Psychoanalysen Hysterischer zeigten, daß ihre Erkrankung ein Erfolg des Konflikts zwischen der Libido und der Sexualverdrängung sei, und daß ihre Symptome den Wert von Kompromissen zwischen beiden seelischen Strömungen haben.

Ohne eine ausführliche Erörterung meiner Vorstellungen von der Verdrängung könnte ich diesen Teil der Theorie nicht weiter aufklären. Es genüge, hier auf meine „Drei Abhandlungen zur Sexualtheorie" (1905) hinzuweisen, wo ich auf die somatischen Vorgänge, in denen das Wesen der

Sexualität zu suchen ist, ein allerdings erst spärliches Licht zu werfen versucht habe. Ich habe dort ausgeführt, daß die konstitutionelle sexuelle Anlage des Kindes eine ungleich buntere ist, als man erwarten konnte, daß sie „polymorph pervers" genannt zu werden verdient, und daß aus dieser Anlage durch Verdrängung gewisser Komponenten das sogenannte normale Verhalten der Sexualfunktion hervorgeht. Ich konnte durch den Hinweis auf die infantilen Charaktere der Sexualität eine einfache Verknüpfung zwischen Gesundheit, Perversion und Neurose herstellen. Die Norm ergab sich aus der Verdrängung gewisser Partialtriebe und Komponenten der infantilen Anlagen und der Unterordnung der übrigen unter das Primat der Genitalzonen im Dienste der Fortpflanzungsfunktion; die Perversionen entsprachen Störungen dieser Zusammenfassung durch die übermächtige zwangsartige Entwicklung einzelner dieser Partialtriebe, und die Neurose führte sich auf eine zu weitgehende Verdrängung der libidinösen Strebungen zurück. Da fast alle perversen Triebe der infantilen Anlage als symptombildende Kräfte bei der Neurose nachweisbar sind, sich aber bei ihr im Zustande der Verdrängung befinden, konnte ich die Neurose als das „Negativ" der Perversion bezeichnen.

Ich halte es der Hervorhebung wert, daß meine Anschauungen über die Ätiologie der Psychoneurosen bei allen Wandlungen doch zwei Gesichtspunkte nie verleugnet oder verlassen haben, die Schätzung der Sexualität und des Infantilismus. Sonst sind an die Stelle accidenteller Einflüsse konstitutionelle Momente, für die rein psychologisch gemeinte „Abwehr" ist die organische „Sexualverdrängung" eingetreten. Sollte nun jemand fragen, wo ein zwingender Beweis für die behauptete ätiologische Bedeutung sexueller Faktoren bei den Psychoneurosen zu finden sei, da man doch diese Erkrankungen auf die banalsten Gemütsbewegungen und selbst auf somatische Anlässe hin ausbrechen sieht, auf eine spezifische Ätiologie in Gestalt besonderer Kindererlebnisse verzichten muß, so nenne ich die psychoanalytische Erforschung der Neurotiker als die Quelle, aus welcher die bestrittene Überzeugung zufließt. Man erfährt, wenn man sich dieser unersetzlichen Untersuchungsmethode bedient, daß die Symptome die Sexualbetätigung der Kranken darstellen, die ganze oder eine partielle, aus den Quellen normaler oder perverser Partialtriebe der Sexualität. Nicht nur, daß ein guter Teil der hysterischen Symptomatologie direkt aus den Äußerungen der sexuellen Erregtheit herstammt, nicht nur, daß eine Reihe von erogenen Zonen in der Neurose in Verstärkung infantiler Eigenschaften sich zur Bedeutung von Genitalien erhebt; die kompliziertesten Symptome selbst enthüllen sich als die konvertierten Darstellungen von Phantasien, welche eine sexuelle Situation zum Inhalte haben. Wer die Sprache der Hysterie zu deuten versteht, kann vernehmen, daß die Neurose nur von der verdrängten Sexualität der Kranken handelt. Man wolle nur die Sexualfunktion in ihrem richtigen, durch die infantile Anlage umschriebenen Umfange verstehen. Wo eine banale Emotion zur Verursachung der Erkrankung gerechnet werden muß, weist die Analyse regelmäßig nach, daß die nicht fehlende sexuelle Komponente des traumatischen Erlebnisses die pathogene Wirkung ausgeübt hat.

Wir sind unversehens von der Frage nach der Verursachung der Psychoneurosen zum Problem ihres Wesens vorgedrungen. Will man dem Rechnung tragen, was man durch die Psychoanalyse erfahren hat, so kann man nur sagen, das Wesen dieser Erkrankungen liege in Störungen der Sexualvorgänge, jener Vorgänge im Organismus, welche die Bildung und Verwendung des geschlechtlichen Libido bestimmen. Es ist kaum zu vermeiden, daß man sich diese Vorgänge in letzter Linie als chemische vorstelle, so daß man in den sogenannten aktuellen Neurosen die somatischen, in den Psychoneurosen außerdem noch die psychischen Wirkungen der Störungen im Sexualstoffwechsel erkennen dürfte. Die Ähnlichkeit der Neurosen mit den Intoxikations- und Abstinenzerscheinungen nach gewissen Alkaloiden, mit dem M. Basedowi und M. Addisoni drängt sich ohneweiters klinisch auf, und sowie man diese beiden letzteren Erkrankungen nicht mehr als „Nervenkrankheiten" beschreiben darf, so werden wohl auch bald die echten „Neurosen" ihrer

Namengebung zum Trotze aus dieser Klasse entfernt werden müssen.

Zur Ätiologie der Neurosen gehört dann alles, was schädigend auf die der Sexualfunktion dienenden Vorgänge einwirken kann. In erster Linie also die Noxen, welche die Sexualfunktion selbst betreffen, insoferne diese von der mit Kultur und Erziehung veränderlichen Sexualkonstitution als Schädlichkeiten angenommen werden. In zweiter Linie stehen alle andersartigen Noxen und Traumen, welche sekundär durch Allgemeinschädigung des Organismus die Sexualvorgänge in demselben zu schädigen vermögen. Man vergesse aber nicht, daß das ätiologische Problem bei den Neurosen mindestens ebenso kompliziert ist wie sonst bei der Krankheitsverursachung. Eine einzige pathogene Einwirkung ist fast niemals hinreichend; zu allermeist wird eine Mehrheit von ätiologischen Momenten erfordert, die einander unterstützen, die man also nicht in Gegensatz zu einander bringen darf. Dafür ist auch der Zustand des neurotischen Krankseins von dem der Gesundheit nicht scharf geschieden. Die Erkrankung ist das Ergebnis einer Summation, und das Maß der ätiologischen Bedingungen kann von irgend einer Seite her voll gemacht werden. Die Ätiologie der Neurosen ausschließlich in der Heredität oder in der Konstitution zu suchen, wäre keine geringere Einseitigkeit, als wenn man einzig die accidentellen Beeinflussungen der Sexualität im Leben zur Ätiologie erheben wollte, wenn sich doch die Aufklärung ergibt, daß das Wesen dieser Erkrankungen nur in einer Störung der Sexualvorgänge im Organismus gelegen ist.

Wien, Juni 1905.